中國德化白瓷

陈仁海 著

人民出版社

世博和鼎 ··························

荣　誉：世界瓷王　价值5.6亿元
　　　　上海世博会福建馆镇馆之宝
规　格：129厘米×72厘米
专利号：200830131562.2
版权号：13-2008-F-2768

上海世博会福建馆的《世博和鼎》

国际奥委会终身名誉主席萨马兰奇手捧"人和寿长"

目录

绪言：中国德化白瓷——中国白概述

有一种国瓷，尊享国家美名。

有一种国瓷，被尊为"布兰克帝支那"。

有一种国瓷，被称为"马可·波罗瓷"。

有一种国瓷，被誉为"白色的金子"。

德化窑生产的象牙白、猪油白、建白、德化白、鹅绒白、葱根白、奶油白、孩儿红、羊脂玉白……

这些诗意的名字，都有一个统一的名字，

世界叫它"中国白"。

"中国白"是世界对中国德化白瓷的美称，更是尊称。

"中国白"是一种材质，一种文化，一种精神，一种心境。

对大多数收藏家和爱好者来说，恐怕只有"中国白"这一名词，能让他们立刻想起中国德化的那种世界独一无二的瓷器。

"中国白"，中国白瓷的至高代表。"中国白"，满足的是世界人民对美好生活的需求。

孔夫子说："必也正名乎，名不正，则言不顺"。"中国白"是历史，是文化，是艺术，是科技，是情感。世界陶瓷的发展历程就是人类不断追求瓷器白如玉的过程，而最好的玉质瓷成就了德化的"中国白"。

德化窑区别于世界各窑口的本质就是材质与技艺，就是中国白瓷雕，就是其材质世界最好，其瓷雕技艺世界最好。

本书以"中国德化白瓷"为题，以艺术实践和经验总结两个方面的知识积累，构成本书的基本结构体系，意在研究探讨"中国白"产生、发展的地理环境，新材料与艺术、历史地位与复兴进程等。

一、中国白就是前往中国的路

"瓷器就是中国，瓷器就是前往中国的路。"这是英国陶瓷艺术家、作家埃德蒙·德瓦尔在《白瓷之路：穿越东西方的朝圣之旅》一书中说过的话。

历史上西方对中国的了解正是始于陶瓷，而神秘的中国白成为促成东西方经济、文化交流的最重要的物证。

1291年，在中国游历17年的马可·波罗回到意大利，他将一些德化瓷带回威尼斯（意大利博物馆至今还保留着马可·波罗当年带回的德化家春岭窑小花插、瓶、四系罐、香炉），欧洲人自此有幸接触中国的瓷器。8年后，由马可·波罗口述、鲁思梯谦记录的《马可·波罗游记》出版，书中描述了马可·波罗在福建德化窑的见闻："刺桐城（泉州）附近有一别城，名称迪云州（德化），制造碗及瓷器，既多且美"，"这种瓷器的制作工艺程序如下：他们从地下挖取一种泥土，将它垒成一个大堆，任凭风吹、雨打、日晒，从不翻动，历时三四十年。泥土经过这种处理，质地变得更加纯化精炼，适合制造上述的各种器皿。然后抹上认为颜色合宜的釉，再将瓷器放入窑内或炉里烧制而成。因此，人们挖泥堆土的目的是替自己的儿孙储备制造瓷器的材料而已。"马可·波罗对这种泥土烧后像贝壳般洁白通透不得其解，他猜测这种瓷器是由贝壳粉烧制而成，他用"porcelain"这个亚里士多德时代表示贝壳的单词，来命名他在德化看到的瓷器。意大利学者干脆将德化白瓷称为"马可·波罗瓷"。

正是《马可·波罗游记》的传播，引起了西方人的强烈兴趣，欧洲人迅速掀起了对中国瓷器喜爱的热潮，一条瓷路在东西方之间逐渐形成，中国瓷器迅速风靡欧洲大陆。

宋元时期，支撑海上丝绸之路的主要大宗商品，已由原来的丝绸变为瓷器，沿线国家也逐渐以陶瓷代称中国。自 Seres（丝，闽南音）到 China"菜篮"（闽南音，德化人的普通话叫瓷篮）的称谓变化，从另一个方面佐证了陶瓷在海上丝路中的主导地位。那时，海上航行的大都是讲闽南话的中国商船，船中大都是瓷器商品。沿线交易时以多少个"菜篮"（闽南音）算钱，所以荷兰人就记住"菜篮"就是瓷器（China），卖瓷器的人叫 Chinaman。因此，海上丝绸之路也叫"海上陶瓷之路"，同时由于舶来品有很大的部分是香料，因此也称"海上香料之路"。

当瓷器输入欧洲的时候，英国人管它叫 Chinaware，意思就是 Ware-from China（中国货）。随后 chinaware 的意思变成 Waremadeofchina（瓷器），末了把 Ware 也省去了，于是就变成了 China。现在"中国"和"瓷器"在英文里的有的只是字首大小写的区别。可是在说话里，Chinaman（中国人），Chinaman（卖瓷器的人），甚至于和 Chinaman（瓷人）三个字的第一音段读音是一样的，只是第二音段的元音，因为轻重读的不同，分成两音罢了。

葡萄牙人他们买茶，那时他们采用普通话的读音 Cha。后来远东的茶叶都操在荷兰人的手里。这些荷兰人都集中在南洋一带，所以闽南人先把茶叶由中国运到爪哇的万丹（Bantan），然后再用荷兰船载往欧洲各国。闽南人口语管茶叫作 Te，荷兰人也跟着读 Th。因此欧洲人凡是喝荷兰茶的，像法、德、丹麦等国的人都采用闽南音（例如法语 Th，德语 Tee 或 Thee，较早的欧洲音 T），而喝大陆茶的俄、波、意诸国都保持官音（例如，意语 Cia，俄语 [t'ai]，葡萄牙语 Och）。英国最早也采用官音（例如

ThomasBlount 在 1674 年的作品里就拼作 Cha），后来因为大量地购买荷兰茶的关系才把 cha 废掉而改用 Tea。

影响所及，今天的英文中除了 China 也以 porcelain 来指代瓷器。中国白在世界陶瓷中占了特殊的地位，荷兰人开动大帆船，将一舱一舱的"菜篮"（China）运到了欧洲人橱柜里，成为贵族身份与地位的象征，只有在十分重要的场合才会拿出来使用。

由此看来，中国白早已摘取了世界瓷的桂冠，实不为过。按实际情形看，中国白显得丰腴滋润，似凝脂白玉，因而在评论家的心目中，有釉水莹厚的美感。可以说，在化柔软为坚硬，继而让坚硬再表现柔软方面，德化白瓷最为出类拔萃。

1602 年，荷兰东印度公司在海上捕获葡萄牙商船"克拉克号"，船上装有大量来自中国的瓷器，当东印度公司把这些瓷器运到欧洲拍卖时，引起巨大的轰动，在后来的百年间，至少有 6000 万件中国瓷器运往欧洲，为中国外销瓷拓展了广阔的市场。

中世纪的佛罗伦萨流传着一种说法，认为瓷杯可以阻止毒药发挥药效；1607 年，法国皇太子用中国的瓷碗喝汤，成为轰动一时的新闻；法王路易十四在凡尔赛宫修建了一座托里阿诺瓷器宫，用来专门陈列中国瓷器；波兰国王奥古斯都大帝（1670—1733）的茨温格尔宫，现为欧洲最大的瓷器艺术博物馆，收藏的 24100 件瓷器中，中国瓷器约为 17000 件，其中有德化白瓷 400 多套、1255 件，是除中国以外最大的德化瓷收藏地；德国德累斯顿国立美术馆在 1721 年就藏有 1255 件德化白瓷，当时即成为欧洲工匠仿制中国瓷器的主要样本；大英博物馆也有大量德化瓷收藏，其中一尊文财神坐像，背部刻有"万历庚午年春"纪年款，是全世界仅有的一件有确切纪年的何朝宗作品；英国丘吉尔家族藏品中，德化白瓷超过千件；爱尔兰唐纳利、瑞士仇炎之、瑞典肯贝、香港胡惠春、新加坡海蒂等大收藏家均藏有德化白瓷，数量均有百余件；澳大利亚的悉尼动力博物馆、新南威尔士州艺术博物馆也珍藏有德化瓷圣何朝宗的作品。美国的纳尔逊、佛罗里达、波士顿、旧金山、西雅图等地博物馆就有为数不少的精品，其中仅何朝宗作品就有 10 件。在亚洲，印尼、菲律宾、日本、越南、新加坡、泰国等国博物馆有关德化白瓷的藏品也比比皆是。在非洲，埃及、摩洛哥等国也出土有德化白瓷。

德化白瓷在欧洲被称为"白色的金子"，受到皇室般的尊崇，成为上流贵族乃至庶民百姓的追逐对象，大家将其视为财富、地位和品位的象征。

瓷器贸易有着巨大的利润，欧洲人极力加以研究和仿制，梦想也能够像中国人那样制瓷。由于中国人一直小心翼翼地保守着制瓷的配方，以至于西方人在漫长的 400 年间竟无人能破解制瓷的奥秘。德累斯顿奥古斯都大帝对东亚陶瓷情有独钟，在其要求和控制下，炼金家约翰·弗里德里希·伯特格尔和学者瓦尔特·冯·奇思豪斯以德化白瓷为样本，经反复试验，终于在 1707 年破解了瓷器的生产秘方，成功地制作出了白瓷器物。奥古斯都大帝随即于 1710 年在德累斯顿附近的梅森建立起皇家瓷厂，进行瓷器生产，这是欧洲第一家制瓷厂，也是欧洲瓷器历史的开端，开启了欧洲长达 300 年的仿制、摸索瓷器制作工艺的历史。欧洲人模仿中国白不成功，偶然间加入牛骨烧制，诞生了骨灰瓷，给欧洲乃至世界陶瓷业带来了深远影响。德化白瓷开辟了欧洲陶瓷史新的方向，德化亦被世人称为"中国白的故乡，瓷艺术的摇篮"，中国白也被美誉为"世界白瓷之母"。

德化白瓷在世界陶瓷史的重要地位，引起了诸多学者的关注。欧洲对德化白瓷的研究从 17 世纪就已经开始，并逐步形成了一门独特的研究学科——中国白（Blanc De Chine）。

Le livre commode contenant les adresses de la

ville de Paris, et le trésor des almanchs pour

l'année bissextile 1692

1692年巴黎通讯地址实用手册

作者：普拉德

1610 年出版的《葡萄牙王国记述》一书中记载："这种（德化）瓷瓶是人们所发明的最美丽的东西，看起来要比所有金、银或水晶瓶更为可爱"。

法国人普拉德在《1692 年巴黎通讯地址实用手册》一书中，正式以文字的形式，将德化白瓷命名为中国白。

1850 年，英国人埃德蒙·格蒂的专著《爱尔兰发现的中国印章》在贝尔法斯特市出版，这是欧洲研究德化瓷的第一本著作，也是西方介绍中国印章和中国篆刻艺术最早的专著。这本著作收录了在爱尔兰的都柏林、贝尔法斯特和阿尼克古城堡遗址等地相继发现的 70 多枚明清时期德化窑生产、海外华人使用的白釉瓷印章，从一个侧面证明了德化白瓷当年的烧制水准和传播空间。

当德化白瓷输入到英国的时候，英国人管它叫 China-white，把"中国"赋予白瓷之上，即"中国瓷器"。

1969 年，伦敦费伯兄弟出版社出版了居住英国的古陶瓷专家爱尔兰人 P. J. 唐纳利的《中国白》一书，该书是目前所能见到的中外文献中以德化白瓷为研究对象的专题性的学术著作，具有较高的学术价值。受其影响，欧美研究学者连续推出了数十本中国白研究专著，将研究上升为中外文化间交流的层面。

二、中国白成功的秘诀

中国白誉满全球，取得了光辉的成就，形成了伟大的传统，给世界贡献了一笔丰厚的中国文化遗产。那么，成就中国白的秘诀究竟是什么？

这一秘诀就珍藏在德化地灵人杰之中。

得天独厚的自然地理资源，为德化古代瓷业的兴起与近现代瓷业的发展提供了得天独厚的物质基础，也为中国白提供了先决条件。德化为闽中腹地，处于万山之中，境内戴云山脉"个个峰峦成佛骨"，有"闽中屋脊"之称。戴云山是一座天然的瓷土宝库，瓷土分布广泛，蕴藏量丰富，质量优良，且水源充足、气候适宜，是烧制瓷器的理想之地。

德化瓷土皆由石英斑岩等富含长石之岩石风化而成，多呈弧状或其他不规则形状，大都生成于白垩纪火山岩系中，瓷石主要含石英和绢云母或高岭石等矿物，加之含铁量又低，该瓷石可以说是一类制作高质量白瓷的天然混合的矿物原料。近地表部分，风化程度较大，可作瓷土，深处部分可作瓷釉。德化瓷土，细磨漂净，即可直接制坯，不需调和其他原料，且大都较软，故容易成形。瓷土原料中含钾、钠化合物较高，因而烧成温度较低，接近软质瓷。因瓷胎中所生成的玻璃相高，具备了玉石的内涵，在窑火的熔炼后，它温润、明净、精巧、秀雅。它不是白玉更胜白玉，晶莹剔透，一尘不染，精雕细琢，巧夺天工，秀外慧中，超凡脱俗，内涵丰富，博大精深，引人入胜，是世之瑰宝。明代何朝宗创作的《渡海观音》，被誉为"东方维纳斯"，"中国白·陈仁海"团队创作的《世博和鼎》被选为上海世博会5.6亿元镇馆之宝，轰动世界。

3700多年来，水碓声声、窑烟袅袅，深厚的历史底蕴形成了中国白优秀的制瓷传统。数千年来，一代又一代的德化陶瓷能工巧匠在这片素有"闽中宝库"的土地上筚路蓝缕，辛勤劳作，以惊人的韧性和智慧、持续而富有独创的方式发展自己的陶瓷文化，以卓越的风姿屹立于中国陶瓷文化之林。

早在新石器时代，德化就有印纹陶的烧制。夏商时代，德化县三班寮田尖山和苦寨坑两处原始瓷窑址分布在泉州市境内德化与永春两县交界的寮田尖山，经碳 14 测定，年代为夏代中期至商代中期，这是目前已知的全世界最早的烧制原始瓷的窑址，它将中国烧制原始瓷的历史向前推进了200 年。德化在 3700 多年前已经成功烧制出世界第一窑原始青瓷，印证了德化作为中国陶瓷重要的"瓷之源""瓷始于斯"的文明奇迹之地。

原始青瓷造型相当丰富，其品种有鼎、豆、壶、罐、簋、卣、尊，器表装饰有绳纹、方格纹、戳点纹、波浪纹、圆圈纹、直线纹等。这些原始青瓷的出现，证明由陶器向瓷器的转变，是质的飞跃，也是技术的进步。

五代后唐长兴四年（933），闽王王延钧析永福（泰）县之归义乡，置归德场，令场升县，取"归德场"之"德"字，与其辖地"归化里、灵化里、新化里"之"化"字，将县名定为"德化"，以寄物"大德敦化"之寓意，这一县名沿用至今，从未更改。置县后，德化瓷开物成务，发展迅速，且初具规模，陶瓷文化也进入了一个外化过程。唐代颜化彩（864—933）总结了本地制作陶瓷的经验，编著了世界上第一部完整的陶瓷专著《陶业法》，绘制了世界上第一幅陶瓷工厂规划设计图《梅岭图》。

宋元时期，随着泉州港的崛起，德化瓷成为古代"海上丝绸之路"的主要输出商品，德化成为中国古陶瓷外销史上大量外销的中国陶瓷产区。宋代沉船"南海一号"上 16 万件陶瓷器，德化窑占三分之一，见证了古代德化瓷出口的辉煌历史，一举奠定了中国在世界瓷器生产的大国地位。

明代是德化瓷的第一个艺术高峰，所生产的白瓷，瓷质致密，胎釉纯白，被世界誉为中国白，代表了世界白瓷生产的最高水平。尤其是一代瓷圣何朝宗开创了独具一格的"何派"瓷雕艺术，赋予了德化瓷雕艺术以更完美的品格，是中国白的杰出代表，外国人赞为"东方艺术精品"，"天下共宝之"。明初，郑和下西洋开辟了太平洋至印度洋的航线，海路交通进一步拓展，德化瓷器凭借着有利的国际环境、地理条件和自身高超的工艺水平，成为中国外销瓷备受青睐的瓷种，并在以后数百年间长盛不衰。

德化窑历来以白瓷著称，但到了清代青花瓷生产却占据了主要地位，产品疏淡清新，品种丰富，具有民间瓷器独特的艺术风韵。其实，明代德化已有釉下青花瓷器的生产，进入清代后青花瓷在技术和质料上已臻成熟，这得益于康熙海禁开放以后，瓷器在民间贸易中数量倍增，同时又进口青花钴料，改变了单纯利用土产钴料的状况，使德化青花瓷的生产和外销达到了全盛时期，1999 年 5 月，清代沉船"泰兴号"打捞出水的 35 万件德化青花瓷可见其一斑。

晚清的闭关锁国，民国的社会动荡，德化以苏学金、许友义为代表的中国白瓷雕艺术仍然惊艳世界。苏学金（1869—1919）在 1915 年巴拿马万国博览会上参展的《捏塑瓷梅花》荣获优秀奖。许友义（1887—1940）在 1930 年为仙游县龙纪寺精心创作《五百罗汉》系列瓷雕，形态逼真，开创了古今系列瓷雕艺术的新纪录。这是堪称陶瓷文化艺术宝库中的璀璨明珠。

新中国成立后，中国白重新焕发青春，德化瓷厂、红旗瓷厂并驾齐驱，恢复了明代的"象牙白"瓷，德化瓷业进入了全新的发展时期。改革开放以来，特别是中国特色社会主义进入新时代以来，德化人继承前人的优秀传统，解放思想，改革创新，开拓进取，砥砺奋进，形成了传统瓷雕、出口工艺瓷和日用瓷三大产业体系，开始了中国白全面复兴的漫漫征程。

三、中国白与时代同行

不忘本来，鉴往知来，开辟未来，创造让世界信服的新奇迹是中国白践行的道路。

2021 年 7 月，德化窑址作为"泉州：宋元中国的世界海洋商贸中心"

遗产点之一，被列入《世界遗产名录》。德化窑址也随之成为世界第一个生产中高端瓷器窑类的世界文化遗产。德化窑生产，是以中高端细瓷产品为主，以海内外市场中高端的生活和文化消费需求为目标的，其生产体系和生产规模展现了泉州作为世界海洋商贸中心的强大基础产业能力和贸易输出能力。

特殊的制作流程和工艺，造就了中国白胎釉浑然一体、精美如玉的品质。人们万般垂爱美玉，赋予其丰富的文化内涵，以玉琢成的器物，标志拥有者的财富、等级、品行。西汉文学家刘向在《五经通义·礼》里说："玉有五德：温润而泽，有似于智；锐而不害，有似于仁；抑而不挠，有似于义；有瑕于内，必见于外，有似于信；垂之如坠，有似于礼"。中国白如脂似玉，得益于制作流程的循序渐进，除了探矿、采矿部分，单就矿石加工到产品完成大体可分成坯料制备、制模、成型、粘接修坯、干燥、装饰、施釉、装烧、包装等若干工序，每道工序精工细作，成全了"银泥烧出象牙白，冻玉凝脂总不如"的材质美感，胎骨细柔坚致，晶莹透亮，整体温润圆融，不是白玉胜似白玉。

德化瓷制作流程和技艺集中体现在瓷雕上。中国白是中国乃至世界瓷雕王冠上最为光彩夺目的明珠，其历史之久、题材之广、造型手法之多、水平之高、特色之著、影响之大，是中国乃至世界任何一个窑口都无法比拟的。特别是明代以来，以瓷圣何朝宗为代表的瓷雕大师，堪称雕塑艺术独门绝技传承至今，其艺术价值在收藏界和艺术品市场上享有很高的声誉。

陶瓷雕塑就是瓷泥通过雕塑成型，然后经过高温烧制的三维立体艺术品，简称瓷雕（也叫瓷塑或雕瓷）。德化县政府全力打造并注册"德化瓷雕"这个商标。作为三维空间的中国白瓷雕艺术，不仅从材料、创意、设计、造型、工艺、烧制与环境空间乃至其所耗时力都比其他雕塑工艺要求更高，它是一个从无到有的多重工艺和艺人智慧最大程度融合的艺术创作，是其他雕塑艺术所无法企及的。它成品秀雅且具永久性，也是一直以来赢得广大人民群众喜爱的主要原因。

瓷雕完成对形体的设计创作，只是在陶瓷艺术创作历程中跨出第一步，陶瓷艺术家能否把自己设计出来的艺术形体，最后变成艺术作品，还要接受一系列工艺流程的检验。这是因为陶瓷原材料成型为特定的形体后，经干燥并随着水分挥发而产生收缩。在高温烧制阶段，分子结构发生变化，坯体成塑性状态，特别是随着水分等物质完全挥发和玻璃相生成，坯体继续产生收缩的情况下，如果造型形体结构比例不合理，重量分布不均，将导致产品变形。瓷雕作品的形成及其能否达到预定的设计目标，是由窑火来决定的，瓷雕与木雕、石雕、牙雕、骨雕、贝雕、根雕、冰雕、漆雕等所有雕塑都不同，只有瓷雕必须经过1300度以上高温烧制而成，而从"泥"变成"瓷"这一过程，作品的体积要整体收缩20%左右，且物理、化学物质都会产生根本的变化，方能诞生"瓷"这一全新的物质。经过高温瓷化的洗礼，其造型、颜色、体积、质地等全部"脱胎换骨"，可谓"凤凰涅槃"，成为如庄子所说的"朴素而天下莫能与之争美"的典范。法国著名的文艺理论家和史学家丹纳曾把雕塑称之为"完美的艺术"，从某种意义上讲，中国白瓷雕也许就是世上"最完美的艺术"了。

中国白沉浸着中国优秀传统文化，是中国人思想、知识、价值观和情操在瓷器上的生动表现。从文化内涵上说，不论是实用器皿、陈设供器还是雕塑作品，中国白无不体现着儒家以儒治世、道家以道修身、佛家以佛治心的文化精髓，以造型样式、装饰图案与文化内涵相统一的物质形象，反映儒家仁爱安邦、道家无为而治、佛家万法皆空的显学特征；从题材上说，中国白题材丰富，神话传说、佛教人物、历史典故、民间故事等不胜枚举，大多信手拈来，宛如天成；从艺术手法上说，中国白兼收并蓄，博

德化瓷器从瓷帮古道肩挑背扛送往港口

采众长，成有根之木、有源之水。更为难得的是在坚守本土文化的同时，中国白借助外销的契机，积极吸纳外来异域文化，使思想内容和表达方式得以丰富发展，显示了中华民族融会世界文化的能力，美人之美，美美与共，和而不同，天下大同。

那些从瓷帮古道肩挑背扛送往港口的瓷器，有一大批而后在远航中沉水，随着近年来世界水下考古事业的进步而浮出于世，成了今天有关海上丝绸之路的历史见证，讲述了世界不同文明交流互鉴、互融共生的历史故事，化成一种看得见、摸得着的"乡愁"。国际古陶瓷学家三上次男就说过，"古代东西方的文明交流是写在中国陶瓷上的，当时的中国茶叶喝了，丝绸烂了，抹去尘埃，昔日的中国陶瓷依然熠熠生辉"。

写好《中国德化白瓷》一书是我多年的夙愿。德化是我挚爱的家园，我生于此，长于此，奋斗于此，充盈于此。我从事中国白事业三十多年，带领"中国白·陈仁海"团队一直坚持只做一件事，就是做好中国白，做出世界上最专、最精、最有名的中国瓷器；传播中国白文化，把中国白打造成为国际一流的民族品牌。让世界了解中国白，让世界爱上中国白，让世界分享中国白，创造出中国白无愧于古人、无愧于时代的新辉煌，是"中国白·陈仁海"团队美好的愿景和奋斗的动力。

多年来，"中国白·陈仁海"团队血炼白瓷，在艺术和科技结合上取得一批创新成果。仅以"中国白·养生瓷"为例，我们经过反复试验，将光催化技术与中国白烧制技艺完美融合，烧造出集工艺、文化、历史、观赏、使用与养生价值于一体的新瓷器，既是一种爱不释手的收藏品，又是一种高雅的日用品，更是一种常态化的中国白负离子发生器。此技术用在"元首杯"、金砖国家领导人厦门会晤会议用瓷、国宴用瓷、专机用瓷、别院用瓷等烧制，取得了空前的成功，将中国白艺术、使用与养生融为一体，为消费者提供了中国白美学生活新方式。

作为一名中国白的创作实践者，30多年来，我苦苦探索，孜孜不倦地向前辈大师学习，向同道匠师学习，潜心研究，小心求证，力求将中国白烧制技艺进行科学的系统梳理，以史为师，以史为鉴，以益后人。同时，在实践上，坚持与时代同行，坚持以人民为中心的创作导向，坚持科技创新，坚持为藏家打造最具艺术价值的藏品，坚持为满足人民大众对美好生活的向往烧制最好的中国白。

伴随着推动构建人类命运共同体的进程，中国白不断登上国际舞台，成为我国重大国事用瓷，一件件国瓷，展示了中国白精美绝伦的制瓷艺术，为人类文明交流互鉴增光添彩，同时也彰显了德化作为世界瓷都的地位。

今不揣浅陋，将我所思、所想、所做、所悟披露于世，诚望诸位有识之士赐教。

第一章 中国白的历史渊源

第一节 德化窑的考古发现

一、德化窑考古概述

表 1—1 德化窑考古情况一览

年代	事件	备注
夏商时期	德化与永春交界的寮田尖山古窑生产原始青瓷	2007 年调查发现
唐五代	美湖阳田村墓林建窑生产瓷器	1995 年 3 月考古发现
唐末	三班泗滨村上寮等地建窑场生产陶瓷	
唐末至五代	三班颜化彩编著《陶业法》，绘制《梅岭图》	《龙浔泗滨颜氏族谱》
宋代	丁墘村太平宫、三班家春岭等窑场，生产白度高的莲花纹碗、刻花大瓷盘、印花浮雕盒等外销产品	
北宋	盖德碗坪仑建龙窑产瓷，产品销往日本等地	1976 年考古发掘
南宋	盖德碗坪仑窑生产青灰釉、酱褐釉、黑釉等外销瓷	1976 年考古发掘
南宋开禧元年（1205）	南宋德化盛行用手拉陶车制坯，现存一件"开禧元年"陶车的纪年轴顶碗	

续表

年代	事件	备注
南宋嘉定十六年 （1223）	日本人加藤四部左卫门景正，曾随道元来宋，研究中国制陶瓷术而归，在尾张之瀚户开窑，创造了濑户烧，为日本制陶瓷术开创新纪元。考古界认为，加藤是到德化学习的。	木宫奉彦著，胡锡年译:《日中文化交流史》，商务印书馆1980年版
南宋末年	屈斗宫"鸡笼窑"出现	1976年考古发掘
元至元二十九年 （1292）	意大利旅行家马可·波罗抵达刺桐（泉州），他在游记中盛赞德化瓷器"瓷市甚多，制作精美"	《马可·波罗游记》
明初	泗滨、后所、乐陶、宝美等窑场采用阶级窑烧制陶瓷	考古发掘
明成化六年 （1470）	意大利威尼斯和佛罗伦萨人依照德化制瓷方法，开始试制瓷器	
明中叶	阶级窑技术传入日本等国	
明正德六年 （1511）	里人献象牙白瓷香炉给盖德济山庵。此纪年香炉后辗转流落到国外，被大英博物馆收藏	
明嘉靖年间 （1522—1566）	雕塑大师何朝宗、何朝春兄弟诞生在隆泰社前苏村（今后所村）何厝溪阳堂的雕塑世家	
明万历年间 （1573—1619）	何朝宗创作的瓷雕观音、如来、达摩、罗汉等，远销世界各地，被誉为东方艺术精品	
明崇祯十年 （1637）	著名科学家宋应星记载德化窑瓷器	《天工开物》
明崇祯十四年 （1641）	由福州输往日本的中国瓷器有2.7万件，大多数为德化窑产	
明晚期	德化瓷器经福州、泉州、深圳、厦门转运台湾赤嵌港等，再由荷兰东印度公司销往世界各地	
清康熙年间 （1662—1722）	下涌赖奎十将德化瓷器转运至台湾，并销往东南亚各国	
清康熙二十九年 （1690）	丹麦国家博物馆收藏第一批德化瓷器	

年代	事件	备注
清康熙四十七年 （1708）	法国圣·克劳德瓷厂仿制德化窑白釉瓷和孔雀绿釉瓷	
清康熙四十九年 （1710）	德国梅森瓷厂仿制德化白瓷，产品在该年春季德国莱比锡国际博览会上展出	
清雍正年间 （1723—1735）	赖奎十率胞弟和妻儿徙居台湾府彰化院务三佳春，经营德化瓷器贸易，后在彰化建窑，从事瓷器生产	
清雍正三年 （1725）	意大利威尼斯瓷厂成功仿制德化白瓷	
清乾隆六年至九年 （1741—1744）	宝美苏明裕、苏重光经营陶瓷业致富，建"长福堡"	
清乾隆十五年 （1750）	英国伦敦切尔西瓷厂仿造德化窑中国白	
清乾隆三十年 （1768）	宝美苏明裕、苏重光改建当时最大的阶级窑——尾库窑，并开设"万源"、"瑞源"商号，产品销往国内外	
清乾隆四十五年 （1780）	在爱尔兰发现德化瓷印章，此为欧洲首例	
清乾隆五十一年 （1786）	组织"中国皇后"号从中国返航时，装载德化窑瓷雕观音、瓷宝塔和青花瓷等大量中国瓷器	
清乾隆年间 （1736—1795）	全县从事陶瓷业人数 2.7 万余人	
清嘉庆十五年 （1810）	泗滨颜嘉献利用蔡牵船队多次运载瓷器销往香港、台湾以及安南（今越南），成为当地巨富	
清道光二十年 （1840）	爱尔兰首府都柏林博物馆展出德化瓷印章	
清道光二十二年 （1842）	福州泥塑大师张进奎（艺名裕师），召集福州府雕塑艺人，在闽侯县湾边自苗乡成立"何派"艺术支系——"来禧堂"，师承何朝宗，研究传承何派艺术	
清道光三十年 （1850）	英国人埃德蒙·格蒂《爱尔兰发现的中国印章》在贝尔法斯特出版，此为欧洲首部研究德化瓷的专著	
清咸丰三年 （1853）	在南非卓湾打捞出水的沉船上，发现元代德化窑白釉瓷，后藏于大英博物馆	

续表

年代	事件	备注
清光绪四年（1878）	美国举行优秀艺术作品评比，波士顿美术馆珍藏的明代何朝宗作品观音像被评为第一名	

据德化官方史料，描述有关德化白瓷的记载甚少，而民间传说中大多是以宋代为时间背景。据《龙浔泗滨颜氏族谱》记载，他们的祖上教先公居于河南，于唐代到德化，第五子文丽公得中明经博士，第七子颜仁郁初举进士，文丽公子化彩举国子博士及第。颜化彩传授陶瓷生产制作方法给后人学习。明嘉靖《德化县志》载："瓷产程田寺后山中，穴而伐之，缏而出之，碓舂细滑，淘去石渣，飞澄数遍，倾石井中，以漉其水，乃抟埴为器，石为洪钧，足推而转之，薄而苦窳，厚则绽裂，土性然也，罂瓶罐瓾，洁白可爱，博山之属多雕虫为饰，饮食之器粗拙，较之饶州美恶迥绝。"这是在德化官方县志中找到的有关德化白瓷生产的重要记载。在明万历《泉州府志》的"物产"中又载："磁器，出晋江磁灶地方，又有色白次于饶磁，出安溪崇善、龙兴、龙涓三里，又有白瓷器，出德化程田寺后山中，洁白可爱。"这些记载都是描述当时陶瓷制作及产品的情况，产生这一现象的主要原因是制瓷业在古代被认为是一种百姓谋生的手

瓷片藏于墙的独特文化现象

工业，得不到上层社会的重视。

制瓷需要窑火，我们的先民在认识火和掌握控制火的能力中，德化先民走在了最前面。我认为当时夏商烧造出瓷器，甚至比今天的卫星上天及人类探寻火星的壮举还要伟大。因为当人类存在于当时的生活空间和环境之中的时候，我们的先民竟然不仅知道了泥土和釉药，还懂得水火与泥土的完美结合能创造出瓷器，并赋予它美学的价值，也认识了如何控制火这样一个给人类带来勇敢、光明的东西。所以说中国的普罗米修斯精神是储在我们窑工的身体里，所以当这样一个瓷制的材料一出现，世界就为之疯狂，整个世界上没有哪一个民族在看到中国的瓷器以后不神往，甚至他们是以瓷的视觉想象来理解这个遥远的民族。所以你会发现在西方的许多传说里面提到中国，许许多多的想象里都有瓷的神秘特征。这样更能领会中国的英文就是China，瓷器的意思。

中国的四大发明的说法最早都是由西方人提出来的。英国近代科学奠基人之一弗兰西斯·培根提出指南针、火药和活字印刷的重要价值……后来英国学者、汉学家李约瑟补充了造纸术。

西方学者看重的发明在于找到实证，由于考古界发现德化三班寮田尖山3700多年前原始青瓷窑址是在2007年。而2007年，当时提出"四大发明"的西方学者均已作古，所以，瓷器没能按时间顺序排入第一，更没有叫五大发明，就不难理解了。我认为，3700多年前始现的瓷器的发明，应该排在后来的造纸术、指南针、火药、印刷术这四大发明之前，因为它们都有一个共同的特点，那就是：它们都代表了中国古代科技创造与发明，极大地改变了人们的生产生活，对中国古代的政治、经济、文化的发展产生了巨大的推动作用，并经各种途径传至西方，对世界文明发展产生了巨大的影响。现在看来，瓷器，不但应该列入五大发明，而且应该排在中国古代五大发明之首，这样才不至于误导我们的下一代。

　　陶与瓷的界限主要有三大方面。第一个界限，是烧造原料不同。陶是用黏土烧成的，黏土随处可取，往深一点儿的地方挖一挖，可能就有黏土，只要有黏度的土，都可以烧成陶器。瓷器不行，瓷器一定是瓷土烧成。最好的瓷土成就了德化的中国白。

　　第二个界限是烧成温度不同。一般陶器都是在1000℃以下，唐三彩在1100℃左右，而瓷器要在1200℃以上。

　　第三个界限就是吸水率和透光率不同。我们都知道陶器吸水，瓷器几乎不吸水。瓷器要求在一定的条件下，能够透光；陶器无论什么条件下，光线都无法穿透。这是科学的界限。

表1—2　陶器与瓷器原料成分对比

	陶	瓷
原料	普通黏土	高岭土（瓷土）
含铁量	大于3%	小于3%
含硅量	大于70%	小于70%
烧成温度	800—1100℃	1200—1400℃
烧成质地	胎质较粗，密度较小，吸水率高	胎质细密，密度大，吸水率低
施釉情况	可施釉，也可不施釉	基本上施釉
敲击声音	较低沉	较清脆，有金属声
透明度	不透明	具有半透明的特点

　　根据20世纪五六十年代的考古调查，在德化浔中镇丁溪村的云尾山、牛尾寨、四埔山及美湖乡的后坪山发现了四处新石器时代晚期的遗址，在遗址上先后采集到了石锛、石斧、石矛和大量的印纹软陶和硬陶的残片。这些印纹陶片的发现说明了在新石器时代晚期德化已有人类在这片土地上繁衍生息，并开始生产和使用原始陶器。从当时的历史状况分析，这种陶瓷的异地传入可能性不大，应为当地生产。因此，德化陶器的生产应始于新石器时代晚期。

表1—3 德化县已发现的新石器时代遗址简况

遗址名称			
云尾山遗址	浔中公社丁溪大队	陶片和残石杯	1958 年
牛尾寨遗址	浔中公社丁溪大队云尾山之北	石锛、网石、石琢和陶片	1958 年
四埔山遗址	浔中公社丁溪大队	陶片和少许釉陶	1958 年
美湖后坪山遗址	美湖公社保健院后坪山	石矛、石锛、石斧和印纹陶片	1973 年 3 月

　　德化早期的瓷器是原始青瓷，始于夏商。1968 年墓葬考古发掘出土的相当于魏晋时期的青釉谷、青釉壶、青釉罐，器物年代被定为唐代，所以出现了"唐代说"；而 1995 年美湖阳田墓林窑址的发现，窑址被定为唐五代，所以又出现了"唐五代说"。2005 年，德化三班泗滨村的一位郑姓村民在为祖先扫墓时捡到了几块青釉瓷片，后经民间收藏人士的交流，辗转到了德化县陶瓷博物馆。这些青釉瓷片的发现受到了古陶瓷研究专家的重视。2007 年 10 月 6 日，泉州市博物馆的考古人员深入现场，到德化县与永春县交界的寮田尖山进行野外窑址调查，在寮田尖山周边的山包上发现了多处印纹软陶、硬陶和原始青釉瓷器混合叠压的堆积层，并在寮田尖山南面柑橘园的坡面上发现了一座窑炉的残断面，断面宽约 1.1 米、高约 1.3 米，未经考古发掘不知残长。在遗址堆积层采集了一批印纹软陶、硬陶和原始青釉瓷的残片，经福建省考古队专家的现场确认，此地为一处夏商时期的窑址。从印纹陶片的发现、墓

散落的原始青瓷瓷片

葬青釉瓷的出土，原始青釉瓷片的出现，到原始青釉瓷窑址的发现，给德化瓷始烧年代问题找到了答案，即德化瓷始烧年代应为夏商时期。

到目前为止，德化发现由夏商到清历代窑址达239处，重点发掘了屈斗宫窑、碗坪仑窑、甲杯山窑、祖龙宫窑、杏脚窑等五处窑址。

国外发现的"马可·波罗瓷"有多种刻花篦划纹装饰

碗坪仑窑、屈斗宫窑为北宋至元，烧青白瓷，有的接近白釉，刻花篦划纹装饰较多，粉盒遗留甚丰，盖面所印阳纹装饰一百余种，题材之丰

屈斗宫古窑址

屈斗宫窑址

富在南方地区首屈一指。宋元以来，大量输出海外，菲律宾、马来西亚、非洲等出土有宋元德化窑青白瓷，意大利将其命名为"马可·波罗瓷"。广东"南海一号"沉船发现的宋代瓷器有许多是从碗坪仑窑生产外销的。

甲杯山窑为明代至清初，盛烧白瓷观音、达摩等塑像以及梅花杯、香炉等器物，胎釉浑然一体，如同白玉，被赞为"象牙白""奶油白"或"鹅绒白"。

德化县龙浔镇宝美村里有座祖龙宫，宫里供奉的几尊主神大都是在德化陶瓷史上有过杰出贡献的历史人物。独特之处是祖龙宫的奉祀方式。奉祀的供品是陶瓷艺术品，这种不流于俗套的奉祀方式在世界各地的庙宇中大概是绝无仅有的。所祭祀的是北宋德化窑炉大师林炳。林炳受梦中仙女身材形象的启发，遂创建龙窑成功。鸡笼窑是介于龙窑向阶级窑发展的一种形式，以后为福建、广东等地烧造瓷器所使用。窑室斜平，有分间而不分级，顶部呈拱形，整个外观造型像鸡笼，故名鸡笼窑。火膛狭小，窑门多数开在一边，内部窑室之间设有挡火墙，下有通火孔，因而火焰成半倒焰式，窑底两边有火路沟。此种窑炉亦称为分室龙窑。

自1954年以来，福建省文物管理委员会、南京博物院、故宫博物院、厦门大学和德化县等单位先后调查了屈斗宫、十排格等处窑址。1976年福建省博物馆和厦门大学联合发掘了屈斗宫和碗坪仑二处窑址。1988年屈斗宫德化窑址被中华人民共和国国务院公布为全国重点文物保护单位。

二、五大古窑场

（一）瑶台（宝美）窑场

瑶台今称宝美，为德化五大古窑场之一。相传唐代时由三班泗滨传入制瓷技艺，至今宝美宫仍奉祀金光相公（即唐时泗滨金员外），共有古窑址28处，其中，宋元时代古窑址12处：屈斗宫窑，车碓岭拱桥垅窑，公婆山寨后窑，祖龙宫窑，岭兜前欧窑，倒船山白沙宫窑甲乙两址，石牌格窑甲址，后窑窑址，后店仔窑址，后深庵窑群址，五斗垅窑（又名虱母岭头窑）。其中1976年发掘的屈斗宫古窑址，国务院于1988年1月13日公布其为第三批国家级文物保护单位。明至民国窑址16处，主要为甲杯山、岭兜、后井、石牌格、

1988年1月，屈斗宫德化窑遗址被国务院定为全国重点文物保护单位

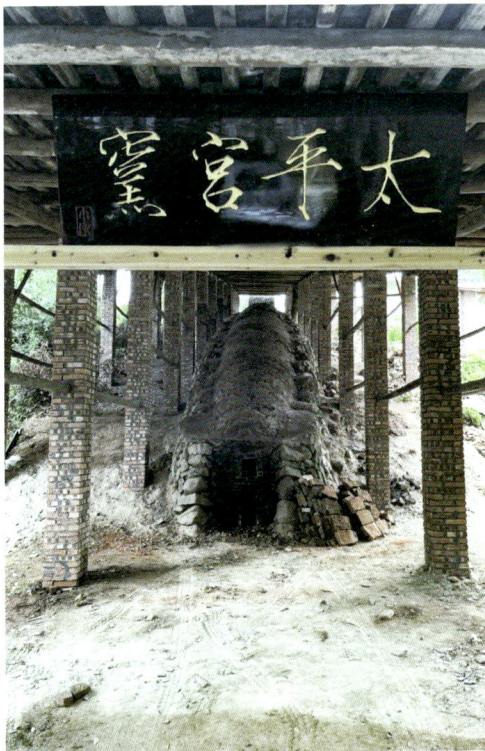

太平宫窑址

程田寺格等，千年窑火不断，历代称"瑶台陶烟"。

（二）乐陶窑场

知名的有7处：乐陶陶窑（宋、明、清、民国），乐陶宫兜窑（明、清、民国），六车窑（明、清、民国），六车寨仔山窑（宋）；宏柯窑（明、清、民国），坂上大珍窑（明、清、民国），乐陶格仔窑（明、清、民国）。

（三）大卿（丁墘）窑场

大卿，又名张墘，今称丁墘，自宋至今，窑火不断。丁墘村，共5处：太平宫窑（宋、元、明、清），庠柄山窑（宋、元），窑垵窑（清），崇道宫窑（清），丁墘窑（民国）。最著名的是：在梅亭山（梅墘山）上的太平宫窑，在人仔头山坡上的丁墘窑，在庠柄山上的庠柄山窑。

（四）高洋（高阳）窑场

高洋，今称高阳。有古窑址25处：杨坪张窑（清、民国），大路巷窑（清、民国），布伏山窑（清、民国），垵园窑（清、民国），窑垵窑甲址（清、民国），窑垵窑乙址（清、民国），杉林烘窑（清、民国），土厝坂窑（清、民国），石辟仔窑（清、民国），后湖窑（清、民国），后宅窑（清、民国），羊广岭窑（清、民国），后溪窑（清），草埔窑（清、民国），松柏林尖窑（清、民国），岭头窑（清），大路后窑（清），蜈蚣垄窑（宋、元、清），窑垵窑（清），孝坊山窑（清），宝寮格窑（又称"破寮格窑"）（清），蜈蚣牙窑（宋），梅垄窑（清、民国），今厝荇窑（清、民国），陈公窑（清、民国）。

（五）泗滨窑场

主要有6处，其中宋元窑址3处：大垄口窑甲址（宋、元），大垄口窑乙址（宋、元），尾林窑甲址（宋）；明清窑址3处：梅岭窑（俗称"南岭窑"，明、清、民国），尾林窑乙址（清），溪碧窑（清）。其中，规模最大的当属梅岭窑场。明景泰、天顺间颜俊高带领颜氏族民依先祖流传的《梅岭图》兴建梅岭窑场，梅岭也称南岭，窑场位于泗滨村北侧的一处山坡上，依山傍水，坐北朝南，远离民居，利于设水碓加工瓷土，淘澄瓷泥，又利于依坡建窑烧成，是辟建规模窑场的理想之地。水碓沿溪而建，窑炉工棚依山而筑，从瓷土加工、制坯成型、入窑烧成、彩画烤花到仓储发运等设施完整配套。清康熙、乾隆年间，有陶瓷工场作坊 100 多间、龙窑 30 多座。新中国成立初期仍有 24 座龙窑正常生产。

第二节　原始青瓷

　　早在夏商时期，就有原始青瓷产生，距今 3700 多年。德化于 2007 年在三班镇寮田尖山发现了夏商时期的原始青瓷窑址，并采集了原始青瓷标本，这是德化瓷器的先声。原始青瓷已经达到了一些客观要求，比如不吸水、烧结温度比较高、使用的是瓷土。尽管瓷土的质量比较差，但也是瓷土。

　　瓷器的优势有很多，首先它的强度大于陶器。在生产中想做成什么样子，基本上就能做成什么样子。当然，最早的瓷器生产不能太随心所欲，比如今天我们可以烧出 5 米高的大瓶子，在过去是烧不成的，会受到各种客观条件限制。第二大优势，就是原材料便宜。

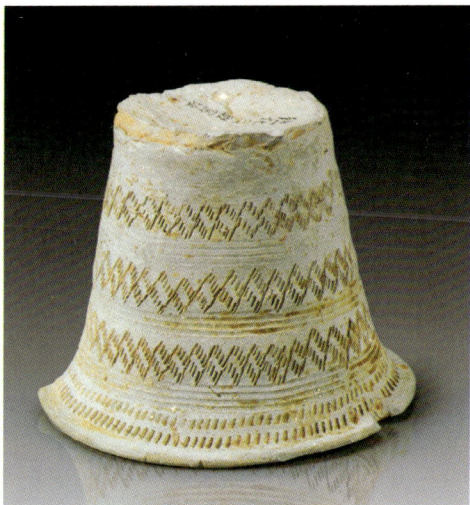

原始青瓷高足豆残件，夏商（公元前 20 世纪—前 11 世纪）

青釉长颈瓶，宋（960—1279）

中国早期的容器，尤其贵族使用的容器，很多都用铜来制造，成本非常高。汉代还有一种贵族常用的器皿是漆器，成本也非常高。瓷器改变了这个局面，它的原材料就是瓷土，成本大大降低，市场竞争力相应也就增加了。第三大优势，相对其他器物的原材料来说，全国各地都可以找到瓷器的原材料，所以在古代运输条件非常困难、成本非常昂贵的情况下，工匠可以带着技术走。只要学会怎么烧造，就可以从甲地到乙地展开这门技术，去异地烧造，而不需要把瓷器从甲地运输到乙地。

早期的瓷器都是青瓷，源于釉里含铁元素，烧后呈现青色，当时的技艺水平无法去除这个颜色。从科学角度上讲，早期白瓷、青瓷、黑瓷都是一种瓷，都算青瓷。含铁量越高，颜色就越深，由绿逐渐到黑；反之，含铁量越低，颜色就越白，显得越干净。

我们今天使用瓷器时，常会忽视很多心理感受。比如我们赴一个宴会，如果盘子很漂亮，但也没有什么太多的感觉，最重要的感觉还是今天吃什么，对吧？今天是吃鲍鱼大餐、鱼翅大餐，还是农家饭，至于使用什么杯盘，不是很重要了。但是这种感受在古代很重要。我们设想今天人家请你吃饭，桌上的餐具都是黑的，你有什么感受呢？捧着黑碗吃饭，心情也随之比较沉重。

现在偶尔还用黑色餐具，比如你去吃一碗乌冬面，街上日本餐馆里都有，一般都使用黑碗，里面盛着白面条，看着很漂亮，但这是偶尔的事。要是你天天捧着一个黑碗吃饭，心里就会很沉重，你老想：我怎么了，老捧着一个黑碗吃饭？是不是？

所以，瓷器的整个生产过程，其实就是摆脱黑暗的过程。首先要让它白起来，要变得悦目，这是瓷器最开始的简朴的美学追求。

原始青瓷在瓷器发展史上具有非常重要的地位，是人们对瓷器工艺的重要尝试。正是由于原始青瓷的出现及发展，才促进了后来瓷器的不断完善，作为中国瓷器的始祖，研究原始青瓷将有助于人们对瓷器有更深的了解。

第三节　唐代南青北白

瓷器发展的过程，就是追求由青到白的过程。古人在烧造瓷器时，不断地想使它变白。早在北齐的时候，就出现了白瓷杯，但釉厚的地方还闪着青色的光芒，非常漂亮，非常现代，1500 年前的杯子拿到你眼前，看着跟现在生产的一样。白瓷的出现，是中国陶瓷

青瓷短颈瓶，宋（960—1279）

在世界上成为霸主的一个最基础的原因。后来无论什么瓷器品种出现，都跟白瓷有关。

在我国，成熟的青瓷早在东汉晚期就已经出现，而白瓷的成熟则大约晚于青瓷400年。1971年在河南安阳北齐（575）凉州刺史范粹墓内，人们首次发现了北齐时期的一批白瓷，它包括碗、杯、罐、四系缸、长颈瓶等器物，但这批白瓷近似白色的釉面上常微微泛青绿色，它表明此时的白瓷胎釉尚未达到成熟白瓷的标准，还属于过渡阶段，但也说明白瓷脱胎于青瓷的历史渊源。从此瓷器的烧制便分为青白两大体系而各自分道扬镳。

青瓷与白瓷两者之间的特征区别，表现为前者胎色较重，釉呈青色碧绿无瑕；后者胎色较淡，釉色洁白匀净。然而为什么中国瓷器最早出现的是青瓷而不是白瓷呢？这主要是古代制瓷原料及工艺所决定的。瓷器的外观色泽，是由胎和釉两方面决定的，而各种色釉的瓷器均是以铁、铜、钴、钛、锰、锑、铬等金属元素作呈色剂，才能使器物分别呈现红、绿、蓝、紫、黄等色彩缤纷的釉面。但是，如若将釉中的这些呈色金属全部清除干净，特别是使含铁量降至最低点，就能烧出纯洁的白瓷，而当原料中的含铁量达到8%左右，釉面就会呈现暗褐色，由于颜色过浓看起来又会是墨色，所以要烧出纯粹的白瓷，就必须掌握一定的除铁技术。而在古代因烧制条件所限，只能就地取材，因此利用当地含铁量在1—3%左右的瓷土，就首先烧成了美丽的绿色或青绿色的青瓷。此外，青瓷早于白瓷出现，在我国也与历史变迁、社会习俗的潜移默化密切关联。例如江南地区山清水秀的自然景色，必然形成人们尚青的审美情趣。而长期生活在白雪皑皑的自然环境下，北方各族人民注定要追求一种以白色为美的旨趣。这也许是为什么我国早期白瓷出现在北方，而不是出现在窑业历史悠久、制瓷业颇为发达的南方的原因之一。

到了唐代，中国瓷器形成一个南北对峙或者说平分秋色的局面。这就是"南青北白"。中国南方以青瓷为主，中国北方以白瓷为主，这是唐代整个瓷器的发展局面。唐代瓷器发展的速度非常快，因为唐代经济高速发展，政府缺铜。经济一发展，金融首先就要跟上，货币也要跟上。中国的钱是计重制，按重量算，铜都要用来铸钱。从铸造"开元通宝"开始，政府多次下令禁铜，不允许用铜制造别的东西，国家要用铜铸钱，使国家的经济能够高速运转。政府的禁铜令逼迫瓷器迅速发展，原

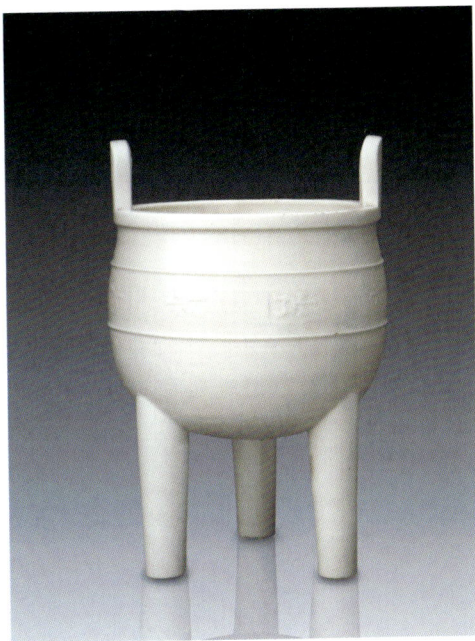

白釉印花夔龙回纹鼎式三足炉，明（1368—1644）

来是用铜来做碗，不让用铜了，只好用瓷器，这样瓷器就发展起来了。

　　唐代的"茶圣"陆羽，他对瓷器南青北白的局面有一个评判，"南青"就是越窑，"北白"就是邢窑，南越北邢。他说："邢瓷类银，越瓷类玉，邢不如越，一也；若邢瓷类雪，则越瓷类冰，邢不如越，二也；邢瓷白而茶色丹，越瓷青而茶色绿，邢不如越，三也。"陆羽认为由于这三个原因，邢窑都不如越窑。陆羽是湖北天门人，他站在南方人的立场上，对两种瓷器做出一个判断。如果陆羽是北方人，那他肯定反着说了："越瓷类玉，邢瓷类银，越不如邢，一也……"。

　　其实邢瓷和越瓷这两大窑口，是中国陶瓷史上两朵奇葩，没有高下之分，二者的审美趣味和境界都非常高，堪称并驾齐驱。诗歌中有很多描写，比如唐代诗人皮日休的《茶瓯》，"茶瓯"就是茶碗。皮日休这么写：

"邢人与越人，皆能造瓷器。圆似月魂堕，轻如云魄起。"南方人和北方人都能造瓷器，瓷器的器形圆润，像月亮一样；瓷质的轻盈细腻，像云彩一样。除了赞赏，皮日休还是做了很客观的评价，说南方人和北方人都能够烧造很好的瓷器。

第四节　宋元时期德化白瓷

德化窑址（尾林—内坂窑址、屈斗宫窑址）是宋元泉州出口商品生产的代表性遗产要素。屈斗宫窑址位于德化县浔中镇宝美山破寨山的南坡上，创烧于宋元。1976 年经考古发掘揭露出一处元代窑炉遗址，窑炉全长 57.1 米，宽 1.4—2.95 米。该窑为分室龙窑，共有 17 间窑室，发现 14 个窑门，保留有部分窑壁和窑室间的隔墙，窑壁外还有护墙。窑室一般呈长方形，纵长 2.45—3.95 米，各窑室底部斜平，分室但不分阶级。这一分室龙窑形式是龙窑向阶级窑转化的过渡形式，反映了宋元时期窑炉技术的进步与发展。窑床上发现有大量烧瓷所用的窑具，证实该窑的生产规模庞大。该窑出土各类瓷器残件主要为元代白瓷。

德化窑址是宋元时期泉州内陆地区外销瓷窑址的杰出代表，生产体系完备，生产规模庞大，其器形与纹饰反映了海外市场需求，与磁灶窑址共同展现了宋元泉州强大的基础产业能力和贸易输出能力，见证了在海洋贸易推动下泉州本地制瓷产业的创新和发展。

20 世纪中叶以来，水下考古不断取得新的进展。其中有相当大一部分与古代中国的对外贸易有着直接的关联，为"海上丝绸（陶瓷）之路"的研究提供了重要的实物证据。每一次发现都给学术界带来惊喜，为中外关系研究中的中外贸易史研究提供了重要的实物资料。在许多水下考古发

德化尾林—内坂窑址及屈斗宫窑址位置图

尾林—内坂窑址平面示意图

屈斗宫古窑址

掘中，德化窑瓷器频频出水，引起学术界的高度关注。

宋元时期，泉州充分利用挟南北两路对外交通之利，成为东南沿海诸港难以与之匹敌的港口，它是中国丝帛的重要输出港，也是最大的瓷器输出港。本地区的陶瓷，还有包括福建北部建窑的黑釉瓷、浙江的处州和江西景德镇等名窑的产品，多从泉州港输出。正是这条用陶瓷编织起来的纽带，曾经将泉州同世界连在一起，将德化同世界连在一起。瓷器不仅是交易的物品，还是海船最理想的压舱物，《萍洲可谈》载："船舶设阔各数十丈，商人分占贮货，人得数尺许，下以贮物，夜卧其上。货多陶器，大小相套，无少隙地。"

南宋时，巨大的海船贸易一度造成钱币的严重流失，致使国内钱荒，《宋史》记载："宁宗嘉定十二年（1219），臣僚言，以金钱博易买，泄之远夷为可惜，乃命有司止以绢易、布、锦绮、瓷器之属博易听其来之多

古代船只模型

少，若不至，则任之，不必以为重也。"即规定凡外来货物，以绢帛、瓷器为代替金银铜钱，遏止钱币外流。这个措施的实行，进一步促进了国内陶瓷业的发展和外销，在《诸蕃志》里，诸如"番同兴贩用瓷器博易"，"商人白瓷器货金易之"，"以瓷器为货"等字句频繁出现，它是泉州所属的周边省份窑场瓷器销往海外的文献记录。当时瓷器主要销往今天的越南、柬埔寨、印度尼西亚、马来西亚、菲律宾、印度、斯里兰卡，甚至远至东非。据陈万里在《调查闽南古代窑址小记》载：1957 年在印度尼西亚的苏拉威西岛南部曾发现我国输出的白瓷盒，经鉴定是宋代德化窑的产品。1959 年在斯里兰卡的亚拉虎瓦地方，曾出土宋代德化窑烧制的瓷碗两只。

　　1964 年以来，在菲律宾遗址或墓葬中就发现了数千件较完整或可以复原的德化窑瓷器，其中以马尼拉圣安娜湖、贝湖西端的内湖、民都洛的加莱拉港等遗址最为集中。

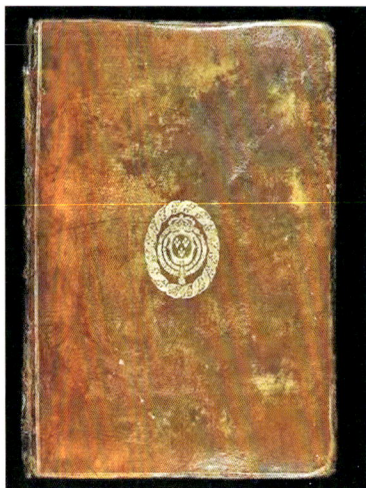

1515 年出版的《马可·波罗游记》

在印度尼西亚发现的许多中国青白瓷中，德化白瓷在西里伯斯和爪哇就出土过不少。位于加里曼丹岛北部的东马来亚沙捞越地方，也曾经发现过大批德化窑瓷器。

在菲律宾发现的数量不少的大型浅碗、大盘、壶、瓶、盒、军持等，均与碗坪仑窑出土的北宋、南宋瓷器相近似。1976 年从德化盖德碗坪仑窑发掘出土的青白釉云纹军持、青黄釉云纹军持、青白釉盖碗、青白釉瓶，以及各种纹饰饭盒、盘、青白釉划花大碗等，在东南亚国家和我国西沙群岛的全富岛上都有发现，这些器物的年代，有南宋的产品，也有北宋时期的产品。目前德化县境内已经发现的宋代窑址达 42 处，主要器型为碗、盘、碟、洗、盒、瓶、壶、钵、军持等，在东南亚等地均有实物相印证。

元朝对海外贸易采取积极提倡的态度，泉州港受到特别重视和大力扶持，对外贸易盛况空前，并走向它的黄金时代。据《岛夷志略》所载，14

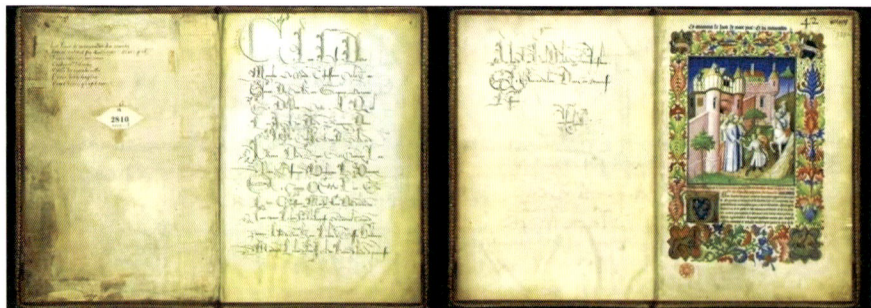

《马可·波罗游记》内页

古沉船内发现的德化瓷

世纪初期与泉州港发生海道贸易的国家和地区，除澎湖外，共计98个，比南宋《诸蕃志》记载的增加三四十个之多。主要集中于东南亚及印度、马来群岛，说明元代泉州港同这一地区的贸易较宋代有了显著的发展。中国陶瓷通过东南亚这一东西方贸易的中转站，源源不断地销往世界各地，13世纪时阿曼商人常到苏门答腊购买从中国载运于此的中国瓷器，转销各国，元代时期著名的意大利旅行家马可·波罗在他的《马可·波罗游记》中，盛赞德化"瓷市甚多""制作精美"，并把德化白瓷带回意大利。据英国首任驻华大使艾惕思到德化参观后证实，至今在意大利博物馆还保留马可·波罗当年带回的德化家春岭窑的小花瓶。从屈斗宫窑址发掘出土的大量高足杯、粉盒、军持、壶、花瓶、墩子式碗、折腹弦纹碗、直道纹洗等具有元代特征的瓷器，在印度尼西亚、菲律宾、马来西亚、日本等地均出土过。

1976年在韩国新安海域发现一艘中国元代沉船，船舱内出土的中国瓷器有 1.5 万多件，其中一些黑褐色釉敞口小碗，经考古专家鉴定，属于德化窑产品。宋元德化白瓷在日本、东南亚出土的海碗、军持、粉盒、瓶、罐等物品不胜枚举，即使在遥远的东非海岸基尔瓦遗址上，也出土过与屈斗宫窑同类产品毫无二致的白釉莲瓣碗，表明德化白瓷输入非洲的事实，宋元阿拉伯和印度商人喜欢到中国收购瓷器，用瓷器作为压舱物，到了目的地后，再将瓷器贩卖，获得高价，一举两得。南毗商人时罗巴、智力于父子就居住在泉州城南，成为专门经营中国商品的印度人。

德化瓷相对中国诸多窑口生产的瓷器，一个突出的特点就是它面向海外，德化瓷见证了中国古代对外贸易的繁荣，见证了中国在海上丝绸之路上的特殊地位。近年来，不断收获的水下考古新发现、研究新成果证明了这一点，"华光礁"和"南海一号"等考古中都找到了属于德化的大量的青白瓷器。

"南海一号"沉没于珠江口以西，距广东省阳江市东平港以南约 20 海里处，发现于 1987 年，1989 年经国务院批准，命名为"南海一号"。1998 年至 2004 年，由中国国家博物馆水下考古研究中心组织专业人员进行水下考古调查，目前已打捞出金、银、铁、瓷类文物数千件，多数为

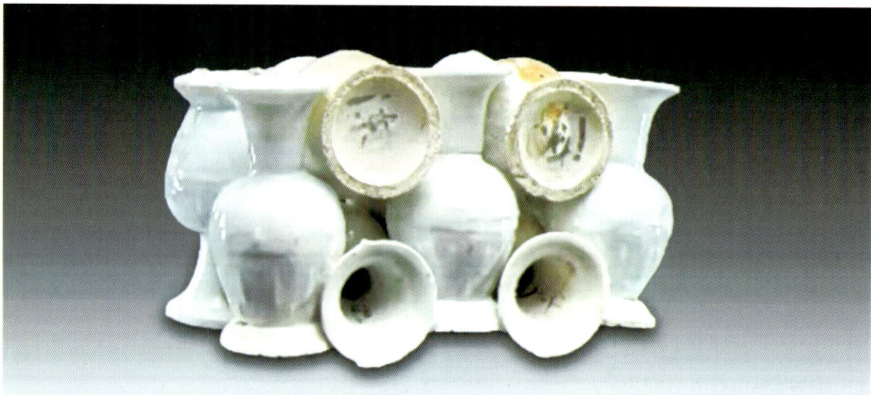

古沉船内发现的德化瓷

十分罕见甚至绝无仅有的文物珍品。估计整船文物可能达到16万件。这些文物以瓷器为主，汇集了德化窑、磁州窑等宋代著名窑口的陶瓷精品，绝大多数文物完好无损，品种超过30种，多数可定为国家珍贵文物。

广东"南海一号"沉船遗址

经专家鉴定，沉船考古发掘出水的大批瓷器是德化窑产品，器形有碗、洗、盏、盘、钵、粉盒、瓶、罐、执壶等。胎色白、灰白，里外施青白釉，足部、底面无釉露胎。装饰有刻花、划花、印花，纹样有莲瓣、荷花、牡丹、卷草、云雷、缠枝花等，而以粉盒的

广东"南海一号"沉船复原模型

数量、器形种类（有圆形、瓜棱形、八方形等，大、中、小不同规格）、纹样图案最为丰富。一部分器底露胎处有墨书文字"李用""吴记"等。其中一款喇叭口大瓷碗，碗底用毛笔书写的"李立"字迹在海底深埋浸泡千年被打捞起来后依然清晰可见，这是德化瓷器的一种识别款记，而这种"喇叭口"的大瓷碗就产自盖德碗坪仑窑群，在印度尼西亚国家博物馆里，陈列着许多产自宋代德化窑的"喇叭口"大瓷碗。

1998年底至1999年初，中国国家博物馆水下考古研究中心与海南省文物保护管理办公室联合组织在西沙群岛华光礁、北礁沉船遗址开展水下

西沙群岛华光礁、北礁沉船遗址

考古调查，并对"华光礁"一号沉船进行了试掘。2007年春，又对"华光礁"一号沉船遗址进行抢救性水下考古发掘，出水了一批陶瓷器和其他遗物。陶瓷器产地多为福建各窑口，其中有一类青白瓷器属于德化窑产品，白胎、釉色灰白或白里泛青，装饰纹样有花、印花，器形有粉盒、执壶、瓶、葫芦瓶等，部分器物的底部露胎处有墨书文字，如"徐""潘""杨□"等；粉盒底面还发现有模印阳文的图案、文字，如"大同镇□□人姑"。

在北礁发现多处沉船遗址，其中一号遗址采集地瓷器多为青花瓷，器形有碗、盘等。青花纹样均为印花，多饰于器物的内外腹部与内底，图案有鱼藻、飞凤、折枝菊、变体"寿"字、堂名款识等，属于清代德化窑、安溪窑等地所产。

该沉船遗址位于泉州湾后渚港，1974年夏进行考古发掘。沉船残长

24.2 米、宽 9.15 米，复原后长度 34 米、宽 11 米，型深 38 米，载重量 200 吨，船体结构为尖底造型，共有 13 个隔舱。现在泉州海外交通史博物馆的"泉州湾古船陈列馆"内陈列展出。船舱出土不少陶瓷器，釉色有青釉、黑釉、白釉和影青等，器形以小碗为多，其中有相当部分碗、盒、碟等属于德化窑宋代器物。

强势文化地区相对较为落后的区域，无论在物质文化上还是在精神文化上，其影响都是深远的。中世纪以来中国陶瓷文化对东南亚的影响就是一个典型的例子。外销瓷的生产源于海外市场的需求和文化互动的结果，其数量多寡常受到市场的制约和被输入国文化的影响。因此，某些外销瓷的器型及其装饰显然是依据被输入国人的需求而决定的。在德化的外销瓷中，军持无疑是专为外销而生产的。它是从印度佛经中翻译过来的，楚语"K undika"的音译，意即"水瓶"，是佛教僧侣随身带的"十八物"之一。军持的产生和应用与佛教的传播有着紧密联系。

德化窑生产的军持，纹饰通常为莲瓣、盘龙（螭龙）、芭蕉、水波、云纹等，其纹饰是根据当地人的喜好而定的，明显可以看出带有浓郁的宗教色彩。军持上发现莲瓣纹，这是佛教常用的装饰，莲又与荷通称，意味着纯净高洁。用莲瓣作军持净水瓶的装饰，体现

泉州湾南宋沉船

白釉灯油盏，明（1368—1644）

象牙白釉灯油盏，明（1368—1644）

了信徒的虔诚与纯洁。汉代以来，随着佛教的传入，佛教文化中的佛像、菩提、忍冬和莲瓣，后来都成为瓷器上的一种常见的装饰题材，特别是佛座莲盘的莲花，除划纹、印纹外，还有浮雕、堆贴等技法加以装饰，莲瓣有尖有圆，有仰有覆。到了宋代，莲花的寓意更广泛，成为美好人格的象征。螭龙与水波等装饰，显示的是"神"与"法"的权威，巴东马来人搜集的"浮雕螭龙"和巴达维亚博物馆收藏的"饰以浮雕螭龙，且盖绿色之釉，显然为中国输来之器"，

其造型风格在德化碗坪仑窑也有发现。"芭"古时亦称香草，佛家所用之物，带有芭蕉图案的装饰，既反映了佛教法宝又具有亚热带的地方特色。当东南亚人民崇信伊斯兰教后，阿拉伯文字也很快在军持、瓷盘上出现，既表达了信徒的心态，也不失为美丽的装饰。在雅加达博物馆收藏有三件德化窑军持，上面有阿拉伯文字。该博物馆还收藏两件书写阿拉伯文字的釉外云彩大盘，文意是赞美真主安拉及先知的颂词。这些显然是为适应东南亚伊斯兰教徒的需要而生产的。它反映出当时阿拉伯—伊斯兰文化已经成为当地主流文化的现象，也体现了中国文化博大兼容的气魄。

纵观军持的各种纹饰，体现了不同宗教文化艺术的相互融合，你中有

我，我中有你，反映了外来宗教文化与中国陶瓷文化的结合。

任何文化之间都有相互借鉴的作用，大量瓷器运往东南亚等地区，对改善当地人民的生活习俗做出了一定的贡献，而他们独特的生活习俗反而促进了瓷器工艺创作的多样性。南宋赵汝适的《诸蕃志》记载：登流眉国"饮食以葵叶为碗，不施匙箸，掬而食之"；苏丹吉"饮食不用器皿，缄树叶以从事，食已则弃之"；渤泥国"无器皿，以竹编、贝多叶为器，食已则弃之"；波斯国只有国王饮食才"盛以瓷器"。反映了瓷器输入之前当地人的饮食生活习惯。

德化窑的大型碗和盘，口径都在 25—30 厘米，形体之大，在同时代的窑业当中十分突出，德化碗坪仑窑出土的一件大海碗，口径达 30 厘米，高 7 厘米，撇口浅腹圈足，近似盘而略深。此类碗盘显然很符合东南亚土著人围坐饮食的习惯。以东南亚出土的宋元瓷器看，大部分并非当时的高档细瓷，泉州地区包括德化等地生产的青釉瓷器大多是普通的日常生活用瓷。因此，德化生产的瓷器在国外有着相当广泛的平民基础，从而成为古代泉州对外贸易的主要商品。现在印度尼西亚等一些东南亚国家的排档中还保留着采用大口碗的习惯，传统印度尼西亚的排档是用 5 个或 8 个大口碗排在底层，每往上一层少一个，最上层只有一个，堆叠成三角形状，碗内装着各种食物料理以供食客挑选。在德化大多数宋元窑址中，出土的大量实物与东南亚发现的这类瓷器相印证，表明了东南亚广大人民的生活需要，使德化窑成为当时生产这类日用瓷器的中心之一。

宋元时期，德化白瓷销往东南亚的大多是宗教用瓷和日用瓷，除此之外，还有陈设瓷。陈设瓷是一种高雅的装饰品，一般是供富贵人家使用，市场价位较高，器型以瓶类为主，还有作为包装饰用的外销瓷盒。宋代外销的瓷盒有大有小，早期的市场主要在菲律宾的马尼拉、印度尼西亚的爪哇等，当地人把瓷盒作为粉盒、香料的外包装。到南宋中后期至元初，外销的区域不断扩大，在日本平安时代后期到镰仓时代的经冢中，出土了大量宋代德化碗坪仑窑系的瓷盒。这一时期外销瓷的纹饰主要有模印的莲瓣纹、莲花纹、牡丹纹、菊花纹、云纹、凤鸟纹、草叶纹等，有的还印有吉祥文字，其用途不尽相同。

第五节　明清时期的中国白

明清时期，福建的社会状况发生深刻的变化，单从贸易上讲，官方贸易在萎缩，而私商贸易却蓬勃兴起。一般地说，朝代的更替、政策的改变可能会严重地影响到某个地区的社会面貌，泉州港就是在这样的环境下衰弱了。然而，无论是从考古信息还是从国外发现的大量德化明代白瓷和清代青花瓷器来看，朝代的更替对德化窑业的发展影响并不大。虽然清代以后，洋人的东来改变了东南亚的政治和贸易态势，德化瓷的海外销路曾一度转弱，但是这种局面很快被内外界的因素所突破。究其原因，是德化窑自身技术含量的增加，使产品更加适应市场的需求，以及周边漳州月港、厦门港、福州港的新兴，使德化窑不至于在新的市场整合中丧失机会。德化在这一时期作为中国白瓷和青花瓷的重要产区，外销瓷器在宋元的基础上继续漂洋过海，不仅继续外销到东南亚和日本等地，而且还大批销往欧洲大陆。

泉州港式微后，安海港和附近的漳州月港以民间贸易的形式迅速成为走私贸易中心，泉州地区的瓷器源源不断地以"非法"的形式输出国外。

在顾炎武的《天下郡国利病书》中载："泉漳商民，贩东西二洋，代农贾之利，比比皆然。"

隆庆元年（1567 年），明朝廷鉴于此形势正式取消"海禁"，在月港开设"洋市"，民间贸易十分活跃。德化瓷器经这些新兴港口输出海外的不计其数。张燮的《东西洋考》就有"德化瓷从月港出者，为数极多"的记载。月港衰弱，厦门港已经兴起，德化瓷器转而由厦门和福州两港外销，生产量有所增加。

明朝时，德化瓷器无论是器物造型、烧制技术、产品质量、生产品种、工艺水平、装饰艺术等方面的综合发展水平都远在宋元之上。德化白瓷以其材质的独到之处在国际上享有很高的声誉，备受西方人的青睐，被誉为中国白。以雕塑大师何朝宗为代表的瓷雕闻名世界，被称为"东方艺术珍品"，享有"天下共宝之"的

象牙白釉梅花杯，明（1368—1644）

白釉三足筒炉，明（1368—1644）

美誉，世界各地博物馆和私人收藏家把印有何氏印款的作品作为珍品收藏。德化白瓷釉色洁白，釉面莹润，如脂如玉，色调素雅，被称为中国白瓷的代表。特别是道释人物瓷雕，造型逼真，格调高雅，具有独特的艺术魅力，达到了德化窑古代雕塑工艺技术成就的巅峰。

入清以来，尤其在康雍乾时期，德化瓷业进入全盛时期。

白釉兽耳琮式瓶，明（1368—1644）

白釉狮钮双耳三足炉，明（1368—1644）

1822年1月，一艘长50米、宽10米、重1000多吨的名为"泰兴号"的巨型帆船，从厦门港出发，目的地是印度尼西亚，船上载有2000多名乘客和船员，船舱装满德化青花瓷。该船在南中国海的中沙群岛不幸触礁沉没，1800多人罹难，被后人称为"东方泰坦尼克号"。1999年5月，此沉船被英国打捞队打捞出水，船上35.6万多件瓷器完好无损，大多是18世纪末至19世纪初生产的德化青花瓷。2001年11月，这些瓷器在德国斯图加特公开拍卖，总成交额高达2240万德国马克，在世界拍卖史上创下空前纪录，一时轰动世界。

经考古调查发现的德化238处古窑址中，清代青花瓷窑有177处，占总数的2/3，窑场遍及全县。这一时期是德化瓷畅销欧亚的全盛期，为了迎合市场需求，在部分塑像和日用器具的造型上也接受国外风俗习惯的影响，如送子观音后来有点像圣母与圣婴，这些产品无疑是文化互动之产物，对传播友谊和加强各国的友好往来都做出了积极的贡献。

瓷器在 15 世纪的欧洲还是稀有珍品。葡萄牙开辟新航路后，中国瓷器成了欧洲社会最珍贵的礼物。正德、嘉靖年间，西欧特殊定货制造的外销瓷，都经葡萄牙贩往欧洲。17世纪以来，荷兰、英国商船也投入到了远东贸易，据统计，在 1602—1682 年的 80 年间，仅荷兰东印度公司输入各国的中国瓷器便达 1600 万件以上。

白釉塑贴古铜纹夔龙耳簋式三足炉，明（1368—1644）

自 17 世纪欧亚贸易展开之后，欧洲的皇家贵族掀起中国热，纷纷以中国、日本瓷器装饰皇宫大宅的室内。德化白瓷亦大量外销，这些贵族的藏品往往有档案注明买入日期及价钱。例如 Saxong 公爵在 1721年的藏品记录就列出 1250 件德化白瓷。英国、瑞典、丹麦及俄罗斯的藏量都十分可观。

白釉三叉油灯，明（1368—1644）

欧洲最早与中国有贸易关系的是葡萄牙人，但是第一个与德化建立陶瓷贸易的却是有着"海上马车夫"之称的荷兰

白釉印花八卦纹三足炉，明至清（1368—1911）

白釉堆贴梅花纹兽耳瓶，清（1644—1911）

人。荷兰的东印度公司成立于1609年，当时恰逢世界市场整合时期，加上中国国内战乱，北方港口关闭，而南方的漳州月港和厦门港船只进出便利，荷兰商人便把贸易伙伴更多地定位于南方沿海，向来制作精细、晶莹如玉的德化白瓷成了他们的注意点，从而建立了良好的贸易关系。沃尔克在他的《瓷器与荷兰东印度公司》一文中这样写道："第一个与德化建立陶瓷贸易的是荷兰人，1602年，荷兰人在印度设立东印度公司，曾承运中国瓷器往西方。"

在《1683年后荷兰东印度公司的日本瓷器贸易》一文中又以原始的提货单为依据，对荷兰与德化之间的中国白瓷交易进行过详尽的说明。从康熙晚期开始，德化窑烧造的外销瓷，许多是由荷兰东印度公司运往欧洲。事实上，中国德化瓷销往欧洲的历史早在宋代就已存在，1932年冯和法在《国际贸易导报》所发表的《中国瓷业之现状及其状况》中写道："宋末，荷兰人从福建贩运瓷器至欧洲，价值每与黄金相等，且有供不应求之势。"这里的福建瓷器包含有德化窑生产的瓷器，因为宋元的泉州港是世界上最重要的港口之一，中外商人的贸易大多经过泉州港进出货物。

　　荷兰商人东来后，在德化订制各种器型的瓷器，大批量生产且专销荷兰及邻边国家，在东西方文化碰撞之后，他们开始来样订制西洋风情十足的组雕。这些瓷雕制作精巧，在欧洲被视为珍品。德化窑生产的西洋工艺瓷不仅实用而且制作精良，因此成为荷兰人的抢手货。在欧洲收藏品中体现这类题材的主要有如下几类：

一、中国白与上流社会

　　17世纪销往荷兰，由荷兰商人在德化订制。如现收藏于英国大不列颠博物馆的"神龛与欧洲人"瓷雕就是典型题材中的一种。作品刻画了"上山打猎"活动中生动的场面：手持老式大口径短程霰弹枪的欧洲人正忙着打猎；领队的骑着

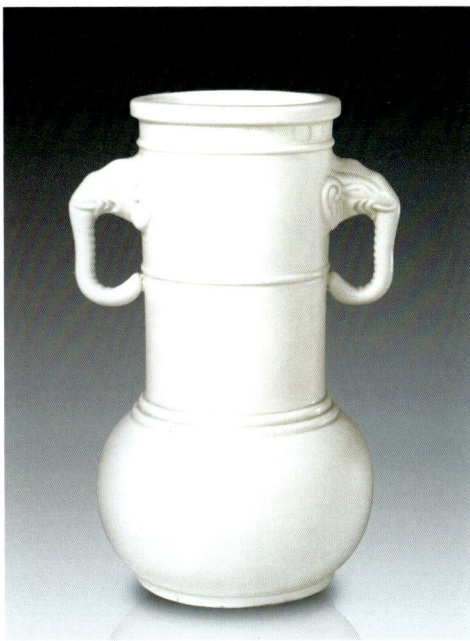

白釉凸弦纹象耳尊，明（1368—1644）

白釉花生形印盒，明（1368—1644）

白釉福德正神像，明（1368—1644）

德化窑白釉军持，南宋（1127—1279）大英博物馆藏

马，手腕上停着一只鹰，处于最显眼的位置，领队背后站着一名随从，手里拿着一面小燕尾旗；三只一组的猎狗阵势，有的不时回头观望，被猎的对象主要是野兔和牡鹿等；而在悬崖上有一座普通的神龛。这类瓷雕场面气势壮观，带有浓厚的欧洲贵族阶层娱乐生活的色彩。这一题材在欧洲的不少地方博物馆或私人都有收藏，场面不尽相同。

因此，现如今，海外许多大型博物馆和著名藏家手里都有大量的中国白。比如，大英博物馆从1753年建馆起就开始收藏德化白瓷，至今藏品已达2000件之多。

据说，马克思也曾被德化白瓷深深吸引。

现如今的大英博物馆阅览室里，不仅保留着卡尔·马克思写《资本论》的座位，还陈列着几尊马克思曾研究过的德化白瓷佛像。

二、中国白与西洋人家庭生活

如现为C.C.克里斯弗女士私人收藏的"达弗先生"的瓷雕。"达弗"是中国人对荷兰东印度公司老板迪德里克·迪弗（DiederikDuivver）的一种音译。组雕表现一家人的生活场面，人物位置安排大抵类似，一般是男主人在左，女主人靠右；男主人边上有一只狗，而女主人这一边有一只猴；女主人头上戴着披风围巾或者简单的头巾。表现家庭生活的造型，还有诸如夫妻端着杯子，桌上搁有碟子或干食品，等等。总之，这一类题材反映的是欧洲人日常的生活习俗，造型简朴，很受当地人的欢迎。

大英博物馆馆藏白瓷

三、中国白与骑士风范

这类题材的瓷雕数量相当多，尺寸各异。最突出的是"马背上的荷兰人"。据史料记载，戴三角帽或软帽者多为荷兰人形象。荷兰人惯用左手势或右手势来体现自我。1963年在屈斗宫窑址调查中，曾先后发现两尊欧洲人物瓷雕。最近在德化新窑窑址调查中又发现骑士人物造像，在新窑窑址采集的这尊小骑士瓷雕，发现时

马克思当年在大英博物馆

大英博物馆阅览室中珍藏的马克思曾研究过的白瓷佛像

骑士瓷雕

是夹杂在一群寸罗汉的匣钵之内，高4厘米，高鼻梁，头发卷曲垂披至肩，丰睑大耳，双目深邃远眺，若有所思，身穿骑士服，交膝而坐于一方形座上，左手似有所握，右手自然放在膝盖上。有意思的是，这类瓷雕有的骑士骑坐的竟然是富有中国特色的麒麟、龙、马、海象等，有的甚至在背面釉下还写有"番旗"两个汉字。这种欧陆情调和中国风情组合使整个场面风趣又不失和谐，相得益彰。小件摆设或玩具当时出口到西方的瓷器中有相当一部分属于小型杂件，这些器型别致、方便、实用，如姿态各异的高鼻梁造像，许多是专门为外国定制的。比如造型别致的小瓷哨子，涂上好看的颜色，上方有个小孔，穿上细绳挂在身上，使用容易又有情趣，成为儿童爱不释手的小玩具。还有诸如狮、虎、骆驼等小件动物瓷雕等，形象生动有趣，

马背上的荷兰人

很受西方人的喜爱，或做陈设品，或为儿童玩具，甚至是王公贵族搜集收藏的艺术品。这些玩意儿虽小，对十七八世纪欧洲瓷业却产生过不小的影响，不少皇家制瓷公司纷纷效而仿之。

四、中国白与西方宗教信仰

德化中国白还有不少与基督教相关的产品,"亚当和夏娃"瓷雕像就是其中之一,人物造像腰部以上裸露,有典型的欧洲人发型风格。不知是早先的德化陶工缺乏人体解剖知识呢,还是囿于思想过于保守,整体上看似乎显得有些拘谨。据《德累斯顿一览》中介绍,1721年前该博物馆就收藏了6件标有康熙时期的这类作品,其尺寸为9英寸和9.5英寸。"圣母"形象的瓷雕也有一定的代表性,但她似乎与中国人信奉的"送子观音"相互混淆。其中最有特色的当属唐纳利(P.J.Donnelly)收藏的"送子圣母",其胸前饰有十字架,立姿却酷似观

白瓷制品送子观音像,德累斯顿国家艺术收藏馆

音，只是装束和脸部有不同之处。有趣的是，在唐氏收藏的一件"渔人"印章款"送子观音"，中心部位装饰有一个下垂的小十字架，手上抱着一个拿着棕榈叶的小孩，这显然是一尊西化了的观音形象。维多利亚·阿尔伯特博物馆收藏一尊耶稣的瓷雕像，是仿造意大利石膏像制作的，取名"基督圣心"。另外还有一尊"圣母玛利亚膝抱基督尸体"的瓷雕，它们均制作精美，具有典型的欧洲人物格调。不同文化背景融合在一起，反映了人们意识层面上文化互动的信息。

德化中国白的产品在欧洲的影响非同一般，对欧洲人的生活习惯产生过重大的影响。17世纪，作为饮料的茶叶开始进入欧洲，茶叶的清香，慢慢地被习惯于饮用咖啡的欧洲人所接受。18世纪以前，欧洲市场上茶叶价格很高，属于上流社会享用的物品，因而起初传入的茶具小而精巧。随着茶叶的日益普及，盛茶的各种精美瓷杯大量输入，逐渐趋向质优价低。茶叶与陶瓷使欧洲人接受了一种全新的健康饮料和一份艺术品位，一定程度上改变了原来的生活方式。为了迎合西方人的情趣，适应欧洲市场的需求，在外销欧洲的茶杯装饰上参考欧洲画家的画，如模仿过欧洲画家贝仑兹（Berentz）名画彩绘的茶杯等。在P.J.唐纳利收藏品中有一件18世纪大口水注，其造型是身着西式上衣的中国女，头部是盖子，可以打开装水，壶嘴手持花瓶口，具有典型的中西合璧风格。

仿欧陆风格金属杯具的瓷器，形状、大小不一。从可考可见的收藏于欧洲的早期照片上看，杯子几乎为圆形，这种杯型是当时的盛茶用具，因此，无柄的"玲珑杯"备受欢迎。18世纪以来，欧洲陶瓷客商大批涌入购买这种杯具，如咖啡杯、茶杯、胖老人型啤酒杯等。在贸易的作用下，这个时期欧洲刮起了"中国风"，使欧洲人逐渐了解和习惯使用中国的一些生活器具，诸如碗、盘、杯、高足杯、盐盒等中式用品，在1745年东印度公司"哥森伯格号"（Gothenborg）沉船的货物里，发现了一批这种仿金属器具的德化瓷。

　　甚至可以说，无论是东南亚人还是欧洲人，最初认识中国，很大程度上不是通过文字，而是那些来自中国的异彩纷呈的瓷器，向他们展现了迷人的东方文明。这期间，德化瓷器对西方的影响是值得肯定的。

　　十七八世纪由于社会经济的变迁，欧洲艺术先后演变成巴洛克和洛可可两种作风迥异的样式。巴洛克式盛行于路易十四时期，以雄伟华丽著称，一反文艺复兴，成为刻板和形式化的艺术风格，又称新专制式。启蒙运动时期，和哲学家思想相互呼应，在艺术上也倡导个性解放，以摆脱矫揉造作和呆板束缚的传统，于是有了洛可可这种新的艺术样式的兴起。"中国风格"（Chinoiserie）是当时上流社会的一种时髦，以采用中国物品、模仿中国式样为时尚。中国新奇、精致、柔和、纤巧和幽雅的艺术风格，成为追求多姿、争尚新奇的罗科科式样的艺术源泉。其内容主要为喝茶、布置中国家具和收藏中国瓷器等。王公贵族竞相购藏中国的瓷器等物品，并以此为荣，乐此不疲。这股濡染着中国文化意识的"中国风"，加速了中国制瓷业的发展。据最保守的估计，18 世纪的 100 年内，中国烧制专为外销欧洲的陶瓷至少在 6000 万件以上。

　　明代德化白瓷给欧洲带去了惊喜，在上流社会的饮食、陈设、收藏等文化范畴产生了不小的影响，从而奠定了明代德化白瓷的历史地位。德

青花过墙灵芝纹盘，清光绪（1875—1908）

青花双龙火珠纹三足炉，清（1644—1911）

青花凤穿牡丹纹盘，清（1644—1911）

化白瓷被欧洲人评价为"至今所做的最美的白瓷"，而被广为收藏。在当时，德化白瓷产品供不应求，国外的一些公司企业，如德国的梅森公司（Meissen）、法国的圣·克劳德（St.Cloud）以及英国的切尔西（Chelsea）等纷纷投入资金，研究生产仿制，以满足市场之需。在欧洲，最先仿造中国瓷器并试制成功的地方是16世纪意大利的威尼斯和佛罗伦萨，随后荷兰、法国等国也投入研制，仿造中国各种瓷器，1673年在法国卢昂，1695年在圣克卢，多出产过黄色而透明的软瓷器。产品以福建德化白瓷为标本，但都还不是真正意义上的瓷器。

　　直到18世纪初，欧洲才正式制造成功真正的硬瓷。这一进步是德国梅森的匠师柏特格尔完成的，他在1715前后开始研制德化白瓷，成功制作了两件，一件是圆柱形烛台，上饰菊花浮雕图案；另一件是5英寸的小型笑弥勒坐像，于是声名大噪。从此，模仿中国瓷器风靡欧洲。18世纪中叶以后，欧洲大量仿制德化瓷器，法国的圣·克劳德、丹麦的哥本哈根皇家瓷器厂、德国的梅森等，都吸收了德化的工艺技术，烧出的白瓷深受各阶层的欢迎。站在这种角度上看，明清德化白瓷引导和照耀了十七八世纪欧洲瓷业的发展之路。牛津大学在 1924 年出版的《远东陶瓷概述》一书中介绍 18 世纪在厦门的欧洲商人，特别是法国人，把德化瓷器引进欧洲，记载了仿造德化瓷的事实。因此说，德化白瓷在促进欧洲地区制瓷业的发展、传播中国陶瓷文化的进程中，扮演过不可忽视的重要角色。

对外文化的交流促成德化青花装饰出现异国情调的题材。而明清时期在生产上的最大成功是第一次接受了由国外客商提供资料定制的西洋人物陈列组雕，即西洋工艺瓷，从而开创了德化中国白生产西洋工艺瓷的先河。这种根据市场需求及时调整生产方式，是德化民间窑业不败的原因。

陶瓷是一种有形的物品，然而当它成为商品与商业连接时，就远远超出了物品的范畴，与文化自然紧密地联系在一起。陶瓷贸易的繁盛促进了各种不同文化间的交流，又促进了贸易的繁荣。德化中国白的兴起和发展，同海外市场始终关系密切，为适应海外市场的需求生产而外销，是它的一个最显著特点，在中国古代民窑史上独领风骚。德化中国白在输入人民的精神和物质生活的同时，还在促进中华陶瓷文化的传播、推动东西方陶瓷文化交流、加强各国人民的友好往来等方面功不可没。

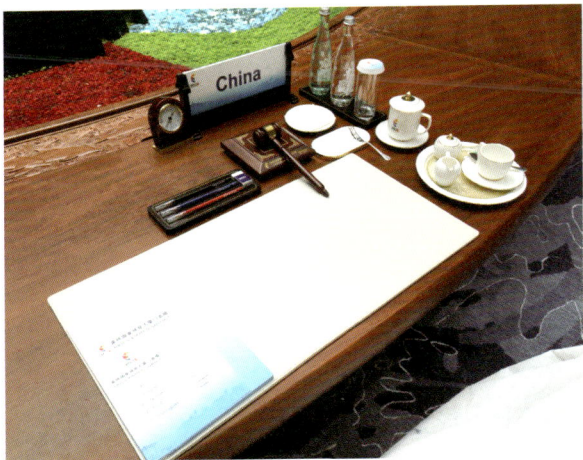

第二章　中国白与海上丝绸之路

　　中国陶瓷文化源远流长，广博浩瀚为世界罕见，是古代文明的典范。中国陶瓷对外传播不晚于汉代，几经发展，逐渐形成陆路由长安出敦煌、玉门，经天山南北两路，越葱岭达地中海东部，史称"丝绸之路"；海路从广州起航到印度半岛南端。西汉中叶，中国商人渡海到达印度半岛，购置当地珍奇，三国时孙权召见途经交趾的大秦商人，询问域外风土人情，南北朝史籍多次提到外国船、海舶，就是外商在中国的活动。唐以前主要是陆路，以后转向海路。长期以来，在中外经济文化交流史上，丝绸之路被陶瓷之路所取代，陶瓷的工艺特点、艺术价值、运输方式，陶瓷文化对世界文化的影响和融合是丝绸文化所不能涵盖的。全国各窑口的陶瓷通过水路联运，转长江出海，到宁波、泉州；或由闽江水系出海到福州、泉州、厦门；或由珠江水系到广州、澳门，经东海到日本、北美；经南海到东南亚，绕马六甲海峡西到非洲、欧洲。陆海比较，陆路主要靠马车、骆驼运输，运量小，易破碎，难以形成大的经济规模；海路主要是舟船、商舶，运量大，不易碎，成为关税的主要来源。以海运为特征，陶瓷之路逐步形成。

第一节　中国白与唐代海上丝绸之路的形成

一、强大的唐朝成为世界向往的中心

唐代前期国家统一，政治稳定，均田制和租庸调制推动了农业和手工业的发展，后期政局动荡，两税法的推行促进了长江流域的经济发展。萌芽于南朝的"和户""和市"及以此相关的以资代役制度已广泛推行。唐中央设少府监、将作监和军器监，管理各类官营手工业，带动了私营手工业发展，表现为大量个体农民经营的家庭副业，其产品在自用和纳税有剩余时拿到市场出售。商业交易逐步突破市场的严格限制，产生了原始的支票和汇兑的柜坊和飞钱。

泉州地处福建东南沿海，至迟在南北朝时期已成为对外交通港口。唐太宗李世民借由农民起义推翻了盛极一时的隋王朝，为巩固新生政权起见，励精图治，轻徭薄赋，以减轻对农民的剥削。自贞观至开元（627—741），是唐代的全盛时期，自此以后，北方有安史叛乱和藩镇割据，而僻处东南的福建，却成为避乱的乐土，保持着相对安定稳定的局面。

唐中叶以后，受战乱的影响和西域诸国政治关系的复杂化，连接东西方的重要商道陆上"丝绸之路"受阻，反而促进了中国东南海港的快速发展，海路从此成为中外交通的最主要通道。在新贸易态势的刺激下，泉州港在随后长达数个世纪的岁月里，一直在东西方海上贸易中扮演着重要的角色，是中国最具影响力的古港之一。

陶瓷业成为唐代重要的手工业之一，据德化三班《龙浔泗滨颜氏族谱》记载：其开基祖教先公居河南，于唐代到德化县，其第五子文丽公得中明经博士，第七子颜仁郁初举进士，文丽公子化彩举国子博士及第，并

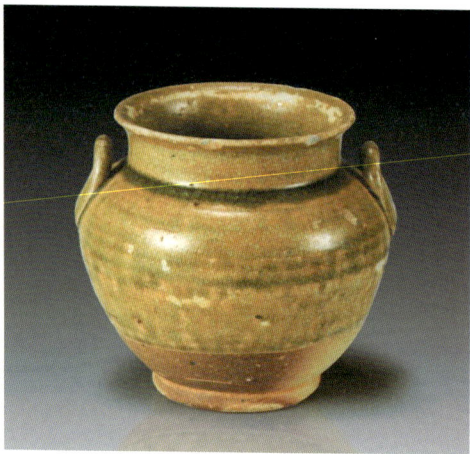

青釉双耳罐、唐（618—907）

在唐咸通五年（864）著有德化县最早的《陶业法》《梅岭图》，传授陶瓷工艺供后人学习。曾任归德场场长、有诗篇入选《全唐诗》的颜仁郁曾有诗云："村南村北春雨晴，东家西家地碓声。"描绘的就是当时千家万户烧制瓷器用地碓春击瓷土的情景。1995 年 3 月，在德化美湖乡阳田墓林发现了一处陶瓷生产遗址，发掘的 50 件标本均为青釉器，有的表面釉层已脱落，其含铁量是历代德化窑中最高的，经与德化陶瓷博物馆馆藏的墓葬青釉器比较，在造型、瓷质、釉色、做法等方面都一致。

二、陆路的扩散势必推进海道的延伸

瓷器是中世纪中国的主要出口商品，其地位不亚于丝绸。自隋唐以来，中国的造船和航海技术日臻进步、成熟，海上交通逐渐成为中国和外部世界联系的重要方式。海上交通航线的开辟和海运的便捷，使大量的中国瓷器、丝绸、铜铁器和茶叶等商品源源不断地输往海外，更使得笨重易碎的陶瓷器输往国外成为可能。正如中国著名历史学家范文澜所言："自隋唐起，航海技术进步，海上贸易比陆上贸易更加有利，增加了中国与外国间的交换关系。"

在隋唐以前，中国与外国的交往，是以陆路交通为主，以丝绸为主要商品。当时的欧洲人称中国为 Seres，即丝之国，中国人为丝国人。随着海运的兴起，瓷器和丝绸并列为中国两大输出商品。至宋代以来，瓷器输出量逐渐超越丝绸，在外销商品中占据上风，成为中世纪中国最大宗的出口商品。当时欧洲人称瓷器为 china，以至于把中国也改称为 China。

陶瓷器皿作为人们日常生活用的理想器具，在中国唐代已逐步替代了漆器、铜器或金银器，成为"天下无贵贱通用之"器皿。中国的陶瓷器以其精致实用等优良品质，也深受古代海外各国民众的喜爱，以致在一定程度上影响或改变了当地人民原有的生活习俗。如当时东南亚一些国家和地区，未使用中国陶瓷器前，多以植物叶子为食用器具，"饮食以葵叶为碗，不施匙箸、掬而食之"。在东非，由于中国瓷器耐酸碱无渗透性又结实耐用，远比东非传统的陶质、木质和金属质食具优越；故大量的中国瓷碗、盘、瓶、罐等器皿深受东非人民的喜爱，成为当地民众的理想食具，并间接地引起了当地人民饮食方式的变革，"不像以前用公用陶盆一起吃饭"。可以说，中国陶瓷器的输入，改善了所在国人民的生活质量。

唐代在国际上享有崇高的威望，设置鸿胪寺接待各国使节和宾客，亚洲、非洲国家的使臣、贵族、商贾、学者、艺术家、僧侣、商人不绝于途。唐在地方设商馆招待外商，并设互市监、市舶司掌管对外贸易。特别是扩大与阿拉伯贸易的范围。651 年，大食第一次派使节到中国，至 798 年遣使 59 次。《旧唐书·贾耽传》详细地记录了中外交通情况，阿拉伯商人苏来曼《历史的锁链》记载广州的伊斯兰教徒、犹太教徒、基督教徒、祆

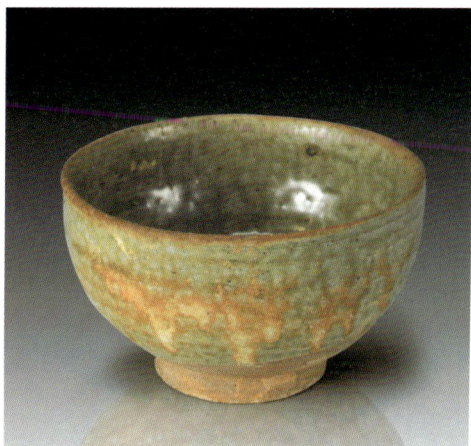

青釉深腹碗，唐（618—907）

教徒有 12 万之众，及中国到北非海道航船，中国船到波斯湾的西拉甫，然后卸货换船经红海到埃及。

唐代交通陆路以长安为中心，北路经蒙古地区到叶尼塞河、鄂毕河上游，西达额尔齐斯河流域以西地区。西路经河西走廊，出敦煌的玉门关，经新疆有三条河可通中亚、西亚、巴基斯坦和印度，即"丝绸之路"。西南路经四川到吐蕃、尼泊尔和印度，或经南诏、缅甸到印度。往东经河北，辽东到朝鲜半岛。去日本有三条海路：由登州渡海沿辽东半岛东岸和朝鲜半岛西岸到日本；由楚州出淮河口沿山东半岛北上，渡黄海经朝鲜半岛到日本；由扬州或明州渡东海直驶日本。到南亚诸国由广州经越南海岸，过马六甲海峡到苏门答腊、印尼、斯里兰卡、印度。到西亚的海路从广州出发，经东南亚越印度洋、阿拉伯海到波斯湾沿岸。还初步开辟了埃及和东非的海上交通。

随着人口迁移增长，社会经济迅速发展，五代后唐长兴四年（933）德化正式置县。德化窑真正进入陶瓷生产的成熟期应是从五代十国时代开始，故县志载："泥产山中，穴而伐之，硬而出之，碓春细滑。入水飞澄，淘净石渣，顿于石井，以漉其水，乃抟埴为器。烈火锻炼，厚则绽裂，薄则苦窳，饮食之器多粗拙，今其细者颇亚于饶，罂瓶罐瓿，洁白可爱。"

三、海上"丝绸之路"的初步形成

汉代已能造宽 6—8 米、长 30 米、载重 50—60 吨的木船，可在近海航行，但当时东南亚造船业更发达，并积累了丰富的航海经验，故华人远航南海与印度洋乘坐蛮夷商船。南方的造船业在后唐发展显著，"碑仓"巨舶长 50—60 米。刘晏为诸道盐铁转运使时，扬子设十个造船场，置专知官督办造千石大船，说明有极强的造船能力，岭南制造商船不用铁打，只有桄榔须制的绳索缚船板，用橄榄糖涂抹，糖干后船板坚固光滑。

在中国久远的历史中，丝绸和瓷器，一直是最受欢迎的外贸产品。自长安或洛阳为东起点，经甘肃、新疆，再到中亚、西亚，最后到达地中海沿岸。从汉朝开

海上丝绸之路——瓷器之路

始，来自中国的丝绸就这样由各色商人牵着驼队，通过这条重要的贸易通道运输到亚欧各国。这种贸易一直延续了数个世纪之久。德国地理学家李希霍芬在 1877 年出版的《中国亲程旅行记》中，第一次给这条道路起名"丝绸之路"。在陆上丝绸之路发展的同时，中国的丝绸，也在通过海路源源不断地运输到国外。这是一条从中国沿海港口出发，一直向西，穿过南海，抵达外部世界的贸易通道。它不仅仅只是贸易之路，还是朝贡之路、文化交流之路。

海上丝绸之路，在汉代即有记载，当时中国船只从广东、广西、越南等地的港口出海，沿中南半岛东岸航行，最后到达东南亚各国。唐宋之后，随着航海技术和造船技术的演进，海上丝绸之路航线更加遥远，贸易也愈显繁荣，对于中国瓷器来说，再也没有比水运更加便捷和安全的运输方式，这条航线也被称为"陶瓷之路"。在获得重要的考古发现以前，这条繁荣的海上丝绸之路只存在于零星的文献记载当中，对于贸易路线和贸易方式，人们知之甚少。直到 21 世纪航线沿岸的一些港口，陆续发现出一些来自中国的瓷器和其他文物，人们才得以一点一点地拼接出有关这条

航线的细节。这条航线显然早已超出东南亚的范围，而是穿过南海，驶过印度洋，到达波斯湾各国，甚至非洲东海岸的许多港口也有中国瓷器出土。

"南海一号"沉没的地点，正是处于这条航线之上。由沉船的海域向东北，经过川山群岛，可上达阳江、海陵岛、广州、潮州、泉州、厦门等港口，向西则可下雷州半岛、琼州海峡以至广西，然后穿南海到达更加遥远的目的地。沉船船头朝向西南240度，看来正是从中国港口出发，驶向外洋的货船。它将为复原海上丝绸之路的历史、中国航海史、造船史、陶瓷史提供极为难得的实物资料，甚至可以获得文献和陆上考古无法提供的信息。

第二节　中国白与宋代海上丝绸之路的拓展

一、南宋皇族与德化瓷器的接触

靖康二年，金兵入侵，东京（汴京，今开封）失陷，宋徽宗钦宗二帝，连同后妃、金银财宝等被掠往金地，北宋灭亡。宋室南渡，迁都临安（今杭州）。专门管理赵宋皇族事务的"南外宗正司"，几经迁徙，于建炎三年（1129）十二月，迁入泉州。泉州是南宋时期最大的宗室聚居地，"南外宗正司"成为实际的赵宋皇室宗亲事务中心，尽管它远离首都临安。

当时南宋朝廷将东南沿海的泉州作为"南外宗正司"驻地，是考虑由于福建山峦叠嶂，不利于游牧民族的长驱直入，且游牧民族不善于海战，一旦战乱，可退撤海上。因而将宫廷皇族驻地于东南沿海泉州。既为安全因素考虑，又为日后南宋将经济中心设立于泉州带来积极作用。

"南外宗正司"入迁泉州时，先将原"旧馆驿内西侧的泉州添差通判厅"改成皇族居住地，"南外宗正司"司署则设在古榕巷内之"水陆寺"中。首批入迁泉州的宗室子弟仅349人，其后日益蕃衍，最终居住泉州皇族宗室近四千人之多。"宋室南渡刺桐新，凤凰冢上卧麒麟，至今十万编户满，犹有当年龙种人。"是当时的历史写照。

"南外宗正司"的驻地泉州，及赵宋皇室这个特殊群体的繁衍生息，对泉州的政治、经济、文化、海贸等方面都产生了巨大影响。他们从中原地区带来先进生产工具，带来罗、绢、纱、陶瓷等新产品，传入制瓷、织、绣、染色、印花等先进技术，以及先进中原文化，大力促进了泉州经济文化的发展和海外贸易的繁荣。

由于中原战火连连，原北宋的五大窑口：钧窑、汝窑、

青釉辅首瓶，宋（960—1279）

青白釉直口碗，宋（960—1279）

青白釉盏，宋（960—1279）

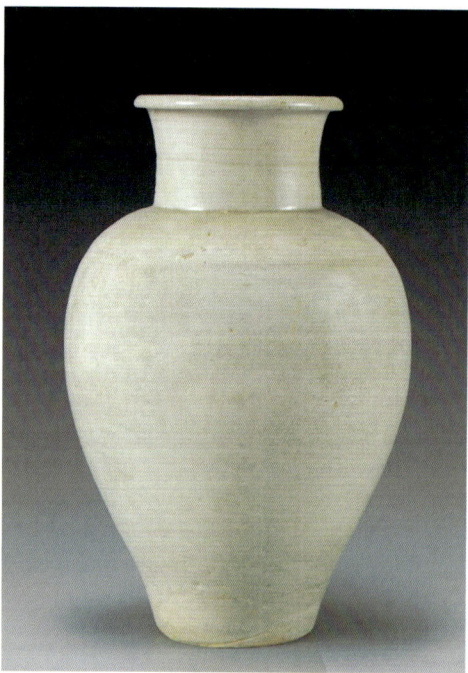

青白釉瓶，宋（960—1279）

官窑、哥窑、定窑及大批民窑在短时间内关停、消失。大批的窑工流离失所，随着政治、文化、经济中心的南移，大批的文人雅士及陶瓷工匠为逃避战乱，亦举家南迁入闽。南宋初期十几年间，宋高宗赵构为躲避金国女真族的追杀，一路逃亡，几经波折，最后定都杭州后，才迎来130多年的南宋偏安一隅，政局稳定之时，也正是经济发展与文化中兴的最佳时刻。

随着政局的相对稳定，这些栖居泉州的赵氏皇族习惯了以往的奢靡生活，庞大的生活费用，除朝廷少量补贴外，大部分是由泉州地方财政承担。为了解决皇族高昂的生活费用，泉州府大力发展海外贸易，使一度由于北宋灭亡而处于下降趋势的泉州港重振雄风。这个时期，陆上丝绸之路由于连年战乱，北方各地被西夏、辽、金等游牧民族控制，贸易实际已经中断。伴随着造船、航海技术的发展，我国往东南亚、马六甲海峡、印度洋、红海，及至非洲大陆航路纷纷开通与延伸，海上丝绸之路终于替代了陆上丝绸之路，成为我国对外交往的主要通道。

由于"南外宗正司"的入迁，一部分皇室宗亲担任海贸事务管理官员，另一大部分宗室人员直接或间接参与海外贸易。南宋时期从泉州港输往海湾地区的阿拉伯国家的大宗货物主要为陶瓷。因此，南宋时期的"海上丝绸之路"同时被称为"海上陶瓷之路"。另一方面赵宋皇族的支出要仰仗于海贸的政府管理收入，综上几个原因，都对泉州的海上丝绸之路贸易产生了积极深远的影响。

对德化瓷而言，"海上丝绸之路"具有特殊意义，历史上德化瓷所拥有的世界声誉，

青白釉荷口瓶，南宋（1127—1279）

白釉莲瓣纹碗，宋（960—1279）

无疑得益于这条海上通途。当这光泽如玉、温润明净、宛似象牙的瓷器进入阿拉伯地区，便迅速在波斯湾风靡起来，以等同黄金的价格，成为上流贵族追逐的对象。

白釉粉盒，元（1271—1368）

白釉墩子碗，元（1271—1368）

也由于居住泉州的赵氏皇族人口达到了近 4000 人，这个时期大量的德化陶瓷亦成为皇族的日用陶瓷。如今，一些流传下来的德化宋代陶瓷碗及粉盒上，均装饰有"双凤"图案，这在等级分明的南宋封建王朝，绝不是布衣庶民可享用的器物。同时，随着海上丝绸之路的陶瓷贸易繁荣，南宋的德化窑口迎来最好的发展时期。

但繁华不等于强壮，富庶不等于久安。1277 年，由于蒙元军队一路追杀，张世杰率舟师十万，奉端宗赵昰等，放弃福州，航海南下抵达泉州城南郊法石下辇村，"欲作都泉州"。但蒲寿庚闭城拒命，张世杰只好率淮军攻城，久攻不克，便南下粤东。同年，元将唆都带兵攻泉州时，蒲寿庚降元，在城内"尽杀南外宗子及士大夫三千余人"，妇幼不能免，"备极惨毒"。皇族幸存者逃至远郊邻县，四处避难，规模宏大的南外宗正司及睦宗院等建筑，毁之一炬，"顿成废墟"，后来此处被改为织染局。

一个繁荣富庶的王朝就这样消散在历史的风烟中……

如今，只有那泉州的南外宗正司旧址仅存的一碑一像遗址和历久弥新的南宋德化窑陶瓷见证了这段令人唏嘘不已的沧桑岁月，讲述着流转千年的历史变迁。抹去尘埃，昔日的德化陶瓷依然熠熠生辉。时间里的瓷器，古老却又永远年轻，大繁至简，镌刻在历史的记忆中，焕发着黎明般的光芒，更有无数的冒险家潜在碧波浩荡的海洋下，倾心打捞她昔日的美丽。

二、繁荣的商业，积极的贸易政策

宋代加强中央集权，王安石变法在一定程度上扭转了"积贫积弱"的局势，由于生产技术的提高，农具改进和水利灌溉发达，单位面积产量有所提高，佃客可以在一定条件下离开地主的土地，同时佃客购买少量土地之后，就可以自立户名成税户。先进的冶炼技术扩大了金银铁铅煤的开采规模，雕版印刷及造纸业兴盛。宋代是中国城市发展的重要时期，随着商品经济的发展和城市人口的增加，彻底打破了"坊市"界限，坊与坊之间的墙壁拆除了，商店随处开设，出现了夜市、晓市、草市，还出现了我国也是世界上最早的纸币"交子"。宋代商人财力雄厚，如蜀商、南商、北商富甲一方，晋商、徽商也开始显露身手。除铁、铜钱外，金银也作为半流通性货币使用，各地设置场、务等机构专门征税，北宋的开封与南宋的杭州，既是政治中心又是最大的消费城市与商业中心，有百万之众，东京商行有1600多个，行户有6400多户，行有"行头"和"行人"还有货栈邸店，质库及官营的汇兑机构"便钱务"，商店铺席之外，还有酒楼茶坊、瓦舍、勾栏等。

两宋鼓励对外贸易，北宋于971年就在广州设置市舶司，以后陆续在杭州、宁波、泉州以及密州设置市舶司。市舶司类似于海关，权力较大，商船出海，必须向它申请，具保才能起航，否则没收货物，惩处

白釉印花粉盒，北宋（960—1127）

白釉大口碗，北宋（960—1127）

白釉莲瓣纹碗，元（1271—1368）

白釉折腰碗，元（1271—1368）

人员，外国商船到我国港口后，必须立即向市舶机构报告，派员上船检查，进口税为货物十分之一为抽解，并规定紧榷物，由市舶机构收购，其他部分货物也收买，总称为博买。抽解和博买一律送交中央政府，宋金在淮河沿岸设榷场贸易。宋太宗987年特遣内侍8人，赍敕书、金帛，分四纲往海南诸国勾招进奉，博买香料、药材、犀牛、象牙、珍珠、龙脑。此举在中国历史上前所未有，目的是博买货物和招来进奉，进奉既是国际上的交往，也是特殊的国际贸易，进贡以本国特产，受贡国接受后又以"回赐"为名给对方报偿，同民间贸易不同。南宋高宗说："舶之利，颇助国用，宜维旧法，以招徕人，阜通货贿"，为此在通商口岸创办外商招待所，杭州有怀远驿，宁波、温州有来远驿，对外商和商舶采取保护措施。南宋除密州归入金朝外，其他各处市舶机构继续存在，并增设温州、江阴两处市舶司。《宋会要辑稿》记载高宗喻"市舶之利最厚，若措置合宜，所得动以百万"。为此，宋王朝并授商以官，为此作为一种奖励。

公元1279年南宋亡，蒙古贵族迅速统一了中国，德化窑也进入了较快的发展时期。元承宋制，泉州市舶贸易重振雄风，更为德化瓷业输入非同寻常的动力和活力。元代著名的意大利旅行家马可·波罗在他的《马可·波罗游记》里记载，被称为刺桐的泉州港"是世界最大的港口之一，大批商人云集此地，货物堆积如山，买卖的盛况令人难以想象"。而泉州附近的德化县城"这里除了烧制瓷杯或瓷碗、瓷碟外，别无可述之处。这些瓷器的制作工艺如下：人们首先从地下挖取一种泥土，并把它堆成一堆，在三四十年间，任凭风吹雨淋日晒，就是不翻动它。泥土经过这种处理，就变得十分精纯，适合烧制上述的器皿。然而工匠们在土中加入合适的颜料，再放入窑中烧制。因此，那些掘土的人只能替自己的子孙准备原料，大批制成品在城中出售，一个威尼斯银币可以买到八个瓷杯。"这段浮光掠影般的记录，让后人窥见了昔日德化窑业之一斑。

元代德化窑的发展可以屈斗宫窑为代表，产品主要有日常生活用具、文房用品、乐器陶埙等。屈斗宫窑瓷器上的装饰花纹数量之多，是自宋以来的又一个高潮。题材以植物花卉为主，兼有鸟、鱼、蝴蝶和人物等。另外有些器物上还装饰吉祥文字，如"金玉满堂""寿山福海""长寿新船"；匣体有"大宛床"及反书"丁未年"等。总之，元德化窑是在总结宋代烧造经验、不断改进技术的基础上稳步发展起来的，生产量得到很大提高，产品大量涌入国际市场，成为当时"海上丝绸之路"最主要的贸易品之一。

三、陆路受阻，迫使另辟海上商道

宋代海路已取代陆路而成为中外经济和文化交流的主要通道。海外贸易进口货物以香料、药材为大宗，出口货物以陶瓷、丝绸为大宗。海上"丝绸之路"逐渐取代陆地"丝绸之路"。海上"丝绸之路"的形成有其复杂的历史背景，首先，自唐后期，党项族逐渐发展并建立西夏王朝，宋夏边境时战时和，丝绸之路东段时断时续。其次，9世纪塔吉克人推翻阿拉伯人的统治，在中亚建立萨曼王朝，丝绸之路中段受阻。再次，1—13世纪，十字军东征，西亚地区长达数百年的纷争和战乱，丝绸之路西段梗塞。然而，海外贸易的巨大利益，国内丰富的陶瓷等手工业产品，急于寻找国际市场，迫使宋代统治者另辟海道与外国通商，于是，海上陶瓷之路发展起来。

青白釉印花粉盒，宋（960—1279）

白釉印花盒，宋（960—1279）

宋代造船业在唐代的基础上迅猛发展，造船技术位居世界前列。造船业分官营和民营，其中赣州、吉安产量较大，温州、宁波后来居上，福建、广东达到极点。宋代造船采用了水密舱的办法，既保障了货物和船的安全，又便于抢修坏舱。船的最大载重量为1100吨，可远涉重洋，海舶上平如衡，下侧如刀，吃水深，抗风浪能力强，船上设备齐全，尤其是使用指南针定航向，沈括《梦溪笔谈》记载了罗盘构造，朱彧《萍州可谈》、徐竞《宣和奉使高丽图经》记录舟师在航行中夜观星、昼观日、阴天黑暗看指南针，在世界航海史上率先将航海天文学和罗盘导航技术结合起来，大大提高了航行方位的精确度，宋以前华商需转乘他国之船，宋以后连阿拉伯、印度等国商人也常乘中国商船。远航动力无风用橹，一般有8—12橹，多的20橹；每橹4人，最多的30人。远航主要靠风力，一般为4桅，最多12桅；风帆有两种，正风、偏风都可利用，"风里有八面，唯当头不可行"。驾驶技能非常成熟。

以海运为主的丝绸之路基本确立：东路经澎湖、马祖、台湾、琉球群岛横越东海，驶抵日本；北路经东海、黄海抵朝鲜；南路穿马六甲绕印度洋，经红海抵非洲；东南路入南海，抵菲律宾、印度等国。宋代中国和阿拉伯海上航行频繁，由广州和泉州到波斯湾，每年11月乘东北季风航行40天到苏门答腊的兰里贸易，次年1月到印度南端奎隆贸易中转，换小船去波斯湾，第二年凭西南季风由苏门答腊返抵中国。或11月从广州或泉州航行40天到兰里，次年凭东北风航行60天横跨印度洋到左法尔，或直航亚丁直至东北非沿岸贸易，即乘当年西南季风返航。夏季航行时为减轻赤道风暴袭

青灰釉盏，宋（960—1279）

酱釉盏，宋（960—1279）

击，取道马尔代夫群岛而抵苏门答腊，这样往返一次不到一年，大大节省了时间。

为适应外销需要，福建、广东、广西临近海港的窑场如雨后春笋出现。宋代瓷器品类繁多，每类器物又有多种多样的形式，美观实用，纹饰题材极其丰富，与器物形体巧妙地结合成完美和谐的整体，满足了各阶层人们的物质生活需要。德化早期的产品属青瓷，烧制时间起于唐代中晚期，成熟于北宋时期。德化盖德碗坪仑窑于1976年考古挖掘出土物中，以碗、粉盒、军持、莲口瓶为主，釉色以影青色为主，有部分白釉、黑釉瓷。此类产品在东南亚国家都有发现，与菲律宾出土的盖碗、粉盒、军持、小瓶和该窑的产品几乎相似。

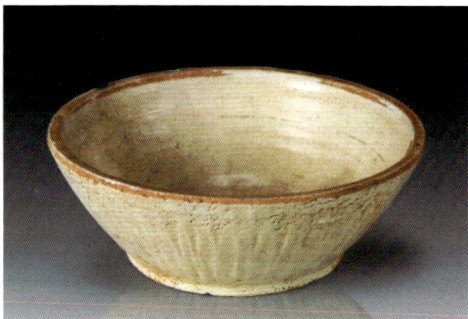

米黄釉洗，元（1271—1368）

白釉执壶，宋（960—1279）

冯先铭在《中国陶瓷考古概论》中写道："德化窑盒子，在东南亚的菲律宾、泰国、马来西亚、印度尼西亚等国家均有发现"。叶文程整理的《中国古代外销陶瓷学术讨论会纪要》指出："德化的外销瓷器主要是宋元之际，盖德窑出土的青白釉云纹军持、青黄釉云纹军持、青白釉盖碗、青白釉瓶，以及各种纹饰的盒、盘，青白釉划花大碗等，在西沙群岛的全富岛上也有发现。"这些器物的年代，有的属南宋，有的早到北宋。1976年，福建省文物考古工作者在德化屈斗宫宋末元初窑址中，发掘出大量高足杯、粉盒、军持、壶、花瓶、墩子式碗、折腹弦纹碗、直道纹洗等具有宋元作风和特点的样本，共 7000 多件，类似产品在印度尼西亚、菲律宾、马来西亚、日本等地也分别出土过。菲律宾出土的瓷壶、瓷瓶和粉盒，与屈斗宫出土物基本相符。东爪哇的出土器物，有的釉面明丽，造型美观，花纹繁多；有的写有文字；有的刻着蒙古人头像等，真是绚丽多彩，显示出宋元时期德化高超的制瓷技术。由此可见，德化窑瓷器早在北宋就开始外销了。在德化已发现的与外销有关的古窑址有碗坪仑、屈斗宫、家春岭、岭兜窑、石排格窑、石坊窑、宝寮格窑、大垅口窑、内坂窑、桐岭窑、水尾窑、坎脚窑、碧溪窑和尾林窑等。

比马可·波罗晚半个世纪来华的北非摩洛哥旅行家伊本·白图泰也到过泉州。他所著游记历述沿途所见，其中有《中国瓷器》专题写道："至于中国瓷器，则只在刺桐和隋尼克兰城（广州）制造。"该文在简述瓷器制作过程中又指出："这种瓷器远销印度等地区，直至我国马格里布（即摩洛哥）。这是瓷器种类中最美好的。"该文里没有直接提及德化，但可以确认是包括德化窑的产品。

泉州瓷器外销以德化窑的产品为最多。据陈万里在《调查闽南古代窑址小记》载：1957 年在印度尼西亚的苏拉威西岛南部曾发现我国输出的白瓷盒，经鉴定是宋代德化窑的产品。在多种类型的出口瓷器

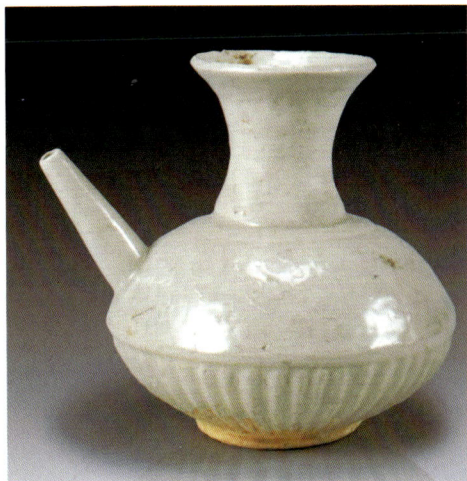

青白釉军持，南宋（1127—1279）

中，"军持"更是专为外销而生产的。军持是伊斯兰教信徒使用的一种净水器皿，军持在国外发现的资料、数量较多，主要是宋元德化窑的产品。在德化县古窑址普查中，这类产品有多种不同风格的产品发现。据韩槐准《南洋遗留的中国古外销陶瓷》一书介绍：在印度尼西亚雅加达博物馆陈列的军持，有一部分是德化盖德碗坪仑的产品；东爪哇出土的一件折腹缠枝花纹的军持，是德化窑的产品；在菲律宾古代文化遗址和墓葬中，都曾发现德化生产的军持。在日本平安时代后期到镰仓时代（相当于我国的南宋中后期至元初）的经家中，也出土了大量宋代德化碗坪仑窑的瓷盒。

四、海上丝绸之路的文化交流

需要指出一点的是，德化瓷在当时大量出口并不意味着它是价低量多的廉价产品，相反是欧洲人心目中地位极高的天价奢侈品，就好比今天的爱马仕、香奈儿之类的高档产品。1932 年，冯和法在《中国瓷业之现状及其状况》一文中写道："宋末，荷兰人从福建贩运瓷器至欧洲，价值每与黄金相等，且有供不应求之势。"与景德镇白瓷比较，德化窑白瓷有着大理石般的晶莹洁白色泽，特别是瓷雕产品，更加符合欧洲人的审美情趣。德国梅森的陶艺家以德化陶瓷为样本，曾烧成了许多塑像类白瓷产品，质地优良，形体健硕美观，至今欧洲的陶瓷博物馆里面仍然陈列着大量德化白瓷文物。

欧洲人对德化陶瓷的追捧到了什么程度？从神圣罗马帝国萨克森选帝侯奥古斯都二世身上可见一斑，这位国王对瓷器的酷爱可以说到了前无古人后无来者的地步。一次因为过于喜爱普鲁士王国收藏的一批中国瓷器，竟然以 600 名龙骑兵为代价与之交换，震动一时。当时欧洲人缺少中国瓷器烧制技术，不得不花高价从万里之外的亚洲进口，如此高昂的利润自然令欧洲人眼红，因此大量欧洲上层贵族纷纷花重金耗费人力物力研制

左一为样品，左二、左三为伯特格尔仿品

瓷器。于是奥古斯都二世专门找了两个国内炼金术士，要求他们必须想方设法研制出瓷器烧制秘诀。巧合的是，国王将自己收藏的几尊德化观音像送给这两人，作为最早的研究模本。在1710—1715年，炼金士仿制出了类似紫砂的观音塑像，被称为伯特格尔炻，而白瓷的观音塑像，则是他在1713至1715年仿制完成的。

毫不夸张地说，德化陶瓷对欧洲近代陶瓷业的起飞具有极其重要的深远影响，正是对德化陶瓷的仿制奠定了欧洲陶瓷崛起的根基。德化中国白瓷雕艺术，以它独特的民族风格，利用自然材料和精湛的制作工艺以及艺术创造才能，成为永不凋零的艺术奇葩，立足于世界雕塑艺术之林。

第三节 中国白与元代海上丝绸之路的畅通

一、元代工商贸易发展

元世祖贯彻汉法，加强了中央集权，在中央和各地设劝农司，制定《农桑辑要》，提倡垦殖的同时，迁徙民户充实内地和西北地区，让民自买荒田旷土，延期课税，释放部分奴隶从事农业劳动，减轻佃户的私租，推行籍户。元代中央和地方都有许多官办手工业主管机关和作坊，如诸色人匠总管府，各提举地把中原俘获的手工业匠人集中起来使用，成为官办手工业中的主要劳动力，身价如同工奴。元政府对于具有一定技能的工匠比较重视，官匠免除其他一切差科，其地位可世袭，客观上为手工业的发展提供了条件。丝织业、棉纺织业技术有很大革新，矿冶业也有发展，印刷业相当普及。

元代特别重视对外贸易，尚未建国就与西域、阿拉伯国家进行贸易，《续文献通考》卷二十六载："帝既定江南，凡邻海诸帮与番国往还互易舶货者，货以十分取一，粗者十五分取一，以市舶官主之……，

白釉长颈瓶，元（1271—1368）

始立市舶司于泉州，令孟谷岱领之，立市舶司于庆元、上海、澉浦。博易珠翠香货等物，及次年回帆依例抽解，然后听其货卖。"贸易由政府直接管理，海外贸易法规多袭宋代，采用专卖的办法垄断资源，控制市场、1288年市舶司实行"官本船"的办法，即由政府具船给本，选人入番，贸易诸货，其所获之息，以十分为率，官取其七，所易人得三。1270年国内商税"以银四万五千锭为额，有益额者别做增余"，至1289年，商税已增至"腹里为二十万锭，江南为二十五万锭"共计45万锭，不到20年，增长10倍，民间贸易根本无法禁绝。终元一代，官营和民营的海外贸易都十分发达，外贸商品需要量增加，必然促使各种手工业进一步发展。

二、世界大港及世界名瓷，支撑海上丝绸之路

元代国内市场北至兰州，南至南海诸岛，西至西藏，东达海滨，建立完善驿站制度，保护东西方往来的通道，驿站邮船遍及各地区，商队络绎不绝，水路海运畅通无阻。从山海关到布达佩斯、从广州到巴格达都，在蒙古统治之下，陆路从河西走廊沿"丝绸之路"横贯伊斯兰国家，海路东起泉州，西达波斯湾的忽鲁斯。由于国内消费市场扩大，国外市场的开拓，商人中出现了坐贾、客商、牙侩等，出现了塌房、廊坊、堆行、柜坊、钱铺、金银铺、交行铺等机构，元代在泉州发行纸币。泉州贸易超过广州，马可·波罗说："假如有一只载胡椒的船去亚历山大……那么按照比例，必有一百只船来刺桐港……，这是世界上两大港口之一。"伊本·白图泰也说："刺桐港为世界上名大港之一……，港中有大船百余，小船则不可胜数矣。"王礼曾形容"适千里者如在户庭，之万里者，如出邻家"，可知当时的海上运输非常便利。

宋元时期，朝廷鼓励海上贸易，作为增加国家财政收入的手段。在广州、明州、泉州等地建立了市舶司。福建的刺桐港成为世界上的贸易

白釉蔗段洗，元（1271—1368）

"长寿新船"盒盖，元（1271—1368）

大港，呈现出"涨海声中万国商"的繁荣景象。得益于邻近刺桐港地理优势，兴盛的德化瓷业制造了大量的青白、白釉瓷器，源源不断地输往东亚、东南亚，并远抵非洲一带。2002年3月以来，国家水下考古队从"南海一号"中先后打捞出四千余件名贵瓷器，包括青白釉六方执壶、青白釉四系罐、青白釉印盒、青白釉花瓣卷草纹碟等。2007年12月，作为迄今为止世界上发现的年代最早、船体最大、保存最完整的古代远洋贸易商船的"南海一号"正式出水。出水的"南海一号"瓷器中以来自德化窑的产品数量最多，形态也最为多样。国家水下考古研究中心主任张威曾亲自赶到德化详加考证，并亲自到德化盖德碗坪仑古窑址考察，经证实，"南海一号"沉船中的德化青白瓷就有一部分产自盖德窑。2012年12月，"南海一号"出水的部分德化窑产品，经历千年以后又回到它的故里德化陶瓷博物馆展出。

三、海上丝绸之路的文化交流

与我国其他窑口的瓷器一样，德化历代瓷器向海外输出，可以说极大地满足了各国人民的日用生活需求，特别是在改善他们的饮食健康方面起到了重要的作用。据多方的史料记载，当时各国土著居民的饮食器，大多凭借当地的自然条件，利用热带植物的茎叶和果壳之类稍做加工而成，缺乏适用的器皿，中国瓷器成为他们迫切需要之物。德化窑的历史产品，以日用饮食生活器皿为大宗，正是迎合各国人民生活需求为生产宗旨。宋元以来的德化瓷器，大多胎质坚实，釉色透明，叩声清越，具有耐酸、耐碱、耐高温的特点，加之表面光滑，容易揩洗，污物病菌不易黏附繁殖，无疑为各国人民，尤其是那些社会经济文化发展迟缓的土著居民提供了理想的卫生餐具。

在长期的生产实践中，德化窑工善于根据各国人民的不同民情风俗，设计制造出适合不同地区生活习俗的各式器皿。生产力发达的欧洲社会，有喝咖啡、牛奶、啤酒的习惯，明清德化窑便烧制各式咖啡壶、啤酒杯、水罐。18世纪以后欧洲饮茶之风盛行，德化窑的茶具便大量出口欧洲，并根据欧洲人饮茶过滤的习惯，成功地制作出带过滤器的茶壶。在瓷雕产品输出方面，德化的匠师根据欧洲人提供的图纸和要求，设计出具有西洋特征的雕塑作品，如英国收藏家 P. J. 唐纳利藏品中的 18 世纪在中国的欧洲人系列：骑马者、带猴者、荷兰家庭、弹琵琶者、举钺者、骑海狮的荷兰人、商人和音乐家、欧洲人俑吹哨子、淫荡女人、亚当和夏娃、基督教的圣母和圣婴、帕多瓦的圣安东尼、圣母抱基督尸体像、基督的圣心等等。特别是数量很大、造型别致、颜色特别的小瓷哨子，其上方有个小孔，可以穿上小绳背在身上，故成为儿童喜爱的小玩具。《德累斯顿一览》中记载，在 1721 年前他们就收集了 11 件小花瓶，其中有 7 件就采用了浮雕花纹的手法。有的动物如狮、虎、骆驼等是神话中的动物造型、它们在欧洲成为上层人物家中的陈设品，或作为儿童的高级玩具，很受欢迎，流传很广。当时销往荷兰的德化特制瓷雕大多表现了荷兰人的生活题材，如"神龛与欧洲人"就是一种典型的题材。收藏于英国不列颠博物馆的"上山打猎"，反映的是手持老式大口径短程霰弹枪的欧洲人在忙于打猎，领队的位于最显要的位置上，他骑着马，手腕部站着鹰；他的背后站着一名随从，手拿小燕尾旗；猎狗有时形成三只一组的阵势，猎物包括野兔和牡鹿等，并不时回头观望，有一座普通的神龛坐落在遥远的岩崖上。这一场面气势壮观，具有浓厚的欧洲贵族阶层的娱乐生活，在一定程度上反映出欧洲各国对德化窑产品的需求和信赖，也真实反映出欧洲当时社会的精神文化生活。

第四节　中国白与明清海上丝绸之路的辉煌

明清时期德化地区的制瓷业在前代的基础上有了进一步的发展，出现了辉煌兴盛的局面。其制瓷技艺具有造型精美、质地优良等工艺特点，这种辉煌兴盛局面的出现是由丰富的原料供应、特别的工匠群体、特殊的地理位置以及先进的制瓷技术等因素共同作用的结果。

德化县位于福建省泉州市的西北部，属于亚热带海洋性气候区，气候宜人、雨水充沛。在地形上，德化县地处戴云山腹地，境内河流围绕山脉向四周延伸，水量充足且取水方便，为烧造瓷器提供了便利条件。此外，德化境内丰富的林木资源也给当地发展制瓷业提供了绝佳的燃料。更重要的是德化县蕴藏着丰富的瓷土资源，其得天独厚的高岭土矿分布广泛、质地上乘，为德化制瓷业的产生和发展打下了牢固的基础。

根据史料记载，德化县的制瓷业始于夏商，发轫于唐代，形成于宋元，明清时达到鼎盛，以白瓷为尊顶峰时期的德化白瓷质感细腻、胎釉纯白、色泽明亮、光滑如绢。在近光灯照射下，整件器物质感凝结似玉，此时的德化白瓷毫无疑问地成为中国瓷器的一张名片，被当时的人们冠以中国白之美誉。

德化制瓷历史悠久，唐代德化地区便有了制造瓷器的窑所。此阶段德化地区的制瓷技术还处于初步发展阶段，制造的瓷器还比较粗糙。到了宋代以后，德化地区制瓷业得到了突飞猛进的发展，逐渐成为南方地区生产中国白瓷的中心，白瓷的制瓷工艺甚至可以和当时的河北定窑白瓷并驾齐驱。元代，随着海上丝绸之路的发展以及泉州海港的依托，德化瓷开始销往海外，成为外国人喜爱的瓷器之

白釉狮钮印章，明（1368—1644）

白釉笔洗，明（1368—1644）

一。明清时期，制瓷名家的大量出现，使德化瓷的制造技术日臻成熟，白瓷制造发展到了顶峰，并且远销到欧洲。外国人纷纷购买德化白瓷，德

白釉公道杯，明（1368—1644）

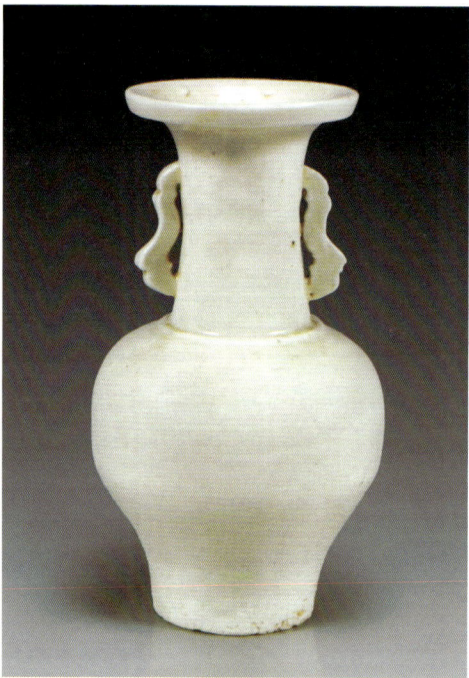

白釉双耳花瓶，明（1368—1644）

化白瓷开始在西欧地区广泛传播，成为外国人喜爱的产品之一，中国白便成为德化瓷的代名词。

自明始，中国白便是德化最响亮的名片。晶莹剔透、乳白如脂、光透明亮、洁白可爱，可以说是明清时期德化瓷最大的特点，成书于明万历四十年（1612）的《泉州府志》之物栏记载："磁器，出晋江磁灶地方，又有色白次于饶磁，出安溪崇善、龙兴、龙涓三里，又有白瓷器出德化程田寺后山中，洁白可爱。"要探究德化白瓷如脂似玉的秘诀，就不得不提到德化地区得天独厚的瓷土。德化瓷土是一种天然混合石英、高岭、绢云母的三元矿物，其成分高硅、低铁、高钾，成品色泽洁白、纯净、明亮、莹润，是制造高白瓷器的上等原料。含钾高，会使得器物透光性强，玻璃质感更足；含铁低，瓷胎杂质少，烧造过程中的化学反应更稳定，也保证了器物的品质。另外，当时德化瓷器的烧制氛围偏重于氧化气氛，通过控制制造过程中的火候及空气量，使胎釉上的矿物成分充分反应，以期制出的器物呈现最好的品相。在当时瓷土精良、工匠淘洗技术精，加上良好的烧制工艺，使德化白瓷瓷胎的质感如糯米研磨后流出的米浆一般滋润细腻、

白釉对狮，明（1368—1644）

乳白且带有黏稠感，被人们称为"糯米胎"。

明清时期，德化瓷的制造工艺达到了炉火纯青的地步，以至于德化瓷深受人们的喜爱。

一、造型精美

明清时期，伴随着制瓷工艺的大幅进步，人们更加注重瓷器造型的精细优美，注重瓷器给欣赏者带来的审美情趣。如何朝春所雕刻的披坐观音佛像。何朝春是明代著名的瓷器雕刻家，其观音佛像面带笑容，栩栩如生，给人一种亲切感，整个佛像身躯线条勾勒明显，曲线美一览无余。

在中国传统的绘画和书法艺术中，线条的勾勒是创作者必须关注的要素之一。长期浸染在中国传统书法艺术染缸中的何朝春，虽然在瓷雕方面受到工具和制作手法的限制，但是仍巧妙地运用书法的线条造型技术手法，将其表现到观音的服饰上，使披坐观音佛像不至于显得刻板僵硬，让其匀称美展现得淋漓尽致。细致地观看披坐观音的服饰和坐姿，我们可以看到观音衣服的纹路井然有序，线条之美尽收眼底；观音的坐姿亲近而自

然，犹如一位和善的使者。这种第一感官的美感得益于雕刻家对佛像造型精美的追求。

二、质地优良

自明始，德化瓷便被外国人冠以中国白的美称，其"洁白可爱"的特点深受世人追捧。清朝时期德化地区的瓷雕家则是继承了这一优点，使德化白瓷"白如雪、润如玉、透如绢"的优点得到了进一步的发扬。欣赏德化白瓷，我们可以看到德化白瓷中透出那种白中泛黄的亮光，时人则将这种白称之为"猪油白"。这种猪油白的色调，犹如情窦初开的少女雪白的肌肤，充满生机和活力，给欣赏者一种亲切和温暖感。如清代著名瓷雕家博及渔人的麻姑献寿佛像。博及渔人，原名苏学金，德化县浔中人，清代著名的瓷雕艺术家，其风格继承了明末清初瓷雕家何朝宗的风格。观察麻姑献寿佛像，我们可以明显感知，即使时间过去了将近一百年，瓷器中所展现的猪油白仍然没有丝毫变化，还是那么温润、细腻。

通过分析馆藏德化白瓷佛像的两个样本案例，我们可以得知明清时期德化地区的制瓷工艺有着造型精美、质地优良等特点。这些工艺特点的最终形成，则是明清时期德化塑雕群体智慧的结晶，其影响深远。

白釉印花双螭耳兽面三足炉，明（1368—1644）

三、德化瓷辉煌兴盛的原因

明清时期德化瓷开始慢慢走向世界，成为外国人印象中的一块"中国印记"，中国白成为外国人称呼德化瓷的专有名词。那么究竟是什么原因致使德化瓷在明清时期出现了辉煌兴盛的局面，实现了质的飞跃呢？

（一）优越的地理位置

"地理位置对商业经济活动有很大影响。优越的地理位置能为商业经济活动提供多方面的有利条件，有利于加速商品的发展，促进商品流通。"

五彩盖罐，明（1368—1644）

德化窑毗邻沿海港口的优越地理位置，助推了德化窑瓷业的发展。众所周知，宋元时期，受益于统治者实行的较为开明的对外政策，泉州港得到进一步发展，成了我国古代海上丝绸之路的主要港口之一和亚洲东方地区的

中国白博物馆远眺图

马可·波罗香炉，明（1368—1644）

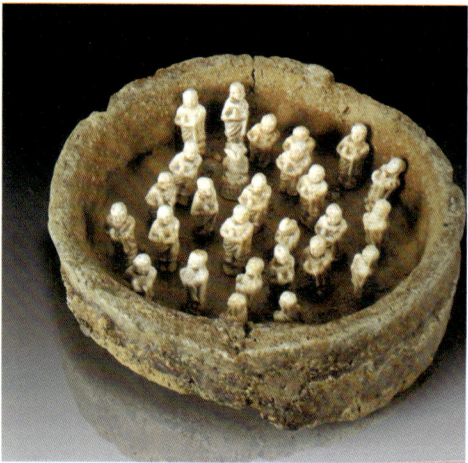

白釉小罗汉，明（1368—1644）

第一大港口。靠近泉州港的便利，使德化瓷能够通过海上丝绸之路销往海外。

"泰兴"号沉船揭开古代德化外销瓷的辉煌历史。1822年1月，"泰兴"号从厦门出发，后不幸在印尼触礁沉没。1999年5月被打捞出水，是目前海洋考古中发现的最大的中国木帆船，也是打捞完整文物最多的沉船。"泰兴"号沉船中出水的瓷器以德化窑为主，器物丰富多彩，达35万件以上。世界各地海域古代沉船的发掘中，几乎都有德化瓷现身。这些考古发掘揭示了德化瓷在海上丝绸之路上扮演的至关重要的角色。从宋代开始，德化瓷在全球连续畅销几个世纪，并不因中国的朝代更迭而受到影响。据统计，在1602—1682年的80年间，仅荷兰东印度公司输入各国的中国瓷器就达1600万件以上，这其中很大部分是德化产品。在东南亚，菲律宾专家庄良有说，"在菲律宾所发现自北宋至明的福建瓷，数量可观，其中以德化白瓷为最"。

（二）制瓷群体和瓷商群体的大量涌现

明清时期德化瓷的辉煌兴盛，离不开从业人员的积极作为。明清时期，德化窑出现了大量工匠群体和瓷商群体，这些人员的大量涌现对于德化瓷业的发展具有重要的作用。

清代，出于维护统治的需要，政府实行了严厉的海禁政策，却无法阻止外国商人将德化瓷销往海外。鸦片战争后，福州、厦门等被划定为五个通商口岸，随之而来的是西方列强在两地广设的贸易机构，贸易机构的设置为外国商人购买、销售德化瓷提供了场所。他们纷纷购买中国白，通过各种方式销往海外。这种行为无意中助推了明清时期德化瓷业的发展。

瓷器作为中国传统智慧的结晶，历来受到了人们的欢迎与喜爱。明清时期得益于原材料的丰富、优越的地理位置以及德化地区大量瓷商群体和制瓷群体的涌现等因素，明清时期的德化瓷出现了辉煌与兴盛的景象。民国时期，因为社会的动荡，德化瓷业发展受到了一定的阻碍，却留下了一批无比珍贵的瓷文化遗产。当今世界，竞争激烈，德化瓷业在追求与时俱进的同时，必须继承和发扬明清时期德化瓷业发展的优秀传统，大力培育德化窑的瓷雕群体，形成德化瓷业的产业化模式，助推德化窑瓷业发展再续辉煌景象。

第三章　中国白的要素分析

没有"中国官窑"的光环，没有皇帝的恩赐，中国白仅靠造型和材质的美就发挥了它无穷的吸引力。盛行700多年的中国白的生命力比其它任何瓷器（包括中国瓷器）都强，曾辉煌一时的名窑，如今已找不到确切的窑址。

对中国白在中国传统文化中的艺术成就和历史地位予以准确的评价和确认十分必要。首先：世界官窑、身份之瓷。第二：雕塑典范、艺术之瓷。第三：巅峰境界、品质之瓷。第四：传承创新、养生之瓷。第五：天下共宝、传世之瓷。中国白是我国乡土艺术和民间文化的直接反映，它同广东石湾窑瓷、江苏宜兴紫砂器和天津"泥人张"一样，作为一种民间文化和艺术，深深植根于地方乡土，以乡土生活为基本创作素材，具有浓郁的生活气息，是我国民间风土人情和民俗文化的精粹所在。同时，这些不同的艺术形式之间相互影响，相互借鉴艺术经验，不断革新，共同丰富我国民间艺术创作，如今中国白艺术又把使用、欣赏和养生三合为一了，实现了健康养生功能瓷技术课题的突破。

写到这儿，一下子觉得自己真是这个世界上最幸运的一个人了。

温润如玉的中国白

中国白瓷雕艺术发展史上的大事件、好事件，荣誉最高的事件，几乎全被我遇上了，这个伟大时代真是待我非常优厚了。2008年奥运会荣获全球唯一最佳创意作品奖，2009年《和谐世界》元首杯被选为国礼赠送170多个国家元首，而2010年5月荣登上海世博会保值5.6亿的《世博和鼎》被选送为福建馆的镇馆之宝，从而目睹见证了世博会这一百年盛况。2017年被选为"金砖国家领导人厦门会晤"国会瓷、国宴瓷、国礼瓷，幸运地遇到一连串艺术文化事件，既是中国白的梦，也是我的梦。

第一节　中国白的五大特征

中国白外观上洁白纯净、温润似玉、细致典雅、晶莹透亮、胎釉密贴、光色如绢。白瓷雕塑线条流畅优美，深秀圆浑，衣袂转折经剔薄修

中国白·陈仁海：《世博和鼎》

饰，轻盈飘举。吸水率低（≤0.5%），热稳定性强（日用瓷器从180℃—20℃度热交换一次不裂），高白度（≥80）等等。然而这些都只是中国白的表象特征，更重要的是它还有以下五大特征。

一、世界官窑　身份之瓷

中国白输入欧洲时，便得到全欧洲贵族阶层的欣赏和欢迎。欧洲人对福建中国白青睐有加，视为珍贵财富和身份地位的象征，而倍加推崇。

沉迷德化瓷器的萨克森国王奥古斯特二世

中国白如此丰富的艺术收藏题材，反映乡土生活的广度和深度，绝无仅有。一是随着明清市民社会的逐渐形成，人们不断追求世俗化，而整个社会也相当宽松，人们追求自由和个性化的生活，这一普遍的社会风尚带动整个艺术创作的世俗化、民间化；二是明代社会相对比较安定，人们生活闲适，使他们有能力、有可能去实践，比较容易抒发自己对于自然界的感受和美的体验，将带有乡土气息的事物和情节纳入自己的艺术创造实践之中，作为民间文化和生活的反映，中国白很好地将艺术和生活联系在了一起，将艺术与生活气息融入了瓷器。

奥古斯特二世收藏的德化白瓷与仿制品

中国白承担了中国瓷器海外贸易的先锋角色，是最早输往国外的瓷器之一，宋代即已传播，大规模的海外贸易始于明代。由于中国白作为中国瓷器的代表去欧洲传播，才激发了欧洲人对中国瓷器极大的热忱，尤其是皇室贵族直接参与了中国白的收藏和研制，欧洲各国制瓷业才得以开始。然后才诞生了骨质瓷，这是历史的必然。

白釉堆贴梅花鼓钉罐，清（1644—1911）

二、雕塑典范　艺术之瓷

中国白制作的黄金时段是1610—1710年之间，中国白学科体系就此形成，构成了一个独特的、完整的创作系统，它以社会的大千事物为基本素材，以写实性为基础，以表现性为目的，将生活中美的方式融入艺术创作，创作的理念和手法融会于所有的形式，具有明显的共同特征，尽管中

白釉蟋蟀盒，清（1644—1911）

白釉三足花口盏，清（1644—1911）

国白现在收藏在世界各地，但仍然可以清晰分辨出来。它的完整性在于没有哪一家窑系能涉及如此宽广的领域（如石湾窑的面积就没有这么大），也没有哪一个窑系（如定窑、汝窑、景德镇窑等）能够生产如此多的具有文化气质的品种。而且，德化中国白的创作在领域上更是一个独特的开放系统，特别是在明晚期，荷兰人进入中国以后，中国白逐渐吸收了西洋文化的因素，一些反映西洋人物生活和风俗的作品大量出现，题材涉及基督教、圣母圣子、西洋人物生活场景、西洋器物、西洋风俗习惯等内容，反映出中国白从不拒绝外来文化因素，而且以开放和务实的态度兼容并蓄。

三、巅峰境界　品质之瓷

（一）中国白在中国陶瓷史上的地位

瓷器是我国的一项伟大发明，而瓷器必然随着窑炉技术的演进而发展。德化窑的窑炉技术创造了一个独特的体系，这一体系特别适应于德化所特有的胎釉原料，从而在中国陶瓷的发展史上走出了一条独特的发展道路，甚至于后来直接被日本所复制、所学习。明代德化的"阶级窑"，由一个个馒头状的窑室单独砌成，而又相互串联，这种窑在明末清初传入日本后，成为日本串窑的始祖。18世纪德国的梅森工厂、英国的切尔西工厂、法国的圣·克劳德和钱蒂雷工厂、丹麦的哥本哈根皇家瓷厂都大量吸收了德化窑的工艺技术，烧出的白瓷器产品深受各阶层的欢迎，提高了他们的生产自信力。从这种角度上看，明清德化白瓷引导和照耀着十七八世纪欧洲瓷业的发展之路。德化白瓷在促进欧洲地区制瓷业的发展、对外文化交流的同时，促成德化青花装饰出现异国情调的题材。而明清时期在生产上的最大成功是第

中国白·陈仁海：《忠心谢谢杯》

《梅花杯》

一次接受了由外国商人提供资料定制的西洋人物陈列组雕，即西洋工艺瓷，从而开创了德化窑生产西洋工艺瓷的先河。根据市场需求及时调整生产方式，是德化民间窑业历久不败的基础，成为德化窑古代、近代、现代接连不断的陶瓷生产主要销售经营方向。

（二）胎釉的制造

据史料记载，德化当地生产瓷器，胎釉的配制和使用也是有自己独特之处的，不仅是来自德化白瓷所要求的特殊工艺，还来源于父辈生产的秘

中国白·陈仁海：《一生一世情侣对杯》

白釉印花夔龙回纹筒式三足炉，明（1368—
1644）

白釉印花回纹筒式三足炉，明（1368—1644）

制瓷泥需要等到儿辈的时候才投入使用，这就保证了中国白材料的特殊性。

（三）器物类型的创造

德化中国白创造了众多丰富的瓷器类型，这在中国各民窑中也是鲜见的。德化中国白的丰富的创造是我们中国瓷器的艺术宝库，它不仅继承了以前有的器物类型，还创造了以前所没有的器物类型，扩大了瓷器创作的范围，而且在每一种器物类型之中，还有不同的风格、不同式样的创造。如炉类，从我们收集到的标本中，名目繁多，风格不一；又如杯，不仅有梅花杯，也有龙虎杯，还有其他样式的精美杯子。除了这些继承先前的窑系的器物创造体系外，德化中国白还形成了自身独有的传统器物谱系，比如军持，从宋代开始，德化窑生产的军持一直在对外销售的市场中占据主要地位，为中国和世界的文化交流

中国白·陈仁海:《福佑安康》

做出独特贡献。

　　(四) 人物造型的创造

　　德化中国白独辟蹊径,以瓷的质感为底蕴,塑造了一批神仙人物造型,这些作品神态各异,传神写意,赋予人的感官功能,在世俗化的生活领域开辟了一片清新隽永的天地。大量的德化中国白瓷雕的创作成就,确立了其在中国陶艺雕塑史上的重要地位。中国白瓷雕把中国的制瓷艺术推到最高境界。德化窑则动员了自身的独特造瓷工艺优势,集中用于雕塑一身,造就了中国陶瓷史上的巅峰境界。

　　四、传承创新　养生之瓷

　　中国白被模仿了 700 年,从未被超越,如今已诞生了中国白·陈仁海养生瓷。中国白的伟大,更体现在于它已成为世界陶瓷产业的高端养生瓷,做的是能够用的艺术品,可以欣赏把玩的日用品,又是一件负离子发生器。

　　每件作品既是生活的实用品，又是艺术的收藏品，更是保健的养生品，它改变了传统陶瓷的历史，延伸了陶瓷的功能与价值，是中国白艺术与养生高科技完美融合的典范。

五、天下共宝　传世之瓷

　　欧美各国的大都会、美术馆、艺术馆、博物馆以及众多的私人收藏家都珍藏有中国白，在国内外博物馆以无比高贵的姿态闪耀着中华民族文明的光辉。几百年来，欧洲对德化中国白瓷雕的研究，出现了众多的研究学者和学术专著，直接影响了欧洲陶瓷学科的建立。早在1850年，爱尔兰对当地发现的50枚德化瓷雕印章开展专题研究，并出版了《中国印章在爱尔兰的发现》专著；近百年来，英国、荷兰、瑞典、美国、澳大利亚、新加坡、印度尼西亚等国相继出版了《中国白——福建德化瓷》《中国白——绝妙的德化瓷》《中国白——德化瓷》《白金——德化瓷对于欧洲瓷器的影响与启示》等近20部德化瓷雕研究专著；成立于1925年的伦敦马坎特父子公司在60、70、80周年庆典分别于1985、1994、2006年举办了三场专题展览并出版了三本以中国白为主要内容的德化瓷雕研究专著。中外研究者对中国白给予的盛赞也是难以计数的。如：

　　　　"现藏于北京故宫博物院的明代德化何朝宗达摩立像，他的作品所达到的艺术水平，直到今天仍是个难以逾越的高峰。"（《中国一绝》，雷志民著）

　　　　"德化窑的瓷雕，在明代小型工艺雕塑中，已算得上是上上佳品。何朝宗流派的瓷雕白衣观音，作为中国瓷雕艺术的代表作品，将永远为我们的祖国与民族争光。"（《中国美术名作欣赏》叶尚青主编，洪惠镇著）

　　　　"对白高丽式时代的（德化）白瓷，如果以客观而公正的高度给予评价的话，可说是比白玉更为美观华丽。甚至胜于白玉，可称为中国古今独一无二的优秀作品。"（《中国古陶瓷研究的手引》，上田恭辅著）

"何氏和德化窑其他艺术大师的作品，历来被国内外视为珍宝。"（《明代德化窑瓷雕观音像的时代特征》，刘凤君著）

"德化窑白瓷在世界陶瓷中占了特殊的地位，欧洲陶瓷专家千方百计仿制而不成，他们称它为'世界上最精良的瓷器'，日本富商、富豪、瓷器收藏家们不惜重金争购，足见其精致，魅力逼人。"（《可夸的德化窑》，维之著）

"中国人居然不知道中国白最伟大的制作者何朝宗的生卒年月，这是十分令人震惊，也是相当奇怪的。尽管我努力地研究来自中国和西方学者的各种资料，我从来没有办法确切地获得他生与死的证据，这就像西方不知道伦勃朗或米开朗基罗的生活与工作一样。"（《中国白——伟大的德化瓷》，罗伯特著）

第二节　中国白的质量技术指标

一、种类

中国白瓷雕，中国白日用瓷。

二、原料生产

（一）原料组成

高岭土、瓷石、长石、石英等，主要特点是含 Fe_2O_3、TiO_2 低。化学组成范围见下表：

原料名称	化学组成范围								
	SiO$_2$	Al$_2$O$_3$	K$_2$O	Na$_2$O	CaO	MgO	Fe$_2$O$_3$	TiO$_2$	灼减
高岭土	≤ 68.0	≥ 18.0	≥ 1.5	≥ 0.5	≤ 0.4	≤ 0.2	≤ 0.5	≤ 0.1	≥ 11.0
瓷石	≤ 70.0	≥ 13.0	≥ 3.0	≥ 1.5	≤ 3.0	≤ 0.5	≤ 0.2	≤ 0.05	≤ 3.0
长石	≤ 66.0	≥ 16.0	≥ 11.0	≥ 2.0	≤ 1.5	≤ 0.5	≤ 0.4	≤ 0.05	≤ 0.5
石英	≥ 98.0	≤ 1.5						≤ 0.05	≤ 0.5

（二）原料加工

软质料经碓打、淘洗；硬质料经粉碎，然后再经球磨、过筛、除铁、陈腐，制成坯泥。坯泥细度 250 目，筛余量小于 0.5%，可塑性指标大于 2.5。

三、成型工艺

（一）中国白瓷雕

采用手工成型、注浆成型等。

（二）中国白日用瓷

根据不同产品器型，分别选用手工成型、机械成型、注浆成型、干压成型等。

四、施釉

（一）中国白瓷雕

分为全上釉和局部上釉的釉瓷、没有上釉的素瓷两种，釉瓷产品选用浸釉、浇釉、喷釉、涂釉等施釉方法，釉层厚薄得当。

（二）日用白瓷

根据不同产品器型，分别选用荡釉、浸釉、浇釉、喷釉等施釉方法，釉层厚薄均匀。

五、烧成

一般为氧化焰和还原焰两种，而且冷却速度慢，在 1250℃—1400℃高温中烧成。

第三节　中国白的健康养生科技赋能

精美绝伦的陶瓷已成为人们生活中不可缺少的部分，但是我想陶瓷不仅仅是陶瓷，还缺少点什么？ 2007 年，我接到中央下达给我们中国白公司为奥运会、新中国成立 60 周年庆典和上海世博会三个大活动的国瓷创作任务，要求创作出集工艺、观赏、文化、历史、使用与养生价值于一体，集艺术价值、历史价值、使用价值和养生价值于一体的纪念瓷品。

我们接受任务后，夜以继日苦战，终于制作出"元首杯"作为新中国 60 周年赠送 173 个国家元首的国礼，又研制出世博会贵宾厅用瓷，人民大会堂和国家政务活动用瓷，2017 年金砖元首茶具、酒具、餐具入选一套，金砖元首国会瓷入选 9 件套，国礼瓷

中国白·陈仁海:《方圆之间》元首茶具

中国白·陈仁海：金砖元首杯杯底

7件。

"健康养生功能瓷"技术，是远红外线及无机抗菌易洁技术的重要应用，是以20多种矿物和"原生态中国白陈泥"为原料，通过1310℃高温煅烧后，可在常温下释放出对人体最有益的远红外线和负离子等，与水分子产生共振后，将大分子团震散成小分子团，优化后的水质更加甘甜，口感更加顺滑，同时达到自洁抗菌的效果，更有益养生健康。

上海世博组委会国礼专家盛赞：在祖国盛大的活动，打造高科技功能瓷"样板"创新纪念瓷，就是一件负离子发生器，如今已诞生了仁海养生瓷，又是陈设艺术品，送给各国元首。在陶瓷行业，仁海养生瓷作为具有健康养生功能科技陶瓷，它改变了传统陶瓷仅仅是容器的历史，延伸了陶瓷的使用功能与养生价值。

中国白·陈仁海团队做的是能够用的收藏品、可欣赏把玩的日用品，又是一件负离子发生器，每件作品既是生活的实用品又是艺术收藏品，更是保健的养生品。它们把使用、欣赏和养生三合为一了，象征着新瓷器时代的来临，成为我们中国瓷器——品质、品牌、品位、品格的代表，重新定义了世界级陶瓷。

第四节 中国白与世界各大瓷种比较表

项目	白云陶 Dolomite	半瓷 Stoneware	建白瓷（第六瓷）Newbone	7501毛主席用瓷	汉光瓷	中国白·陈仁海 China—whitechenr-enhai	骨瓷 BoneChina	强化瓷 DurableCeramics	还原瓷 Porcelain
1 主要原料	黏土、白云石、石英	高岭土、长石、石英	高岭土、长石、石英	高岭土、长石、石英	高岭土、长石、石英	高岭土、长石、石英	动物骨灰、高岭土、长石、石英	高岭土、长石、石英、滑石	高岭土、长石、石英
2 素烧温度	1000℃—1030℃	750℃—800℃	750℃—800℃	750℃—800℃	750℃—800℃	800℃—850℃	1250℃—1300℃	750℃—800℃	750℃—800℃
3 釉烧温度	1050℃—1080℃	1230℃—1250℃	1250℃—1300℃	1320℃—1380℃	1350℃—1400℃	1290℃—1310℃	1050℃—1080℃	1330℃—1350℃	1320℃—1380℃
4 吸水率	20—25%	< 1.5%	< 0.1%	< 0.1%	< 0.1%	< 0.1%	< 0.1%	< 0.5%	< 0.5%
5 半透明性	无	差	玉脂状、半透明	透明性较强	透明性较强	羊脂白玉状、透明性较强	透明性较强	无	一般
6 色泽	白色略带灰色	黄灰色	略黄、呈象牙白	白色、略带黄色	纯白如玉、透如晶	温润明净、比白玉更纯润	白色、略带青色或黄色	普通白色	青白色
7 釉面效果	平滑、有针孔	平滑	平滑、光泽度高	平滑、光泽度高	平滑、光泽度高	平滑温馨、光泽度高	平滑细腻	平滑	平滑
8 釉面硬度	釉面硬度差、易划伤	釉面硬度高	釉面硬度高，不易刮伤、不易产生刀痕	釉面硬度高，不易刮伤、不易产生刀痕	釉面硬度高，不易刮伤、不易产生刀痕	釉面硬度高，不易刮伤、不易产生刀痕	釉面硬度差、易划伤	釉面硬度高	釉面硬度高
9 强度	差、易破损	强度较高	硬、强度一般、易破损	硬、强度高、耐用	硬、强度高、耐用	硬、强度高、持久耐用	强度一般、较不耐用、易破损	硬、强度很高、耐用	强度高、耐用
10 重量	轻	重	轻	轻	轻	轻	很轻	很重	重
11 热稳定性	差	一般	好	好	好	好	差	好	好
12 铝镉溶出量			零	零	零	零	有一定溶出量	零	零
13 适用性	微波炉、洗碗机、冰箱适用	微波炉、洗碗机、冰箱适用	微波炉、洗碗机、烤箱、冰箱适用	微波炉、洗碗机、冰箱适用	微波炉、洗碗机、烤箱、冰箱适用	微波炉、洗碗机、冰箱、烤箱适用	烤箱不适用	微波炉、洗碗机、烤箱、冰箱适用	微波炉、洗碗机、冰箱适用
14 使用效果	手感较差、烫手	手感差、不烫手	手感较好、不烫手	手感较好	手感较好、烫手	手感很好、不烫手	手感较好、烫手	手感差、不烫手	手感较差、不烫手
15 圈足细腻	粗	粗	粗	粗	粗	满釉	粗	粗	粗
16 活水养生	无	无	无	无	无	弱碱性、活化功能	无	无	无
17 抗菌功能	无	无	无	无	无	无机抗菌	无	无	无
18 清洁功能	无	无	无	无	无	超强智洁	无	无	无

第四章 中国白的科技与艺术

第一节 选料

从瓷土矿产资源来看，德化县地处戴云山区，这里地势较高，群山绵延，地貌复杂，以中低山地为主，间以盆地和河谷阶地，被称为"闽中屋脊"。同时，由于属于中亚热带海洋性季风气候区，植被茂盛，拥有丰富的森林资源和水利资源，境内分布有高岭土环形矿带。已发现探明的瓷土矿点多达 103 处，已发现的高岭土矿大致可分为三个环形矿物带：一是以浔中坂仔、白泥岐（又名观音岐），盖德宝坑、山坪、有济、林地，雷峰潘祠、蕉溪，龙门滩苏洋、硕儒为代表的浔中高岭土环形矿物带；二是以美湖金竹坑、双尖、上田黄石、阳山白岩格，春美双翰、桂地，赤水大尖山、永嘉，国宝佛岭头为代表的美湖高岭土环形矿物带；三是以上涌桂林，桂阳王春，汤头半岭，葛坑富地、

德化瓷土矿

湖头为代表的桂阳高岭土环形矿物带。

　　以金竹坑矿取样化验结果为例，其瓷土中含二氧化硅 43.95％，氧化铝 37％，而氧化铁仅为 0.05％，不含硫化物；另据高振西先生就宝美小岭出产的原土进行分析研究，组成成分为：氧化硅 70.96％，氧化铝 14.69％，氧化铁含量极少，氧化钙 0.42％，氧化镁 2.05％，碱化物 1.07％。前述两种矿样都属于最优质的高岭土，是烧造中国白最理想的配方土，这是德化中国白得天独厚的特殊资源。这种瓷土"皆由石英斑岩或长英岩等富含长石之岩石风化而成，多呈脉状或其他不规则之形状。大部分产生于白垩纪火山岩系中，火山岩岩性变化甚多，且亦有喷发式之石英斑岩，风化后亦类瓷土"。《福建永春、德化、大田三县地质矿产》（高振西，1931）载："德化瓷土，磨细漂净，即可直接制坯，不须调和其他原料。大都较软，不需太高温度，即可成瓷。颜色洁白，可省漂制手续，均其优点。但其质软，故易变形。烧制盘碗径口在八寸以上者每多拗曲，较小者亦不能太薄。"所以，从采集到的标本来看，凡是较完整的器物，大都是

德化瓷土矿

德化瓷土矿

拗曲变形的。就厚薄来看，最薄的也在 3 厘米以上。

民国以前，德化窑生产的瓷土大多数采用单一配方。已发现的夏商和唐代窑址主要分布在三班和美湖两个乡镇，三班瓷土取自龙浔镇高岭土环形矿物带的白泥岐（又名观音岐）和泗滨瓷土矿点，美湖瓷土取自美湖高岭土环形矿物带的上田瓷土矿点。宋元时期，窑业主要分布在浔中、三班和盖德三地，瓷土主要取自浔中高岭土环形矿物带的泗滨、坂仔、后所、乐陶、白泥岐（又名观音岐）、宝坑、山坪等矿点。明代，德化窑场主要分布在浔中和三班两个乡镇，瓷土主要取自浔中高岭土环形矿物带的坂仔、白泥岐（又名观音岐）、大垱头、牛屎岭、枫洋、洞上、乐陶等矿点。清代，德化瓷器生产如雨后春笋，四处兴起，各地窑场就近矿点开采瓷土和瓷石。民国时期和新中国成立初期，仍沿用旧法，就近取材，调制瓷土。1958 年，德化瓷厂成立化验室，分析全县瓷土矿点的化学成分，然后根据烧成的要求开始进行科学的配制。

高岭土采掘，早期主要采用矿点向下挖坑，人工从坑下装筐，运用转轮从坑下吊出。高岭土原材料大都是矿点山主的村民自己采掘，然后卖给泥料加工作坊；或者泥料加工作坊向矿点山主的村民按年度承包采掘，每年向矿点山主村民付承包款。现在，矿藏归属国家所有，采用地下开洞，机械、半机械化开采的方式，开采出来的高岭土和瓷石用人工或车辆运至坯泥淘洗作坊备用。

第二节　炼泥

德化地区的瓷泥制作工艺也是极为独特，首先是把瓷土原料用水碓舂细，然后放入沉淀池，其中上面部分的细颗粒称软土，下面部分的粗颗粒继续再舂细，再沉淀，直到能够使用为止，由此可见制作工艺的复杂和精细。《马可·波罗游记》记录了当地窑工制作瓷泥的过程，并说这种沉淀阶段历时三四十年，因此，挖泥堆土的人目的不是为自己制瓷使用，而是为自己的儿孙辈储备瓷泥原料，可见德化瓷泥生产程序的独特性。

德化中国白坯泥大多由窑主自己配料制作，传统方法是"淘洗法"。采用淘洗法必须先把高岭土和瓷石按一定的比例搭配，在水车带动的水碓中粉碎，然后放入淘洗池进行淘洗。坯泥的制作具体来说有以下几个环节：

一、粉碎

将不同地点采掘备用的瓷土矿料按一定的配比放入石碓中捣碎至粉末状。据清末日本学者到德化调查所做的记录报告载，其配比为：

序号	矿点	配比	单位
1	大坵头 观音岐	七 三	每百斤
2	牛屎岭 观音岐	七 三	每百斤
3	枫洋 大际	五 五	每百斤
4	洞上 观音岐	七 三	每百斤

现在烧窑技术的进步，坯泥的配方发生了很大的变化，已能按照所需的烧成温度加以配比，瓷土原矿的采集也扩大至全国各地。

坯泥瓷土的粉碎各个时期采用的方式不尽相同。唐代，用脚踏石碓人工粉碎瓷土。宋代，开始采用水力带动水车粉碎瓷土。从考古调查发现的古陶瓷分布点看，在窑址周边不远处都有小溪流，便于坯泥加工。水车对溪水的流量和落差要求不高，一般的水量只要求能满足引槽的流量，落差只要求比水车转轮的直径高一点即可。水车分为冲击式水车和拖底式水车，冲击式水车的使用比拖底式水车的使用早。德化冲击式水车始用于宋代，拖底式水车到清代才开始大规模的使用，这两种水车都沿用至今。一部水车可以带动2个或4个碓杆，一昼夜24小时可粉碎加工瓷土1—2吨。如果溪流经过山间形成的连续落差，那么这一溪流可提供多层位的水车坯泥加工作坊用水。古代德化城关旁边的车碓岭就是历代车碓作坊密集的地

瓷土加工、车碓岭

淘洗工序（一）

方，所以将加工瓷泥的"车碓"命名为地名。20 世纪 50 年代，国有瓷厂改用大型水力双轮动力机，1 台水力双轮动力机可带动 40 个碓杆或多台石轮碾粉机。20 世纪 60 年代后，德化瓷器进入现代化的规模生产时期，坯泥加工业改用了球磨技术，大大地提高了生产效率，有效地减轻了劳动强度。

　　水车碓作坊由接至水沟的水槽、水车轮、轮轴、碓杆、粉碎石臼组成，工作原理是水通过水槽冲击水车上的吸水叶片，吸水叶片被重力作用后，向下转动，叶片转至垂直下方时水全部流下，这样周而复始的转动带动水车轮和轮轴的转动，轮轴的转动通过轴转动木带动碓杆提升后滑出，使铁质碓捶打瓷土及矿石，达到粉碎的目的。不同矿点的瓷土粉碎后，分别堆放，以便淘洗时进行配比取用。

二、淘洗

把粉碎的瓷土粉末按配比用竹土箕量后，倒入淘洗池，然后用专为淘洗池打制的搅拌锄，从上到下，从左到右进行全方位的搅拌，使其瓷土渣与粉末分离，在土渣沉淀后，用大杓戽将瓷泥浆打起，经过竹制或金属制的细孔过滤筛，而后流入沉淀池。经过淘洗池的不断淘洗，沉淀池的泥浆不断沉淀，清水与泥浆层次分明，按溢流的原理使浓度较低的瓷泥水流入下一个沉淀池，最后清水流入小溪。沉淀池一般有两个，经过两个沉淀池的沉淀浓度可达到 60％以上，古代一般采用不断戽去清水或让水分蒸发自然脱水，使泥浆浓缩成泥，最后转入陈腐池。再用锄头翻搅，或人工脚踩，或用手揉捻、捏练成备用的坯泥。淘洗池中的沉淀渣可与新瓷土矿石再粉碎，淘洗加入原泥浆，以达到调节烧成温度的作用。

淘洗工序（二）

新中国成立后，德化的陶瓷厂家开始使用振动筛土机和水流淘洗机加工坯泥。20世纪80年代后，坯泥加工采用了先进的机械化和半自动化的设备，有的设备还引进了外国的先进技术。

瓷土加工

三、陈腐

把浓缩的瓷泥堆放在陈腐池中，保持湿度，使其发酵、腐熟，增加坯泥自身的黏性，这一过程需半个月以上。如急于使用，则要采取密封保湿、保温的方法加速陈腐。

四、炼泥

将陈腐池的瓷泥用铁铲或锄头取出，搅拌数遍，俗称"拌土"。在翻土的过程中用力摔成堆，并边摔边拍打进行炼泥。如果是生产精品，用土量少时，也有采用人工脚踩或手工揉捻法炼泥。20世纪50年代初，炼泥仍沿用旧时的沉淀法。80年代后大多建立泥库，陈腐后采用真空炼泥机进行炼泥。

第三节 制坯

制坯是器物生产成型的重要环节。它能把一块坯泥变成造型精美、线条流畅的器物，也能把同一块坯泥变成形象逼真、巧夺天工的雕塑工艺品。

一、工具

（一）陶车

主要部件有十字轴座、圆形荡箍、盾头、车心、车筒、轴顶帽、轴顶碗、手拉臼等。陶车在工棚固定时是将木质十字轴座埋入地下，用石头和土块压实固定，轴上套木质车筒，筒内底边装有瓷质荡箍，筒内顶部嵌

制坯

瓷质轴顶碗，荡箍、轴顶碗与木质轴交接，能转动，加上油类液体不易磨损。圆形木筒上部凿 8 个卯眼，插入木条为轮辐，再用竹篾编织成轮盘，轮盘面是用填土、棕丝、稻草拌和压实，抹平后即成可旋转的飞轮。飞轮的中心凸出的部分是车筒的上部，又称盾头，用于放置坯泥或套模具。飞轮大小不一，大的直径 3.6 尺，小的直径 2.4 尺。

（二）竹刀

用竹片修成宽 1—1.5 厘米、长 20 厘米左右，一头锋利一头尖或两头均锋利的刀形工具。竹刀可在陶车旋转时使用，也可在人工堆、贴、捏、塑时接、贴附件等。竹刀大小、长短视工匠个人手感而定。

（三）铁刀

用薄铁片磨成宽 1—2 厘米、长 20—30 厘米，两边锋利或一边锋利的刀形工具。铁刀可在陶车旋转时切割器物、修整。铁刀形状、大小、长短视功能和工匠的个人手感而定。

（四）土模（民间又称"印盾"）

用红壤土配以陶土，依器物形状制作，整体厚重，外观简单，内体精细。模型经低温烧制而成，用于印坯。

（五）毛笔

制作与书法毛笔同，但笔头要粗大。用于接坯和修整时上水。

二、制坯

陶瓷器物烧成前坯体的制作称为制坯。自陶瓷生产技术出现开始，为了不断提高生产能力，德化陶瓷匠师尝试了许多不同的制坯方法。

（一）手工成型

手工成型按成型方式分有手拉坯、轮制压模、手压模、手捏、雕塑。

1.手拉坯

手拉坯成型法是将经过练泥处理的备用瓷泥，按器物大小取量，放置于陶车的盾头中央，

制坯：手工成型

用脚蹬配以手力拨动陶轮，使陶车匀速转动起来，而后双手蘸水轻抱泥团，把泥团徐徐拉起、压下数次，这样整个泥团就动起来形成泥柱，然后按器物形状，用拇指往外压，按口沿和颈、腹部的线条，拉成坯体。坯体形成后，用铁质或竹篾刀片于器物底部切割，移出转盘。待移出的坯体稍干后，再放入修整陶车，用小弯刀、刮板、篾箍、签穿等工具修刮圈足，或接、贴器物上的附件，直至器物成型。因此，手拉坯在操作时除了双手拉和压以外，还要用刮板、篾箍、大小弯刀、笔刷等辅助工具。从考古调查采集的标本看，手拉坯成型法始于唐代，盛行于北宋。虽然20世纪60年代后改用机械制坯，但手拉坯成型工艺仍然在仿古等传统工艺中一直传承沿用。

2.轮制压模

轮制压模成型法是把陶车木质盾头挖空或套上一个凹器，将经过低温烧制的泥制模具放入凹穴中，后将适量备用炼制坯泥放入陶模内，脚蹬陶

轮，使陶车转动，手蘸水压住模内瓷泥旋转，直至模内瓷泥厚度匀称，口沿线条流畅才停车，之后把带坯胎的模具移出陶车，待稍干，才把坯与模分离，进入修坯阶段。从考古调查采集的标本看，轮制压模成型法始于南宋，一直沿用至民国。现在用得较少，而被干压成型法和等静压成型法所代替。

3. 手压模

手压模成型法是用手拿适量备用炼制坯泥直接压入经过低温烧制的泥制模具内，用指压实、抹平后进行表面修整，待稍干后脱模。这种成型法主要用于小型器物和装饰附件的印制。如汤匙、配件等。从考古采集的标本看，手压成型法始于唐代；宋代主要用于把手等装饰附件的印制上；明清时期在汤匙、水注印制合模等大量使用，在人物雕塑方面的应用始于明代；清代的观音、达摩等瓷雕作品大多采用烧制的陶模作主模。前后两部分，分开印制，再合模粘接成型。

手捏成型法

4. 手捏

手捏成型法是取一块备用炼制的坯泥直接用于捏成造型或器物雕塑作品附件的捏制。从考古采集的标本看，手捏成型法始于宋代，这一时期常见于器物附件的捏制；明清时期常见于人物造型、不对称器物、雕塑作品附件等的捏制。

5. 雕塑

雕塑成型法是取一块备用炼制的坯泥揉捏出创作题材的躯干结构，然后用竹制雕刀、铁制雕具等雕塑工具进行各部位造型雕刻成型。躯干揉捏：有将坯泥贴于木质或陶制桩上脱模、有印装合模、有泥块实心掏空、有捏成小泥块或泥球一层一层往上粘接后外表抹平等制作方法。从考古资料上看，德化窑的雕塑工艺手法始于宋代，当时只雕塑一些细小的装饰附件；明代开始盛行，大量运用于佛教、神仙类造像的雕塑；明末至清代为了提高生产效率，采取了先制造造型主干陶模，主干陶模一般由前后两半组成，把泥块捏压的两半合模粘接，然后进行雕塑。雕塑工艺手法是一种纯手工的艺术作品创作手法，这一手法一直延续至今。

修坯（局部）

修坯

　　6.注浆成型

　　注浆成型法是将坯泥加水搅拌或用陈腐的泥浆直接注入石膏模内，在石膏模吸水后，模内表面吸附一层厚度均匀的泥浆，至达到所需的坯胎厚度，翻浆把模内泥浆倒出，待

机械成型

压坯

模内坯体半干可脱模，取出坯胎。民国二十五年（1936），德化引进石膏模注浆的工艺。

（二）机械成型

机械成型是指以机械为动力制作坯胎的方法。机械成型民国以后才开始不断引进、创新，主要有刀压成型、滚压成型、干压成型、等静压成型等。

1. 刀压成型

刀压成型法是在轮制压模成型的基础上为了提高生产效率以柴油机、电动机等机械为动力带动压坯机，进行压模成型。设备及操作器具有柴油机、电动机等机械设备，以及石膏模、刀板、泥板等。操作特点：当机械压坯机旋转时，将适量的坯泥放入机械压坯机的石膏模内，然后拉下刀具，在模内旋压坯泥、注水、修光、刮去余泥。坯与石膏模取出，进行下一次的成型操作，待模具稍干后，脱模，取出瓷坯。这一成型法起于民国二十六年（1937），德化瓷业改良场引进机械设备并开发生产。

2. 滚压成型

滚压成型法是在刀压成型法的基础上改进发展起来的，改进的部分是将扁平的成型刀板改为尖锥形或圆柱形的回转体滚压头。成型时，放置坯泥的石膏模和滚头分别绕自己的轴线，以一定的速度旋转。滚压头转动时，紧压坯泥。滚压成型法始于1973年，德化瓷厂引进盘器滚压机，接着不断得到推广。

3.干压成型

干压成型法是把坯泥干燥，使之成为粉状，并保持一定的湿度，然后把备好的粉状坯料投入铜模，启动机械冲压机冲压成型。干压成型法始于1960年，主要用于冲压低压电瓷、汽车火花塞、瓷面砖和马赛克等。

4.等静压成型

等静压成型法是把坯泥通过干燥塔制成大中小不等的颗粒状粉料，加入黏结剂，然后将粉料送入铜模，再用1000吨压力机把颗粒压成坯胎。1992年引进喷雾干燥等静压方法，主要生产高档成套瓷。

第四节　施釉

一、德化中国白釉质的独特性

早在20世纪50年代宋伯胤先生就指出，德化瓷胎釉的独特性首先是由胎釉成分的特殊构成配方决定的（宋伯胤，1955）。此后上海硅酸所、景德镇陶瓷研究所、厦门大学和香港中文大学等多次提出分析报告。在上海国际白瓷研讨会上，韩国学者提交了相关的学术论文，发表了包括德化白瓷在内的中、日、韩窑址样品测试数据（但有关德化窑的数据与中方的数据不尽相同）。1999年，李国清等学者发表了《中世纪"陶瓷之路"上的德化瓷及其科技分析》（李国清、梁宝鎏、彭子成，1999）。上述研究认为，德化墓林窑是德化最早的唐—五代窑址，标本的成分特点是：含硅量不高，含铁、钛量偏高（铁1.65%，钛0.94%），含钾量特高（6.4%），成分与龙泉窑接近，但钾仍高于龙泉窑。

宋至元明，德化胎釉中最显著的特点是：碱金属含量相当高，特别

是 K_2O 含量在 6% 上下，是中国所有瓷窑中含量最高的，它可以有效地降低烧成温度，但易导致成品的变形；铁、钛氧化物含量低，尤其是 Fe_2O_3 的含量是中国所有瓷窑中最低的，例如德化浔中窑 Fe_2O_3 含量在 0.4% 以下，祖龙宫窑标本数据低到 0.18%，而相对应的景德镇窑、龙泉窑均高于德化，北方窑则在 1% 以上。这一成分上的特性，使得德化白瓷的白度增高。德化白瓷的硅铝比超过 5 倍，碱性氧化物含量高，导致德化白瓷瓷质为软质瓷，烧成温度仅为 1260℃ ±20℃。

德化瓷釉成分也具有独特性，《天工开物》说是用松毛水调泥浆，宋伯胤先生寻访到的老窑工的釉水配方则更为详尽。这反映出德化瓷釉水配方是自成体系的，它是德化工匠几百年来针对本地瓷土特点积累的经验。经仪器测定，德化白釉中钾的含量与胎中钾含量相近，有的还更高些，从而使得釉生成的玻璃相指数很高。

明代德化白瓷的成分不仅与唐、宋时代其他地区的白瓷不同，而且与同时期景德镇的白瓷也有区别。主要表现为两个方面：

一是瓷胎致密，透光度极其良好，为唐宋其他地区白瓷所不及。唐宋北方白瓷，是用氧化铝含量较高的黏土烧制的，黏土中含助熔物质少，故器胎不够致密，透光度较差。而德化白瓷则用氧化硅和氧化钾含量较高的瓷土制成，烧成后玻璃相较多，因而它的瓷胎致密，透光性好。

二是德化白釉为纯白釉，而北方唐宋时代的白瓷釉则泛淡黄色，元、明时代景德镇的白瓷却白里微微泛青，与德化白瓷有明显的区别。造成这种差别的原因，主要是胎釉成分的不同，特别与氧化铁、氧化钛的含量有关，也和烧成气氛的性质有关。北方白瓷的特点是胎釉中 TiO_2、Al_2O_3 含量比较高，Fe_2O_3 含量亦较高，烧成时采用氧化气氛，故瓷器呈现白里泛黄的色调；景德镇白瓷的特点是胎釉中 Fe_2O_3、TiO_2、Al_2O_3 含量均较适中，烧成时采用还原气氛，故瓷器呈现白里泛青的色调；德化白瓷的特点是胎釉中的 Fe_2O_3 含量特别低，K_2O 含量特别高，烧成时采用中性气氛，所以德化白瓷就比北方白瓷和景德镇同期生产的白瓷釉色更纯净。下面的德化中国白瓷胎的化学组成和分子式图表（表1）（德化陶瓷研究论文集编委会，2002），反映出德化中国白在胎釉方面确实有其特殊性。

表4—1　中世纪德化中国白瓷胎的化学组成和分子式

时代	品名	窑址	组成（重量%）									分子式
			SiO_2	Al_2O_3	Fe_2O_3	TiO_2	CaO	MgO	K_2O	Na_2O	MnO	
唐—五代	青瓷	墓林	68.58	22.32	1.65	0.94	0.20	0.40	6.40	0.23	0.03	0.37ROR2·R2O3·5.05RO2
宋	影青	屈斗宫	73.07	19.80	0.39	0.10	0.31	0.39	6.00	0.030	0.08	0.43ROR2·R2O3·6.21RO2
宋	影青	碗坪仑	70.85	21.14	0.78	0.19	0.27	0.31	6.09	0.53	0.04	0.41ROR2·R2O3·5.58RO2
宋元	白瓷	屈斗宫	72.77	19.82	0.35	0.10	0.36	0.26	6.14	0.32	0.05	0.42ROR2·R2O3·6.19RO2
宋元	白瓷	边鼓垅	72.71	20.32	0.23	0.09	0.40	0.33	5.31	0.43	0.07	0.39ROR2·R2O3·6.05RO2
宋元	白瓷	碗洋坑	70.53	21.21	0.89	0.08	0.25	0.31	6.15	0.59	0.03	0.41ROR2·R2O3·5.51RO2
明	白瓷	岭兜	73.07	19.59	0.28	0.09	0.40	0.31	6.07	0.42	0.06	0.44ROR2·R2O3·6.30RO2
明	建白	后所	72.84	20.24	0.35	0.11	0.35	0.26	5.44	0.38	0.04	0.39ROR2·R2O3·6.06RO2
明	建白	祖龙宫	72.92	20.49	0.20	0.11	0.36	0.27	5.61	0.38	0.06	0.39ROR2·R2O3·6.02RO2
明	高度白	祖龙宫	74.22	19.16	0.18	0.08	0.40	0.39	5.07	0.37	0.05	0.41ROR2·R2O3·6.55RO2

（德化陶瓷研究论文集编委会，2002）

明代德化胎釉成分结构的独特性，加之相匹配的独特的窑炉烧成技术，才得以产生出胎釉结合致密、质地半透明并有象牙白釉色的独特效果，使得德化白瓷的品质日臻完美，成为继宋白瓷之后中国白瓷的代表和瓷艺技术的代表。

叶文程先生曾有一段精辟的文字阐明了德化白瓷的伟大："以冰清玉洁的本色，焕发出鲜明浓重的个性特征，犹如异军突起，独领风骚，这种玉器质感的胎釉意韵，通过非凡的造型设计，获得充分展现，产生浪漫的诱惑力"（叶文程、林忠干，1993）。

二、釉料的成分

釉料又称釉药。民国以前，德化中国白的釉料成分主要有低温瓷石、石灰石、谷壳灰或草木灰等，各个历史时期存在的差异，只是在配制时各种成分的比例有所不同而已。根据日本 1908 出版的《清国窑业调查报告书》记载，德化城区制瓷业者的釉料配制成分和比例，大多按照祖传或向同行求得，釉料的成分主要为观音岐山的瓷石、谷壳灰及石灰石三种。釉料配比前首先要备料，即先把原材料进行粉碎。备料分两步，第一步按 100 斤石灰石配 400 斤谷壳灰煅烧后粉碎为备用灰浆料；第二步将观音岐石粉碎为备用泥浆料。配比时，按照烧成温度高、中、低的需要，可分为强、中、弱三种，石灰石和谷壳灰混合浆与观音岐瓷石泥浆的比例为：强——观音岐瓷石泥浆 70%配混合灰浆 30%；中——观音岐瓷石泥浆 50%配混合灰浆 50%；弱——观音岐瓷石泥浆 30%配混合灰浆 70%。当时采用的下等石灰石是取自距德化城外四五公里的石灰矿，时价每百斤约 9 角 4 分，而要用上等的石灰石需到泉州府的安溪县去采购，安溪县的熟石灰每百斤要价高达 1 元 8 角，比德化产的石灰矿原料价格要高一倍。

新中国成立后，德化窑的考古工作得到了全面开展，1976 年福建省、晋江地区、德化县联合组成德化古窑址文物考古队对德化窑的屈斗宫和碗坪仑两处分布点进行了考古发掘，经与中国科学院上海硅酸盐研究所合作，将窑址考古发掘出土的标本及周边采集的北宋、南宋、元、明、清和现代的 15 种实物残片标本样品进行釉成分的化学分析，并就物理和陶瓷性能进行测定，其中包括釉的白度、气孔率、烧成温度、可见光范围的分光透光度和分光反射率以及显微结构的观察。经过分析，历代德化白瓷釉中的氧化钙含量较低，而氧化钾的含量较高。

白釉《骑马关公》，民国（1911—1949）　白釉《梅花》，民国（1911—1949）

20世纪50年代以后，德化瓷生产由于坯土成分的多样性，釉料配方也有了很大的改进，开始采用长石代替石灰石，石英代替谷壳灰。到80年代，釉料的成分出现了多样性的混合，主要由长石、滑石、白云石、石英、高岭土等为原料，配以硼酸盐、碳酸盐等化工原料。

三、釉料的制作

首先，备好灰浆。取煅烧后的熟石灰粉1份与煅烧后冷却的谷壳灰4份，混合均匀，量多放入水车碓石臼，量少放入人工捣臼，进行舂捣至细腻。舂捣完成后，色呈微红，将舂捣好的灰料进行淘洗，淘洗后静置沉淀，除去清水，即成备用的釉用灰浆。

其次，备好泥浆。取观音岐瓷石，或周边其他地方烧成温度较低的瓷土矿石，按量的多少放入水车碓的石臼内，舂一昼夜，而后取出瓷石进行淘洗，经过沉淀池的沉淀，去水后，即成产地瓷土加工备用的釉用泥浆。

最后，将备用的灰浆和泥浆的浓度分别调至一致，再按一定的比例配制适应不同温度火位的釉料。在使用古代龙窑烧制方式的情况下，配制的釉料通常分为三类，一是适应于强火位的高温釉，一般取泥浆 7 份配灰浆 3 份；二是适应于中火位的中温釉，一般取泥浆 5 份配灰浆 5 份；三是适应于弱火位的低温釉，又称软釉，一般取泥浆 3 份配灰浆 7 份。按比例将泥浆和灰浆量入釉缸或釉盒内，用手将其搅匀，即为配制好的釉料，备以施釉时使用。

20 世纪 80 年代后，由于制瓷技术的进步，釉料的制作也发生了很大的变化，将各地选用的长石、石英石、白云石、滑石、釉石、高岭土和化工原料分别堆放，标明记号。釉料制作加工时，先把要用的长石、石英石等原矿石粉碎过 80 目筛，再把精选的高岭土放入水车碓石臼舂细过 80 目筛，并将各种原料舂细过筛后分别堆放，而后按配比将原料分别放进磨釉用的中、小球磨机内研磨，经磨细成浆后，放入磁选机进行除铁，除去铁及其他杂质，再过一道 200 目以上的过滤筛，即可进入釉池或釉缸。根据产品的要求，调整釉浆浓度，在釉缸中将釉浆搅拌均匀，即为施釉备用的釉水。

德化传统的釉浆分为土釉、灰釉两种：土釉是以观音岐山瓷石为单一配方的釉，灰釉是以观音岐山瓷石配以石灰石、草木灰的混合釉。现代釉浆，按化学成分分，有长石釉、滑石釉、石灰釉、铅釉、硼釉、铅硼釉、白云釉、食盐釉等；按制作方法分，有生料釉、熔块釉；按熔融温度特点分，有难熔釉（1230 度以上）、易熔釉（1230 度以下）；按釉面特征分，有透明釉、乳浊釉、色釉、光亮釉、无光釉、亚光釉、结晶釉、砂金釉、纹片釉、珠光釉、艺术釉等；按坯体分，有陶瓷釉、精陶釉、炻器釉、瓷器釉等。

四、施釉

施釉是在瓷器的表面施以一层釉料（或称"釉水"）。施釉在德化俗称"上釉""蘸釉"。按坯体的不同分为生坯施釉法和素坯施釉法。在操作过程中，应根据坯体的大小、厚薄、结构和釉料性能，分别选用蘸釉、浇釉、搪釉、刷釉、喷釉等施釉方法。

（一）蘸釉

蘸釉是将备好的釉浆倒入釉缸或釉桶，搅拌均匀，手持坯胎蘸入釉浆，随即取出来，使坯胎表面吸附上一层釉浆，蘸入、取出动作要快。

从德化美湖阳田墓林窑址采集的标本上看，德化窑自唐代开始就已采用蘸釉法，历经宋、元、明、清一直沿用至今。施釉前，坯体要晾干，保持洁净，防止灰尘带入，釉浆浓度要适当，釉浆易沉淀，隔一小段时间就得搅动一次，使釉浆保持悬浮状态。这种施釉方法主要用于碗、盘、杯、碟、洗等内外施釉的器型，以及施外釉的中小罐、瓶等器型。小件瓷雕塑也采用此法施釉，施釉时，在作品的折叠处、凹形、镂空部位常出现积釉，蘸入出釉后，要及时用口吹或毛笔刷下，清除积釉。这一施釉法手拿的部分会留下施釉师傅的手痕，唐宋时期手拿的圈足部位没有蘸釉，而成为素胎；明清时期，器物圈足变小，常发现留有手指痕。

20世纪80年代，为了提高施釉器物的满釉度，改手拿为竹编或铁丝扎成的架子，手拿架子吊着坯胎蘸釉。90年代中后期，又改进用机械转动使

上釉

坯胎不停地通过釉池蘸釉。

（二）浇釉

浇釉，又称泼釉、淋釉。把备用釉浆搅匀后，手拿釉勺，打釉浆，淋在器物表面，多余的釉浆又流入釉池或釉缸，整件器物淋满釉为止。

泼釉法始于宋代，手工操作，主要用于缸、瓮、人物雕塑等较大、较复杂的产品。泼釉前，先取两根木条横架于釉池或釉缸上，把器物放于架上，手拿釉勺，打起釉浆泼于器物上，多余釉浆又流入池内，直至器外满釉。在泼釉的同时，要注意及时把器物坯胎旋转一周，倒出剩釉，擦去口沿流釉。

现代大型瓷雕也采用泼釉法。泼釉时，凹处、折叠处要先搽上水，然后将釉浆泼上。凹处、积釉处要及时用口吹风，把积釉吹平，或用笔刷平。

（三）搪釉

搪釉是将搅匀备用的釉浆舀入坯体内，手拿坯体上下左右旋转，使器物内壁均匀吸附釉浆，然后将多余的釉浆倒出。搪釉法一般用于壶、罐、瓶、碗等圆形器物内壁施釉。

搪釉法始于宋代，明清时期多用此法为中小器物施釉。搪釉施釉法使这一时期的杯、壶、碗、瓶等器物内外釉面匀称莹润，突显德化中国白的个性化特征。20世纪50年代后，搪釉原理运用到机轮上，改搪釉法为机轮上釉。施釉时，把坯胎放到旋转的机轮上，把釉浆倒入坯胎中，借轮机旋转的离心力把釉浆均匀地转到坯壁上，多余釉浆则溅飞到坯外。机轮旋转施釉法工效比手工要高，釉层厚薄一致光滑平整，多用于碗、盘、碟等器型的施釉。

（四）刷釉

刷釉是用细毛刷或毛笔蘸搅匀备用的釉浆涂在坯胎上。刷釉法始于宋代，并一直沿用至今。刷釉法常用于一件坯胎施几种不同的釉，为了釉面匀称通常刷去厚釉层，缺釉处蘸釉浆补平。

（五）喷釉

喷釉是一种运用现代技术的施釉方法。具体操作是将搅匀备用的釉浆装入压力容器内，在给压力容器增压后，釉浆通过压力管道喷在坯胎上。20世纪60年代采用手动喷雾器，装上搅匀备用的釉浆，手工增压，而后打开开关，釉浆喷出，均匀地施于坯胎上。80年代后开始采用机械喷釉技

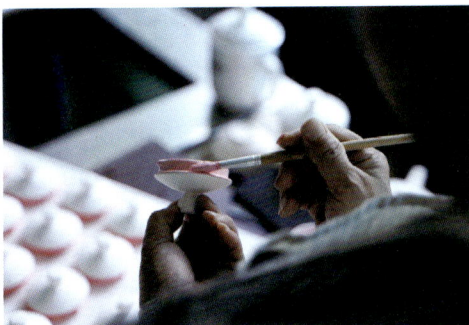

刷釉

刷釉

术，喷枪与空气压缩机的风管连接，把釉浆均匀地喷洒在坯胎表面。这一方法主要运用于大型器物、雕塑品、薄胎瓷、瓷砖等。

第五节　装饰

装饰工艺具体地说是装饰技术手法和装饰艺术的总和。德化窑装饰工艺始于新石器时代，新石器时代印纹陶的出现开创了德化窑装饰工艺的先河。唐、宋、元时期有篦划、印花、刻花等；明、清时期增加了雕塑、透雕、青花、贴花；民国时期又出现古彩、新彩，现代又有喷花和艺术釉

等，制工精细，色彩艳丽，体现出一种朴实、豪放的特点。

一、装饰技法

德化窑古陶瓷制作装饰的技艺手法，使德化窑的产品更具艺术性，更有特色，也更为精彩。根据田野考古采集的标本分析、总结，德化窑的装饰工艺从新石器时代起历代都有传承及创新。

（一）新石器时期

新石器时代晚期，德化陶瓷的装饰技法已经出现，当时陶工已经掌握了采用原模和成型后在器物表面拍印网纹或绳纹等技法。从采集印纹陶片上看，虽然图案简单，但体现了这一时期的特点。

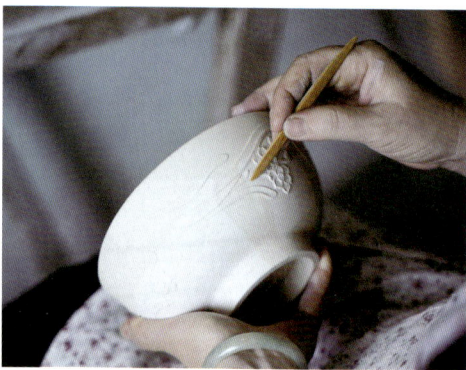
刻花（一）

（二）唐五代时期

唐五代时期的德化窑产品讲究造型，但装饰技法运用较少，在墓林窑出土的标本上，只发现有堆贴的装饰技法，做法是把预先做好的双耳通过粘接堆贴在器物上。

（三）宋元时期

到了宋代，德化窑开始兴盛，产量不断增多，为了创新和迎合市场的需求，装饰技艺手法不断出现，装饰题材不断

印花

增多，丰富多彩，从大量的宋元时期窑址的标本分析，可以看出当时的装饰技法主要有：刻花、划花、印花、堆花、彩绘等。

1. 刻花

亦称剔花，工具有竹刀、竹签或铁质利器。操作时，手拿工具在湿坯胎上刻出花纹、图案、文字、款识等，刀法用力较重，刻出线条、纹饰明显，并有一定的深度，由深、浅变化形成图案，刻花线条为阴纹。一般用于刻大碗、大盘内外的纹饰，有时也用于刻、剔预先勾勒出的各种图案的轮廓，使产品装饰出现整体的艺术效果。上釉烧成后，刻花纹饰被釉所填平，出现表面莹润、整洁，花纹图案清晰的效果。

2. 划花

划花工具为竹篦笔或篦状有密齿的器具。操作时，手拿篦笔在湿坯胎上自由划出花纹、图案，篦划用力较轻，在坯上留下的纹饰较浅，时有出现断续现象。熟练人员篦划时，图案结构合理，纹饰线条有如行云流水。一般用于划大碗、大盘内外纹饰，有时划于刻花勾勒的图案内，以进一步增强图案的效果。

3. 印花

印花工具主要为印模，印模一般为陶质。模内阴刻，坯胎呈阳纹；模内阳刻，坯胎则呈阴纹。模内一般采用阴刻，因为阴刻制模较为容易，阳刻在成模时线条易损。陶模的制作用材很讲究，主体为粗陶泥，模内表面粘贴一层细陶泥，成型晾干后在细陶泥层刻上弦纹和各式花样图案，经煅烧粗陶泥和细陶泥都有一定的吸水性，主体粗陶泥比细陶泥的吸水性要强，便于瓷泥印制产品成型时脱模和连续使用。采用印花装饰技法，产品花样、规格一致，适应于同一产品的批量生产，一般常见于盒等小型器物的装饰应用。

4. 贴花

贴花是将模印或手捏的纹饰附件，如花卉、兽头、双耳等，用竹笔或竹刀蘸泥浆粘贴在器物的坯胎上。粘贴时，所用泥浆的浓度应与贴件和坯胎的干湿度一致，以免出现黏合处裂缝。

5. 堆花

堆花是用竹笔或竹刀蘸湿瓷泥在器物上堆成纹饰图案或附属装饰结构，半干后进行修整。常用于器物表面的简单点缀纹饰。

6. 彩绘

彩绘是用笔蘸色料，在器物的坯胎上书写工匠、作坊记号以及姓氏、题款等。从标本上看，彩绘技法的运用在这一时期还只是萌芽阶段。

在宋元时期，这些装饰技法在器物上有时单独运用，有时交叉使用。北宋时期，以刻、划、印花多见；南宋则在刻、划、印花的基础上，又出现了贴花、堆花和彩绘；元代侧重于传承，在传承的基础上不断完善装饰技法的内涵。这些装饰技法的运用，使得宋元时期德化窑产品纹饰图案生动活泼、栩栩如生。

（四）明代

到了明代，德化窑的装饰技法在传承宋元时期的基础上又有新的发展，如透雕、雕塑等。这些装饰技法在明代的运用，增强了德化白瓷的艺术魅力，赢得了世人的喜爱。

根据标本分类，按操作方法的不同，可分为：模印、堆贴、刻花、划花、浮雕、雕刻、捏塑、透雕、彩画等技法。

1. 模印

模印是使用印模，将泥块放入印模内压印或将印模制成印盾放在辘轳车上旋转压模。印模多为陶质，外层为粗陶，吸水性强，内层为细陶，表面整洁光滑。内层表面可刻各种线条图案，在有吸水性的陶模的作用下，

使坯胎易于脱模。明代模印已
发展到印制人物雕塑的主干和
精细附件。主要工具为印模、
竹刀或铁质刀片。

2. 堆贴

堆贴是将瓷泥或手捏的附
件堆贴于器物坯胎的主干上，
而后进行修整成型。明代，堆
贴法常见于主模的制作上。堆
贴手法个性化特征较强，一般
不重复，在个性化特征突显的
大师级作品上常见。主要工具
为竹刀、竹片、金属刀等。

刻花（二）

3. 刻花

刻花是用竹刀或金属刀具
在坯胎上刻出各式各样的图
案、花纹，执刀用力轻巧，刀
法走势流畅。明代的手法有了
创新，表现在成型的坯胎上刻
写文字题记、诗句等，增加了
文化内涵和白瓷的艺术感染
力。主要工具为竹制刻刀、金
属刻刀等。

4. 划花

划花是用竹篦或篦状有密

划花（一）

划花（二）

雕刻

齿的器具在坯胎的表面划出不同的图案，时常是一种辅助的装饰纹。明代的划花还运用到人物的发须和胡子线条的处理，而宋元时期流行的篦纹装饰图案随之消失。主要工具为竹篦、金属篦刀等。

5. 浮雕

浮雕是用竹制雕刀在成型器物坯胎表面接贴，使装饰的花纹、图案高浮于器物的表面，也有用刻刀刻出装饰的花纹、图案，在花纹、图案外的部分整体往下修平，使花纹、图案部分浮出，高于表面。浮雕装饰手法出现于明代，能有效地增强装饰图案的立体感。主要工具为竹制雕刀、金属刀等。

6. 雕刻

雕刻是先用瓷泥堆成初型，然后用竹制雕刀按照作品的结构进行雕刻，主体成型后将主干中心部分掏空，而后又精细雕琢。这种将雕刻手法运用于人物造像的装饰始于明代。明代晚期，为了提高雕塑作品的生产效率，采用了主干合模，即制作前后两半组成的人物造像陶模，把两半分别用瓷泥捏压，然后把两半模印坯胎合模粘接，形成初型，再进行雕刻。明代社会稳定，宗教信仰十分活跃，瓷质宗教信仰作品开始进入百姓人家，为了迎合市场所需，匠师们在这一时期大量制作与宗教有关的瓷雕造像。其中，佛教造像最为显著，尤其是观音的造型可谓是神形兼备、栩栩如生。明代白瓷的雕刻艺术独树一帜，在外销中倍受西方国家的青睐，实质性地推动了欧洲陶瓷工业的发展，在世界陶瓷艺术史上具有重要的影响。主要工具有陶模、竹制雕刀、金属刀、蘸笔等。

7. 捏塑

捏塑是用双手把瓷泥揉捏成条状或块状或球状，而后堆塑成作品造型，再按作品的结构捏塑细节部分构件。明代的捏塑常见于主体造型，以及手、脚、衣纹、飘带等附属部分的制作。捏塑的特点是由双手完成，有时配以竹制雕刀。

8. 透雕

透雕又称通花、镂空，是用竹制或金属雕刀或硬笔在成型的坯胎上画出图案，然后用薄而尖的刀片透刻，除去不需要保留的部分。这一装饰手法出现于明代，其制作的镂空作品，图案优雅，清晰美观，给人一种与众不同的艺术享受。主要工具为竹制刻刀、金属刀等。

透雕

彩绘

9. 彩绘

彩绘是用彩笔蘸绘画色料，在器物的坯胎上或釉上进行绘画装饰。德化窑早期彩绘分为釉下彩和釉上彩。釉下彩装饰始于宋代，最早是用毛笔蘸上配以釉料调和的含铁着色剂，将自己的记号、堂号、姓名等写在干坯上，待干后施釉入窑烧成。到了明代，特别是正德以后，釉下彩技术有了发展，出现了独具民窑特色的釉下彩青花瓷。明代中晚期，又出现了釉上五彩，这一时期的五彩其实只有红、蓝、绿三种颜色，即用研钵将红、蓝、绿着色剂研成粉状，用釉水调和后淘洗出色浆，备用。彩绘工匠用毛笔蘸着色料在成品的白瓷上，绘画各种各样的图案，干后入窑烧成，明代色料的烧成温度约在1150℃左右，比坯胎要低，所以这一时期的五彩图案光亮、润泽。主要工具为毛笔、色料盘等。

（五）清代、民国时期

清代、民国时期，德化窑的装饰主要是延续明代的技法，并在原有的基础上不断改进、不断发展、不断完善。其中，釉下青花装饰技法有了突破性的进展，为了满足这一时期国内外市场的大量需求，青花瓷窑场遍及城里乡间，德化民窑青花装饰技艺达到全盛时期。在青花瓷装饰技艺的带动下，其他新的装饰技法不断出现，并得到推广运用，主要有古彩、粉彩、新彩、点釉、色釉、电光彩等。下面分别介绍这一时期新出现的装饰技法。

1. 古彩

古彩又称釉上五彩，是用铜、铁、锡、锰、铝、锑等金属氧化物为着色剂，以铅粉、石英粉合成的硅酸铅玻璃为溶剂，按一定配比研磨调配而成的红、黄、绿、蓝、紫五色矿物颜料，操作时，用毛笔蘸色料，在器物釉上彩绘，先用线条勾勒出纹饰轮廓，而后在线框内涂彩。彩绘图案以单线平涂配以浓淡涂染使其产生层次分明、色彩鲜艳的艺术效果。古彩始于清代，民国时期时有停滞。

2. 粉彩

粉彩又称釉上满彩，是在器物釉面先上一层色料，而后在色料上描绘图案，图案覆盖整个器物表面。粉彩始于清代。

3. 新彩

新彩是用笔蘸色料在瓷面上作画，绘画风格接近于水墨画。色料用手工研磨合成，色料可调乳香油或水。新彩可一笔画成，不需要勾勒线图填色。新彩始于清代，现代仍在运用。

4. 点釉

点釉是在未上釉的素坯上用笔蘸浓度较高的釉料点出各种各样的图案。操作时，要掌握好釉料的浓度、釉珠的大小、点与点之间的间隔距离等细节，处理要与构思的图案相搭配。点釉可用釉点组成图案，也可用釉点围成心形、扇形等各式开光，在开光的空白处用高温色釉颜料作画。点釉出现于民国时期。

5. 电光彩

电光彩是用电光水作显色材料，在器物上涂刷或作画。烧烤后，色彩光亮。主要有红、黄、蓝等颜色，适用于高档茶具、盖杯等产品的口沿、颈、足及整体的装饰。电光彩出现于民国时期。

6. 色釉

色釉是以颜色釉的本色作为器物的装饰。操作简单，只需施釉、入窑烧成即可。这一装饰手法是以釉的莹润色彩达到装饰的艺术效果。色釉出现于清代，德化窑色釉品种少，常见的有蓝釉、灰釉等单色釉。

（六）现代时期

现代德化窑的装饰技法在继承古代传统的基础上有所创新，同时新的装饰技法不断涌现，特别是 20 世纪 80 年代以后，一批新的装饰技法运用到产品的创新中。较突出的有喷花、印花、贴花、釉画、腐蚀金彩、镀钛等。

1. 喷花

喷花是用软铅薄片，按花样色彩不同，分别镂刻一片。操作时，以空气压缩机的喷枪，一张薄片换一种颜色，分版分色，依次喷绘而成。釉上、釉下均可采用。

2. 印花

印花又称釉上印花，是用橡胶皮刻制图案、花纹为印模，中间粘一层有弹性的海绵，上接手持的木把。印花时，将橡胶印模均匀涂上调好的色料，直接印在器物的釉面上。印花图案、花纹都为单色，花边图案内还可再上填色料。20 世纪 50 年代，德化瓷厂试制成功半自动印花机，一机可用印、喷、彩三种装饰技法。

3. 贴花

贴花是用釉上、釉中、釉下花纸贴花，而后入炉烧成。釉上花纸采用烤花，温度较低；釉中花纸要入窑烧成，温度较高，在 1000℃左右；釉下花纸要入窑烧成，温度最高，窑内温度要达到 1310℃以上。20 世纪 80 年代后，又研制出了釉下青花花纸、釉下五彩花纸和金花纸。

4. 釉画

釉画是以各种颜色釉为彩绘颜料，用笔蘸色釉料直接在上釉后的器物坯胎上作画。操作时，绘画技艺要熟练，并能掌握色料的特性，运用色釉料的浓淡，才能体现图案层次的艺术效果。

5. 腐蚀金彩

腐蚀金彩是在器物釉面上涂一层石蜡，晾干后，用金属或竹制刀具在石蜡上刻出设计的花纹或图案，而后用氢氟酸腐蚀至一定程度，水洗后在腐蚀的花纹或图案面上用笔蘸金水描涂，入炉烤花即可。

6.镀钛

镀钛是用真空等离子磁性溅射技术，使器物表面构成氮化钛膜层，入烤炉烧成呈现黄金色。在火候控制不同时，也可变色，呈现紫色或天蓝色等。此种装饰技法在 20 世纪 80 年代后引进。

二、装饰艺术

早期德化窑的产品以日用器型为主，装饰艺术比较淡化，到了宋元时期由于外销市场的需要，开始批量生产适应市场需求的陈设瓷和宗教用瓷，装饰所产生的艺术效果不断地被窑工们所重视。

新石器时期的印纹陶虽已出现装饰的图案，但由于遗址采集到的器物标本极少，尚且难以对其艺术风格进行描述。唐五代青釉瓷的特色主要体现在造型艺术上，如墓林窑址采集的青釉花口洗。这一时期的造型艺术主要体现在：整体厚实粗大，线条流畅，朴实大方，如罐类的丰肩、鼓腹、稳重；碗类的厚实、深腹、线条流畅；洗类的敞口、浅腹、呈花瓣形。若单独欣赏，不乏为一件具有时代感的艺术品。

从大量野外考古采集的标本上看，宋元时期德化窑的装饰开始体现出了浓厚的艺术性。由于装饰技法水平的提高，北宋的装饰纹饰多姿多彩，主要有云纹、雷电纹、竹篦纹、牡丹纹、卷草纹、云水纹、团花纹、莲瓣纹、流云纹、莲花纹、菊花纹、兰花纹、马兰花纹、浮萍纹、草花纹、花鸟纹、蜜蜂纹、鱼纹、花心卷草纹、字款纹等；南宋除了沿袭北宋的装饰风格外，在宗教艺术的表现形式上有了新的突破，如荷口瓶、莲瓣碗、军持等，这些器物的装饰都突出荷、莲的宗教艺术意境。元代造型艺术体现在棱角分明，装饰艺术除了各种花卉、飞禽外，又出现了"福""寿""金

德化窑饕餮纹四足方鼎

描金线

玉满堂""长寿新船"等吉祥语和与佛教有关的"卐""卍"。在各种花卉中，也以莲花为主要题材，反映了装饰艺术与宗教艺术的有机统一。

明清时期是德化窑装饰艺术的鼎盛时期，出现了双耳印花夔龙雷纹鼎、双兽耳印花夔龙雷纹炉、双兽耳饕餮纹簋形炉、白瓷花觚、八仙杯、梅花杯、龙虎杯、狮耳炉、蟠龙瓶、蟠龙壶、题字杯、牡丹透雕套杯、透雕云龙熏炉、透雕牡丹花纹笔筒、透雕瓷狮子等艺术感极强的陈设瓷艺术品，这一时期的釉下青花装饰艺术达到了兴盛的程度。青花纹饰丰富、题材广泛，大致有以下几类：一是历史故事、人物仕女的神话传说、游仙图、高士图、福禄寿、三星图、婴戏图、牧耕、渔猎、攻读功名等；二是自然景物、小品山水；三是动物图案中的云龙、云凤、麒麟、雄狮、虎、鹿、梅雀、虫、鱼、松鹤、蜂、蝶；四是植物瓜果中的松、竹、梅、葡萄、佛手、牡丹、牵牛花、灵芝、葵花、芭蕉、杨柳、蔬菜瓜果；五是其他装饰，如边饰的蕉叶、莲瓣、卷草、卷线、梵文、八卦等。

民国时期在色釉、电光水、镶金线、点釉等装饰技法上的运用，使器物的艺术效果倍增，为市场的开拓和艺术的创新提供了发展机遇。

现代运用喷花、印花、贴花、釉画、腐蚀金彩、镀钛等装饰技艺，使器物焕发出了现代人的艺术活力。

第六节　装窑

瓷器生产经过前期的地下取土、瓷泥加工、造型、制坯、装饰、施釉之后，就等待着入炉烧成——化土为金。德化窑烧瓷历史悠久，窑炉结构独特，烧成技艺自成一体，以还原和氧化方式烧瓷，品质超群，赢得世界赞誉，在中外文化交流中发挥着重要的作用，而在日本被尊为"串窑的始祖"。

一、窑炉

窑炉是瓷泥坯胎烧成瓷器的设施。窑炉设施的结构随着年代的不同和

窑炉（一）

筑窑师傅的不同而有所变化。德化自夏商时期开始使用窑炉烧制瓷器，历代筑窑无数，但因年代久远，多数坍塌，掩埋地下，有的受泥石流等自然灾害的破坏已经消失，现在还能看到的保留完好的古代窑炉，只是极少数清末、民国时期修筑或20世纪五六十年代修筑的。为了弄清楚德化窑烧瓷窑炉的结构特征，一代又一代的考古工作者做了大量的工作，通过史料的搜阅、野外窑址的调查考古发掘、现存窑炉的使用对比研究，才使德化窑窑炉的结构浮出了水面。古代，德化窑烧瓷窑炉以龙窑为基本结构，在不同的历史时期又有一定的改进、发展。那么，德化龙窑始于何时？夏商时期的寮田尖山窑址虽有发现窑炉的断面，但因没有正式进行考古发掘而无法定论。下面就考古已发掘和现存的几种典型的窑炉结构分别介绍：

（一）龙窑

俗称蛇目窑，是德化窑古代烧制瓷器的主要窑炉。龙窑依山势斜坡而建，自下往上看，形状似一条从天而降的飞龙。一般长度在20—60米

窑炉（二）

左右，窑床所选的斜坡坡度在 10—28℃，由窑头、窑室、窑尾三部分组成。窑头有火膛、灰坑。窑室分若干节（方言称"目"），每一节两侧设有窑门，便于装、出炉时作为通道。在每一节的窑门旁筑有护墙，在护墙上设有投柴孔和火眼，投柴孔用于投柴加温，火眼用于放置温标或火照，以观察确定是否继续烧或停火。窑尾设有挡火墙，挡火墙底有一排通烟孔，通烟孔通到烟火巷

窑炉（三）

窑炉（四）

（俗称烟囱）。烟囱一般高 3 米，进深 0.4 米，宽度与窑室基本一致。砌筑时，窑底与山坡一样，呈斜坡状，窑顶砌筑拱顶，以节为单元，每节两侧有对称的窑门，窑门旁砌筑有护窑墙。烧炉时，利用前低后高的高度差，使火焰自然上升，不断向后、向上传递，在热浪上升过程中充分利用余热。

德化龙窑始建于唐末五代。初建时，窑炉窄且短，长度约在 20 米左右。北宋时期，龙窑窑身开始向宽、向长发展，长度约在 30 米长左右。到了南宋，人们为满足市场需求，加宽窑体，加长宽身，窑底铺沙。这

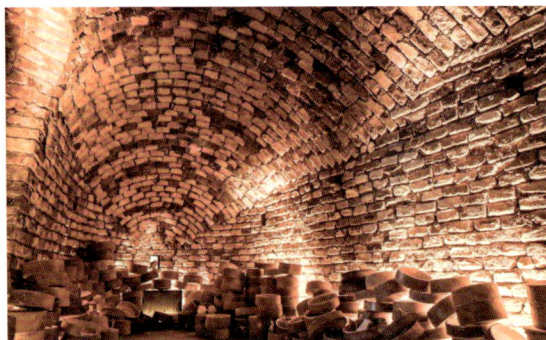

窑炉（五）

窑炉（六）

一时期，窑身坡度较小，在 10—18℃之间。这种窑炉，适应性能好，明清时期仍被继续选用。

1976 年 6 月 9 日至 7 月 16 日，在盖德乡碗坪仑窑发掘出土的两座窑基，分别编号为 Y1 和 Y2。Y2 为下层，被 Y1 叠压，年代为北宋时期，是德化已发现的使用最早的龙窑。考古发掘的情况：Y1 依山坡而建，窑头和窑尾已被破坏。窑室残长 12 米、宽 2.6—2.8 米，残高 0.15—0.25 米，顶部坍塌。窑底坡度约 10 度。窑墙为长方形砖砌成，窑壁表面有一层"窑汗"的烧结面。西壁有窑门 5 处，窑门宽 0.4—0.55 米，窑门与窑门之间的距离为 1.90 米。Y2 的窑头近似半椭圆形，窑身顶部坍塌，火腔及火膛壁保存尚好。窑室残长 3.70 米、宽 1.4 米，残高约 0.70 米，窑底呈 10 度倾斜。出土窑头和窑室的一部分，其中窑头的火膛、火口、通火孔保存完好。火膛，底平面为"U"形，长 0.53 米，最宽处 1 米，残高 1.90 米。火膛两侧窑墙厚约 0.70 米。火膛凹下低于窑床，故窑床高出火膛底部约 0.43 米。窑头火膛顶部已塌，从出土的砖看，窑头顶部为券顶。窑砖长 0.35 米、宽 0.20 米、厚 0.06—0.10 米。

火口，是火膛的组成部分，在火膛的前面，宽 0.20 米，残高 0.75 米。通火孔，介于火膛与窑室之间。在火口进深 2 米处，有 2 行横排的通火孔，2 行通火孔相距 0.20 米，每排有 7 个通火孔，孔宽 0.10—0.15 米。由于所出土的窑室只保存一小部分，故没有发现窑门。

20 世纪五六十年代，德化烧瓷仍用龙窑为主。据不完全统计，当时全县 18 个乡镇有龙窑近百座，都依山而建。如浔中东埔的一座龙窑，长度约 45 米，分 30 多节（目）。窑头 6 节，每节高 1.2—1.8 米、长 1.1—1.8 米、宽 1.2—1.6 米。窑室至窑尾共 26 节，每节高 1.8—2.5 米、长 1.8—2.2 米、宽 2.6—2.8 米。窑两侧，每隔五节，各放一个窑门，窑门高 1.6—1.8 米、宽 0.40 米。窑头设有烧火口一个，每节窑腔的两侧各有一对对称的投柴孔，及一对对称的观察孔，孔大约 0.15×0.20 米。最后一节有隔墙（又称"闸壁"，即"挡火墙"），隔墙脚下有 9 个通烟孔，倾斜度约 25—27 度。

综上所述，龙窑结构合理，容量大，升温快，窑腔内温度较均匀，成品率较高，败窑少，操作简易。

（二）分室龙窑

又称"鸡笼窑"，是在龙窑的基础上，增大体量，窑室隔间，分室不分级，每　窑室单独券顶。窑底与龙窑同，呈斜面。主要结构有窑头、窑室、窑尾三部分。窑头有火膛，窑室两侧有护墙，方言俗称"窑乳"。

1976 年 4 月至 10 月，发掘出土的屈斗宫窑是宋末元初使用的"鸡笼窑"的代表作。该窑依山而建，南北走向，南低北高，坡度在 12—20 度之间。发掘出土的窑基全长 57.10 米、宽 1.40—2.95 米，分 17 间窑室。窑头、火膛、窑床保存完好。从窑基现存的构造看，窑体宽大，火膛狭小。火膛，呈半圆形，半圆直径 1.65 米，火膛与窑床交接处有 5 个通火孔，孔宽 0.12—0.17 米。窑室呈长方形，第 10 间最长 3.95 米，第 9 间最狭 2.45 米。窑壁为土砖砌叠而成,一般砖长 0.30 米、宽 0.20 米、厚 0.09 米。窑室两边都留有火路沟,一般宽 0.12—0.20 米。室与室之间保留着隔墙(或称挡火墙)和通火孔。隔墙用土砖砌成,土砖长 0.21 米、宽 0.20—0.25 米。隔墙底部设置有 5—8 个通火孔。一般通火孔高 0.26 米、长 0.20—0.22 米、宽 0.08—0.19 米。窑室底部呈斜面,有分间,不分级。窑底铺石英细砂,然后上面放置匣钵垫或托座。该窑残存 14 个窑门,其中有 11 个开在东边,3 个开在西边。窑门残高 0.10—0.55 米、宽 0.40—0.80 米。

分室龙窑每一窑室单独券顶,因整条窑炉外观造型一个券顶接一个券顶,像一个个鸡笼排在一起,"鸡笼窑"由此得名。从屈斗宫考古发掘出土的窑基看,分室龙窑窑体宽大,火膛狭小,窑室之间设有隔墙,墙下有通火孔,窑底两边有通火道,是典型的倒焰窑结构。

(三)阶级窑

又称大窑,始建于明末清初。窑炉依山坡而建,坡度一般在 10—15 度左右,采用当地的专用窑砖砌筑。一般由 3—9 个窑室组成,窑底平,后间窑室比前间稍高,形成一级一级的台阶,而被称为"阶级窑"。阶级窑的窑业技术在明清时期已传入东洋,日本这一时期建造的烧瓷窑炉与德化的阶级窑相似,故东洋称之为"串窑的始祖"。窑炉的窑室一间比一间大,窑头为横排的燃烧室,每间隔墙下有通火孔,通火孔后为窑室的燃烧沟。主要结构有窑头、燃烧室、窑室、通火孔、燃烧沟、窑门、护窑墙、投柴口等。窑门在两侧窑墙上开设,窑门旁有投柴口和温标观察孔。燃料以松木、松枝、杂木为主。

阶级窑的体量、大小、形状、结构、间数等方面在不同的时期有所差异。明末,后所村的一座阶级窑有 9 间;而清初康熙年间,三班的梅岭村有 24 座瓷窑,最大的也是 9 间大窑。

清代,德化城关附近的乐陶村烧瓷窑炉以阶级窑为主,这里的阶级窑与其他地方的阶级窑又有所不同。下面以乐陶村的阶级窑为例，加以描述。

乐陶村的阶级窑有大小之分，1—3间为小型，3—5间为中型，5间以上为大型。阶级窑的各间窑体大小不一致。

阶级窑模型

窑头的火柜（即燃烧室）与窑体连接，筑有隔墙，隔墙下放有通火孔，俗称"狗涵洞"，火焰经过通火孔进入窑室的火路沟。窑室前的燃烧室为火头，火头两边对称开窑门。第一排匣钵与第二排匣钵间为火尾屏，在火尾屏两边各开一个小孔，俗称"照仔"孔，以钩取"照仔"观察火候之用。每个窑室外墙均筑有一个护窑墙，俗称"窑乳"。窑室台阶每级以0.1—0.12米递升。起火的火膛在阶级窑中被称为"火柜"，因为在阶级窑中火柜是一个长条形的燃烧室，火柜后墙由通火孔与第一间窑室连接。每一窑室内在投柴沟后排几横几竖匣钵，由设计与匣钵的尺寸不同而定。一般情况下，中型窑窑室内的匣钵排列数量是第一间为3横7竖，第二间为4横7竖，第三间为4横9竖，第四间为4横11竖，第五间为4横9竖。各间窑顶呈半圆形拱顶，在窑门前部的投柴沟位置砌投柴孔，窑尾按最后一间窑室的宽度砌横长方形的烟囱。

20世纪50年代，德化的阶级窑窑室内呈阶梯状，窑室相通，内设有隔墙，窑顶外观砌串蛋形或长拱形，长度从几十米到一百多米，窑室内台阶从九级到几十级不等，高度从2米多到4米多不等。

（四）轮窑

轮窑是烧制建筑用砖的传统窑炉，结构与瓦窑基本相同。轮窑一般长20—50米、高2米、宽5米。装窑时，一层生砖坯上铺上一层薄煤，前后留有小隙缝做火路沟。装好后，在顶上盖一层石棉板，石棉板上压一层窑渣。这种窑的特点是装、烧、出窑同时进行。早期主要烧制青砖，20世纪80年代后改烧红机砖。

（五）隧道窑

始于20世纪60年代，以油、气、电为燃料。窑体一般长20—70米、宽2米、高2米。窑腔一般宽1米、高0.70米。

（六）马弗炉

始于20世纪60年代。铁壳外观，呈四方形，长0.50米、宽0.45米、高0.50米。炉腔长0.30米、宽0.20米、高0.10米，炉墙为轻质砖砌筑。

（七）辊道窑

又称滚底窑，始于20世纪80年代，以柴油为燃料。窑长一般60米，宽2.50米、高2米。窑腔一般宽1米、高0.30米。窑体以耐火材料砌成，其特点是明焰快烧，在窑腔内分预热、烧成、冷却三个区，一次全过程只需3小时。

（八）节能蒸笼窑

始于20世纪80年代，以电为燃料。窑炉结构与蒸笼相似，大小尺寸根据需要确定，一般直径0.40—0.50米，每层高0.30米。用耐火材料制作，窑腔内设有电炉丝槽。

（九）罩式电窑

始于20世纪80年代，以电为燃料。外观像罩子，窑体一般长3—6米、宽1.50米、高0.90米。

（十）土砻窑

又称旋转窑，始于20世纪80年代。窑体外壳为铁质封密，窑墙为耐火砖砌成，圆形，直径一般在10—13米之间，高2米。窑腔一股宽0.60米、高0.75米。窑车绕窑体环形运转，窑底靠滚珠转动。

（十一）硅钼棒、硅碳棒电炉

始于 20 世纪 80 年代，以电为燃料，采用硅钼棒、硅碳棒为热电器。窑体一般长 1.50 米、宽 1.20 米、高 1.80 米。炉腔一般长 0.45 米、宽 0.35 米、高 0.35 米。炉墙一般用耐火砖砌成。

（十二）井式窑

始于 20 世纪 70 年代，以电为燃料。窑体可大可小，方形井式，一般长 2 米、宽 0.35—0.45、高 1 米；圆形井式，一般直径 0.50 米、高 1 米。窑墙为耐火砖砌成。

（十三）简易小油窑

始于 20 世纪 80 年代末，以油为燃料。用空气压缩机，将柴油通过喷气枪喷入窑内燃烧。

（十四）梭式窑

始于 20 世纪 60 年代，以煤、柴油、液化气为燃料。窑体尺寸可大可小，一般长 4 米、宽 2.50 米、高 2.70 米。窑腔长 3.70 米、宽 1.50 米、高 1.60 米。窑体外观封以铁板，窑墙用耐火材料砌筑。窑腔以硅酸铝纤维拱成，两侧的两对烧油孔配多支喷油枪。窑腔中设窑车，一般长 3.60 米、宽 1.40 米。

（十五）烤花炉

又称棉炉，以木材或木炭为燃料。传统的德化烤花炉一般用砖、瓦片砌成，呈方形或圆形，炉底通火孔 6—8 个，相互通火。内有炉腔，炉腔外有通火道，隔焰烧成。20 世纪 60 年代，以无烟煤为燃料，建隧道烤花窑。20 世纪 80 年代，以电、油为燃料，建电烤花炉和油烧辊道烤花窑。

二、装窑

装窑是将成型施釉后的瓷坯装入窑炉备烧。瓷坯有大有小，有简单有复杂，如何将窑炉装满瓷坯是需要装窑匠师周密思考的问题。从考古出土的资料信息和现代装窑的工艺观察，在装窑过程中使用了大量的辅助工具，即我们通常所说的窑具。窑具具有隔离器物、调节平稳度、整合不同器型占有空间等作用，是装窑必不可少的辅助用具。装窑是一种具有技术难度的劳动，装窑的好坏直接影响到瓷器烧制成品率的高低。

（一）窑具

从考古资料和现代的实物看，窑具主要有垫具、匣钵、新型窑具和耐火材料。

1. 垫具

垫具由黏土、瓷泥和耐火材料烧制而成，主要有支钉、支垫、支圈、垫托、托盘、垫柱、垫圈、垫饼、圆筒形垫柱、三脚垫饼、支柱等。

支钉：材质有黏土、陶土和瓷土，造型有方块形、三角形、圆锥形等。装烧时，用于隔离器物重叠的窑具。唐五代时期使用方块支钉，宋元

装窑（一）

时期使用三角形支钉，明清时期多使用圆锥形支钉。

支垫：质地多为黏土，圆形，上平，下依窑底斜坡状况修成斜形状，大小不一。用于调整龙窑窑底的斜坡面，支垫上放置底钵或直接叠压器物。从考古资料上看支垫始用于唐五代时期。

垫柱：陶质或瓷质，轮制圆柱状，大小高低不一。主要用于装烧时顶托器物。

垫圈：泥质或瓷质，手工捏成，圆形或椭圆形，用于垫高器物的底部，减少支撑点的高温受力。宋代开始使用。

支圈：粗泥或白瓷质地，圆形，外直壁，内呈弧形，上部呈斜平。与

垫具

底钵相接的支圈，呈锯齿状。用于覆烧时芒口的处理，起到隔间器物的作用。北宋开始使用，南宋支圈有白瓷质，元代支圈较精细、矮小。

垫饼：砂泥质或瓷质。圆形或不规则，饼面平，饼底微凹。用于承托器物的垫具，起隔离器物和防高温引起器底收缩变形的作用。北宋开始使用，南宋有白瓷质或黄砂质，明清时期为粗泥质，现代龙窑和阶级窑仍继续使用。

托座：粗泥质，圆柱状，轮制，束腰，上平，底空心，底有时依龙窑的斜坡底而成斜切状。始用于唐代，宋元时期器型精小，明代以后少见。

主要用来调节龙窑斜坡窑底的平衡面，稳定装烧器物。

底钵：又称墡头。陶质或粗泥质。宋元时期为盘状，厚平唇，口微敛，直颈收腹，平底，上接支圈。南宋时又出现一种底钵为筒形。明清时期底钵与使用的匣钵基本一样，只是底钵装窑后一直用到坏，不用一窑一换。现代装烧时少用。

温标：又称火照、火标、照子等，瓷质，形状不一，有方有圆。取同批瓷泥制成的坯胎的一小块，中间挖一小圆孔，以便高温下钩进钩出，观察火候。

2. 匣钵

匣钵在德化方言中称为"墡""墡模"或"瓷墡"，以黏土为材料，粗泥质，轮制成型，圆形，大小不一。根据形状不同可分为伞状钵、平底钵、凸底钵和 M 型钵。

伞状钵：粗泥质，撇口，斜腹，小圆平底。始用于北宋，使用时，口和腹部放置器物，小圆底放置垫柱，一钵一柱往上装窑。

平底钵：粗泥质，圆形，直腹，平底。始用于元代，使用时，钵内装器物，一钵一钵往上叠。

凸底钵：粗泥质，圆形，直腹，凸底，高低、大小不一。始用于南宋，使用时，一般为一钵装一器，一钵一钵往上叠。

M 型钵：粗泥质，圆形，外直腹，圈底，内斜腹，小平底。始用于元代，使用时，一般为一钵装一器，一钵一钵往上叠。

3. 新型窑具

20 世纪 80 年代后，德化的烧瓷技术发生了很大的变化，随着窑炉的革新，能源的变化，窑具也发生了变化。出现了碳化硅支柱、方形碳化硅板、方形莫来石板、三足垫板、层梯钵、耐火平板等。

4.耐火材料

耐火材料是窑炉营造和窑内用具制作的用材。主要有黏土、粗瓷土砂、红壤、硅酸铝、氧化铝，碳化硅、莫来石等。

德化窑炉始建于夏商时期，当时并没有耐火材料的概念，窑工只在山坡上取土打制、垒建小窑。唐五代开始使用黏土、红土、田土、瓷砂等粗泥制作窑砖，而后砌筑窑炉。宋代以后直至20世纪80年代一直沿用唐五代的做法，采用土质原料做窑的耐火材料，主要有红土砖、黏土砖、粗陶窑具等。进入20世纪80年代，德化的窑业发生了很大的变化，开始采用标准化的耐火材料，主要有莫来石耐火纤维、硅酸铝耐火纤维、氧化铝耐火纤维等，即高铝质耐火砖、高铝质聚轻砖、轻质砖、黏土砖、莫来石聚轻砖，以及碳化硅匣钵、支柱、棚板等。

(二) 装窑

装窑是窑工在坯胎制作、晾干、施釉后，将器坯一件一件地装入烧成窑炉中以供备烧的一道工序。古代龙窑的装窑是窑工采用不同窑具将器物装入窑中，装好一窑所需的时间，依窑炉大小而不同，一般在7—15天，如装窑匠师增多，可节约一定的时间。装窑时，按照器物造型和采用窑具的不同可分为叠装、对口装、匣钵装、支圈装、垫圈装、垫饼装、套装、正装等。

1.叠装

叠装是采用匣钵、支钉、支圈或支柱等窑具将器物一件一件地在窑炉中往上叠装。唐五代是在碗等器物内用支钉垫底，每一器物的圈足压于支钉上叠装，宋元时期采用支圈或匣钵叠装，明清时期主要用匣钵叠装，现代主要用碳化硅支柱和碳化硅板层层叠装。

2.套装

套装即小器物套大器物。大器物的内底不上釉，小器物的外足底不上

装窑（二）

釉。将小器物的外底套在大器物的内底，由大到小。套烧数量的多少，视
大器物尺寸的大小而定，一般为3—5个。

3.对口装

对口装即两件尺寸相同的器物口不上釉，在装窑时口对口扣好，下面
的足底放在匣钵或支座上。

4.匣钵装

匣钵装是将器物的坯胎装入匣钵，匣钵可从窑底装到窑顶。这样装烧
有两个好处，一是可以装满窑，充分利用窑内有限的空间；二是匣钵一个
叠一个，可防止烧窑时落窑渣和保护匣钵内的气氛平稳，提高器物的烧
成率。

5.支圈装

支圈装是器物口沿不上釉，口沿倒扣在支圈或支圈的凹槽内，足底朝
天，一件器物一个支圈，往上叠装。

6. 垫圈装

垫圈装是在上釉的器物内底放上三支点或五支点不等的垫圈，上一器底放在垫圈上，如此往上叠。

7. 垫饼装

垫饼装是器底放在同一瓷泥手制的垫饼上，常见在大器物上使用，目的是确保大器物在高温下同步收缩，一般用于匣钵内或支座上。

8. 正装

正装是器物口沿上釉、圈足不上釉，口向上垂直放入匣钵中，一般为一钵装一器。

20世纪50年代至80年代，德化仍然使用传统窑炉烧制瓷器，但装窑的程序有所变化。在装窑前要检查窑炉，特别是窑壁的完整度，发现问题，及时修复，并把窑内打扫干净，窑底用土垫平，撒上一层瓷土砂或谷壳灰，或用固定的匣钵做窑底，方言称为"底钵"或"墩头"。

匣钵在传统的装窑工序中是非常重要的。匣钵，有新有旧，有好有坏，窑内每一柱匣钵的底部要装几个以前烧过的完好的熟匣钵，新匣钵装

垫圈装

在上部。破损匣钵一般不用，如果要用需在修补后放在上部。匣钵口通常分有硬口和软口，即一边高一边低。高的一边为硬口，低的一边为软口。匣钵在窑内装成柱时，硬口和软口要转动调整，对正装直。烧过一两次的匣钵与多次烧成的匣钵大小不一样，装窑时要加以选择，调整顺序。

如果一窑中装有几种价值不等的产品，价值较低的产品装在窑头（俗称"冷目"）或每柱底部的匣钵；价值较高的产品，一般要装在位置较好的窑位，即窑主体的空间。

装匣钵时，匣钵内底要刷干净，擦上泥釉浆，撒上一层谷壳灰，以防止干燥的钵底破裂。在窑内匣钵叠压时，须在匣钵口刷上一层湿谷壳灰浆，以防止钵体黏结。20世纪80年代后改为氧化铝刷口沿和器物的器底圈足。

装窑时，匣钵内的垫饼要压平，坯胎要放平、放正。匣钵与器物不能相碰，避免高温下相互黏结。每一窑室，即称为"窑目"，在窑内要安排好匣钵柱的位置，柱与柱之间要留有空隙。一般柱与柱之间要留2—4厘米，与两边窑墙的距离在15—20厘米，与窑顶壁的距离约10—15厘米。每一窑室的前部应留有投柴沟，投柴沟一般宽20厘米。

装窑时，匣钵下部要装正，上部逐渐向中心稍微倾斜。若1间窑室装5排7柱，第一排向后斜靠3厘米，第二排向后斜靠2厘米，第三排装直不动，第四排向前斜靠2厘米，第五排向前靠1厘米。为保护高温下的稳定，各柱前后左右留有的隙缝要均匀，不稳的匣钵柱要用碎匣钵片塞紧。

（三）窑炉革新后的装窑方法

现代窑炉结构的变化，装窑的方式、方法和窑具也随之发生了不同程度的变化。20世纪80年代后，窑炉革新出现的隧道窑、辊道窑、井式窑等窑炉的装窑方法都有自己的特色。

1. 隧道窑和井式窑

有明烧和匣钵烧两种。明烧装窑是在窑车上把器物坯胎放在碳化硅板或莫来石板上，用支柱（俗称"狗脚"）支撑上一块硅板，一层一层往上叠，支柱的多少依硅板的大小而定，一般用4至6个支柱就可支撑上一块硅板。装好后通过窑车轨道推进窑腔。装时每一竖都要装正，竖与竖之间要留有间隙，以便火焰通过。匣钵烧装窑是在窑车上把器物装入匣钵，一般为一钵一器，再把盛坯的匣钵在窑车上一个一个往上叠，竖叠时要正，竖与竖之间要留有一定的间隙。一窑车的中央一竖要保持垂直，四周各竖都可微向中央的一竖倾斜，而后将窑车推入窑腔。

2. 辊道窑

装窑方法与隧道窑基本相同，只是窑车依靠链条传动窑底辊筒推进。

3. 电热井式窑

俗称"掘仔窑"，窑形固定，器物直接放置在窑底耐火砖或窑底加铺垫的碳化硅板上，用支柱（俗称"狗脚"）支撑上一块硅板，层层相叠，直至装满。

4. 蒸笼窑

底部窑形固定，上分多层似蒸笼，窑炉高度依据器物大小，灵活加层。器物高者直接放于窑底的耐火材料上，器物体量小者，可用支柱和硅板层装或叠装。

装窑是体力劳动的粗活，从古至今很少受到人们的重视，难以在史料中找到有关记载。但是装窑也有学问，装窑过程中也要讲究科学的方法，如窑温升高后受器物和匣钵的影响会产生四周各柱匣钵倾斜，装窑时柱与柱之间保持一定的间隙，并稍向中央倾斜，就可防止高温造成的倾斜，不致杂乱倒塌。

第七节　烧制

烧成，俗称"烧窑"，是化土为金的重要环节。在装窑完成后要用窑砖和泥土浆把各个窑门封堵起来，即封窑，要把所有的窑门、投柴孔、温标观察孔都封好。封窑后可挑选好时辰点火烧窑，点火前要依据窑炉结构的不同而确定烧窑的燃料。

一、燃料

德化窑烧制使用的燃料，受窑炉创新的影响而有所改进，燃料主要有柴、松枝、山芒、煤、气、油等，20世纪70年代后，改以电代柴烧瓷，90年代，又运用液化气烧瓷。下面介绍几种主要的燃料：

1. 柴

以松木、松枝为主，辅以杂木。松木含有松脂，燃烧时火力大，温度高。从古代至现代的传统龙窑、阶级窑、分室龙窑等都采用松柴作为燃料。20世纪80年代，德化第五瓷厂把传统龙窑改造为可以烧山芒、松枝的新式龙窑。

2. 煤

以永春无烟煤为主。用低热值无烟煤粉和石灰为原料，加工成碳化煤球，烧成温度可达1400℃。20世纪50年代，以煤烤花试验成功；50年代末，阶级窑以煤代柴烧瓷成功。

3. 气

以煤气和液化气为主。20世纪60年代，采用煤造煤气，建煤气炉烧瓷；70年代改建热煤气隧道窑；80年代，改热煤气为冷煤气；90年代后，开始使用液化气烧瓷。

4. 油

以柴油、煤油为主。20 世纪 70 年代，柴油隧道炉烧瓷成功。

5. 电

以电代柴烧瓷。20 世纪 70 年代，隧道窑、掘仔窑以电代柴烧瓷成功。以电代柴烧瓷既环保又节约能源。

此外，德化传统的窑炉按烧成气氛的不同可分为还原焰和氧化焰烧成两种。根据考古资料分析，唐、宋至元代中晚期，多数窑炉采用还原焰烧成，元末以后，大量出现氧化焰烧成。

二、烧窑

窑头经过七八个小时的预热，到了第二天早晨的六七点钟，窑主雇的六七个烧窑师傅到位，每窑的烧窑师傅中至少要有 2—3 名经验丰富的师傅，以便升温时把握火候，防止超温塌窑。烧窑师傅全部到位后，开始加柴，大火燃起，窑温即刻开始升高，约经 3—4 小时，前 7 间窑室微红，

烧窑（一）

即已达到控制的温度。经观察孔钩出温标（俗称"照子"）观察，确认后，窑头停止加柴，只投点细柴烧小火，并开始打开第一窑室的投柴口，从第一窑室的投柴口投柴加大火力，至第8间窑室到达温度后，第一窑室停火，移烧第二间窑室，以此类推。整个烧窑升温过程约需15个小时，加上窑头点火预热的时间，一窑烧成约需24小时。烧窑过程中，不允许冷空气进入窑室，以防止器物接触冷空气而产生突然爆裂，所以在逐节往上烧时，窑头要不断添加松枝烧小火，以保持温度。秋冬，窑内干燥，水分少，烧成时间约需22小时；春夏，窑内潮湿，水分较多，烧成时间约需30个小时。除了季节气候的影响，烧窑所用时间也受燃料的干湿度影响。燃料干，火力大，升温快，烧成时间短；燃料湿度大，则反之。烧窑停火结束后，窑炉和窑内瓷器的冷却时间大约需3天，即停火3天后方可开窑出瓷。

一座80米长的龙窑或阶级窑，烧一次窑需耗500担的木柴，约25吨

烧窑（二）

烧窑（三）

木柴。一窑可烧 400 多担瓷器，如按中等壶和粉盒计算，一窑可烧制中等壶 10000 多个，粉盒 20000 多个。

　　阶级窑与龙窑的烧成基本相同，点火前也同样是要举行传统的窑神祭祀仪式。有所差别的是阶级窑的窑头成排状，点火时要先把窑头火柜（俗称"虎柜"）点燃，然后向火柜内的燃火道投柴加热，窑尾砌筑挡火屏及烟囱排气、排烟。烧窑师傅在加柴升温过程中主要依靠平时积累的经验，按照各个阶段火候要求的不同，可分为预热、小火、中火、大火等几个节点，并按这几个节点的要求来控制火候。

　　20 世纪 80 年代后，隧道窑、辊道窑、立方窑等随着窑炉结构的改变和电、气、油等燃料的使用，烧成方法也不断得到革新，除素烧、釉烧外，釉上彩和釉中彩制品还须经彩烧工序。按烧成原理分，瓷制品分还原和氧化烧成，陶制品采用氧化烧成。烧成分低温阶段、气化分解阶段、高温阶段。

低温阶段，首先要进行坯体水分气化，窑温控制在 120—140℃之间，温度升至 350℃左右，水分基本排干，坯体的毛细管逐渐变小，器物容易扭曲变形甚至开裂，所以升温需缓慢进行。

气化分解阶段，窑温在 350—950℃之间。当窑温上升至 400—600℃时，坯体尚未烧结，结晶水和分解气体自动排出，有机物中的碳素自然氧化。

高温阶段，窑温在 950℃以上，这一阶段是烧成的关键时期，分为氧化恒温期、强还原和弱还原三个时期。经过氧化转强还原、强还原转弱还原的气氛转变，使器物表面釉药形成。

烧成过程中，温度的观测至关重要。龙窑、阶级窑的窑温观测主要是凭实践经验，用眼力观测火色和火候，窑门边开设"照子"孔，烧窑工通过观察火色和"照子"来测定瓷器是否烧成。20 世纪 80 年代后，多数"照子"被"三角温锥"、热电温度计、光学温度计等代替。

三、出窑、选瓷

龙窑、阶级窑烧成后，经过 2—3 天的冷却，便可把各窑门、投柴孔、温标观察孔打开，再一次进行深层的冷却。深层冷却约需 2 天时间。烧成窑炉和器物完全冷下来后，窑工便可进窑室内出窑。出窑时，需先从窑门四周的匣钵开始，而后将投柴沟后的一排匣钵柱出窑。出窑时，匣钵的出窑程序一般是由上向下取。出窑过程中双手要相互配合好，以防止旧匣钵破裂导致器物损坏。

匣钵出窑先把顶层的匣钵盖拿开，而后取出匣钵内的成品瓷器，装入放有稻草的竹筐内。一座 20 间窑室的龙窑或阶级窑出窑时间一般在 5—7 天左右。出窑完成后，把所有装筐的瓷器集中到选瓷室，交由选瓷技术人员评选，并定出级别。选瓷技术人员一般是瓷厂、作坊中经验丰富的专家。宋元时期，德化瓷开始外销，选瓷的行当随之出现，因为外销贸易中

出窑、选瓷

需要选出好的瓷器，定出等级。好的优等品选好后，送到对外贸易的地方进行交易；废品一般被扔到窑炉四周的空旷地，形成我们现在在古窑址旁能看得到的堆积层。明清时期，日用瓷分为甲、乙、丙、丁、次五个等级。民国时期，仍沿用明清时期的等次评定方法。20世纪50年代后，由政府统一制定选瓷标准。具体标准如下：

甲级瓷：不变形，不粘脚，不起泡，不流釉，无棕眼，水色纯白。

乙级瓷：小黑点允许2—3点，基本端正，无变形，允许不显面釉源2个。

丙级瓷：允许釉泡2—3个，黑点3—4点，微变形。

丁级瓷：呈阴黄色，聚釉，黑点4—5点，略有变形。

次品瓷：阴裂，走釉，变形，裂缝，但还可以使用。

选瓷时，所登记的种类按形式和用途分有盘碟类、碗类、壶类、杯类及其他的物类，按规格分有特型、大型、中型、小型，按外观质量分有一级品、二级品、三级品、四级品。

在制定统一标准基础上，又对日用瓷外观质量分等问题进行了规定。外观质量分变形、斑点、毛孔、落渣、釉泡、疙瘩、坯泡、熔洞、石膏脏、水泡边、裂纹、缺釉，还包括重釉、底沿粘渣、粘疤、画线缺陷、画面缺陷、烤花粘釉、色脏、缺泥、火刺泥渣、烟熏、阴黄、橘釉、釉面擦伤、彩色不正、嘴耳把歪、釉薄、泥（釉）缕波浪纹滚迹、嘴耳把等接头泥色差等。

选瓷时，把成品按照质量好坏的程度分成若干等级，这种质量分级标准对于德化白瓷在市场上的稳定销售发挥了相当大的作用。

第八节　包装

一、包装方式

古代发达的水上航运，一直是中国瓷器得以远程运输、占领海外市场的先决条件。8世纪中叶，大唐王朝与阿拉伯帝国各踞亚洲东西，结为实力相仿的贸易伙伴，846年，阿拉伯地理学家伊本郭大贝首先提到中国海港向阿拉伯世界输出瓷器，中国至波斯湾的海上运输线长达6000公里以上。从9世纪起，无数帆船满载着中国瓷器行走四方。伴随着中国瓷器外销潮流，德化瓷器也追波逐浪，在"海上丝绸之路"沿线国家和地区，甚至西亚、非洲、欧洲内陆国家都留下了它们的倩影。

瓷器轻脆易碎，陆上运输车马跋涉容易受损，而水运优点多，既容量大，且平稳安全，运费低廉，利于商业成本的降低，一艘200吨载重量的帆船，相当于一支由数百头骆驼组成的商旅运输量的总和。同时瓷器是远洋帆船最理想的压舱物。因此，中国瓷器的外销主要靠帆船装运出海，销售到世界各地。

　　为了确保瓷器在运输过程中的安全，古人充分利用生活劳动中的启示，发明了各种各样的包装方法。从考古资料及民国年间美国人 W.J.苏顿的调查报告，可见德化窑瓷器的包装主

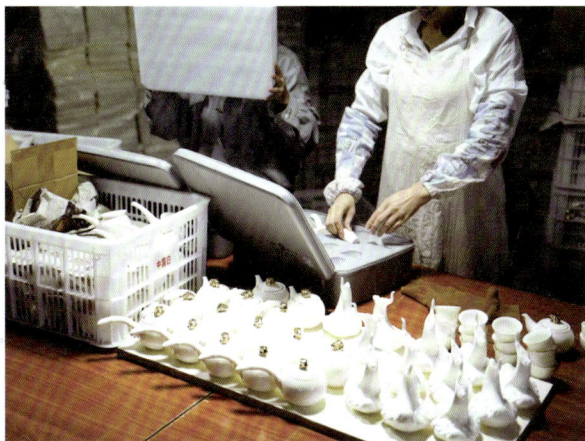

包装（一）

要是用稻草、竹篾、枝藤等为材料，包装方法十分简单实用。

　　（一）稻草捆扎法

　　这种包装随地取材，方法简单易行。它利用当地脱稻穗后的单季稻秆，将稻秆上的稻草脱去叶片，用麻线把草秆的一头扎紧向下，草秆向四周摊开。以装碗为例，将碗倒扣在草秆头上，一只只叠装，视器物大小不同分别以 10 只、20 只、30 只、40 只、50 只等为一柱，然后再把稻草往碗沿包上，将草尾捆紧，稻草间或夹数条竹篾片一起捆绑，起加固作用。德化多数窑场普遍采用这种包装方式，直至 20 世纪 90 年代初。

　　（二）竹篾笼包装法

　　是一种先用竹篾编成一定大小的篾笼，检验篾笼是否牢固的方法。即把篾笼底朝上，人站在上面，如果篾笼不弯塌或变形，即算合格。仍以装碗为例，装笼时，要在笼底先铺上一层稻草，然后把碗一只只有序地套紧倒放，铺一层碗后再铺一层稻草，依次往上。待装满一篾笼，再铺上一层稻草，然后盖上竹篾盖子，并加几片厚竹片加固，最后用大铁针穿麻绳，把竹篾盖与竹笼系牢紧。一般来说，诸如罐、瓶、汤匙、酒盅、茶壶、茶

杯等都用竹笼包装。瓶类、茶壶等包装时，须先用稻草分别扎紧后才能装进竹笼。据载，清末民国时期，德化采用台湾运来的竹篾编成竹筐，然后包装外销瓷器，以减少瓷器的破损。德化本是木竹盛产之地，当地的竹子资源不够用，与瓷器长期大量外销有关。

对于易破损的雕塑瓷包装，如古代的人物雕塑作品，在装笼前，要先用粗纸浸成纸浆，而后分重要部位，将粗纸浆糊在人物的头、手、脚及附件等细部上，再用粗纸把整件雕塑品裹紧，而后装进竹笼。装笼时，竹笼四周上下要铺上一层厚厚的稻草，如发现器物间有细小的隙缝，也要用稻草塞紧，最后加封盖给予加固。这种方法多用于瓷雕工艺品的包装。

大件器物的包装，还可以采用大、中、小套装，用稻草作隔离层。如瓮的包装仍沿用稻草塞紧法，用稻草绳捆紧，以防碰撞损坏。德化外销瓷的包装多用竹笼或木桶作为外包装，内间以稻草等软性材料做填充物。

（三）种子填充法

即在每件瓷器中撒上一些沙土和少许豆粒、麦子或稻谷，然后将几十件瓷器套叠在一起，缚紧，放在地上浇上水，过一段时间，种子发芽生根，膨胀缠绕在一起。以此塞满器物之间的缝隙，使瓷器在颠簸中不致磕

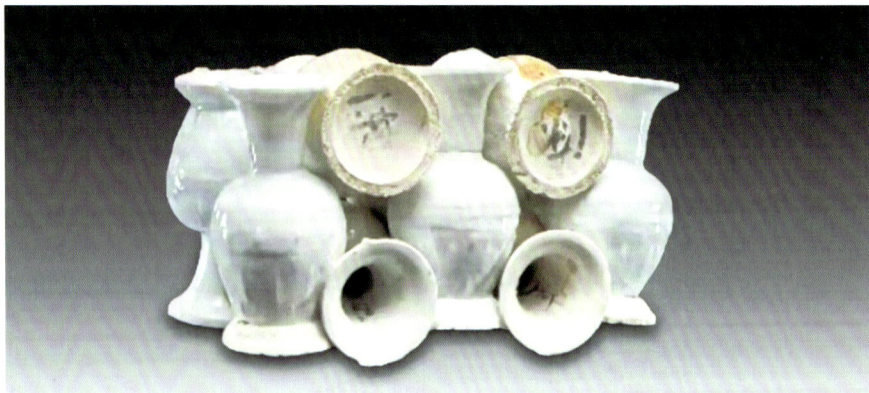

古代陶瓷包装

碰损坏。这种方法在陆运和海运
都可以采用。

　　新中国成立后，德化瓷包装
基本沿用旧方法。1956 年，出口
瓷改用松木板箱垫稻草包装，或
改用纸箱包装，内包装仍用稻草
捆扎、装填。1968 后，内包装改
用纸屑衬填，或用瓦楞纸制成纸
箱、纸盒、衬垫。把产品先装成
盒，然后装成箱。将包装标志，
即识别标志，包括外商记号、货
物特定代号、产品批号、到达地
点、体质、重量、品名、规格和
产地等，以及指示标志，包括产
品特点、注意事项、危险标志等，
印制在纸箱外表规定部位。纸箱
的规格，依照产品而定。纸盒有
罩盖式、手提式、穿插式、装箱
式。装箱时，产品之间用粗纸、纸屑、瓦楞纸隔离。

包装（二）

　　20 世纪 60 年代，内销瓷器包装仍用旧方法。70 年代，瓷篮逐渐被纸
箱取代。80 年代，用纸箱、纸盒包装。先后设计生产瓷雕艺术瓷等专用
的悬空式、开窗式包装盒，以及各种规格的成套茶具、咖啡具、餐具等专
用配套包装盒，盒外封面印刷精美，产品可透视，颇受客商欢迎，曾先后
获华东包装大奖、优秀奖。90 年代前后，对部分高精产品，内包装采用
泡塑膜软型和丝绸锦盒包装。

二、包装设计

我们要包装的是什么样陶瓷产品？我们通过包装设计要推销的是什么样的陶瓷产品？要进行陶瓷产品定位就必须确定以下几个问题：

（一）白瓷产品类别

这是我们首先要明确的陶瓷产品种类繁多，从功能上分主要有艺术欣赏瓷、家居日用瓷等，不同的陶瓷种类所包装的着重点也是截然不同的。就一般性而言，传统艺术欣赏瓷包装讲究的是美观且具有文人气质的，多带有传统风格；现代艺术欣赏瓷则更注重个性化和现代设计意味；家居日用瓷包装讲究的是"易""宜"，即方便、实用且价格适度，例如中国白·陈仁海的日用生活瓷一般采用行李箱或是旅行箱包装，内置超厚泡沫板，可以很好地保护瓷器，且方便携带、运输和使用，行李箱（旅行箱包）包装可循环利用，能够有效保护环境。

（二）白瓷产品特性

产品的特点不会因为所提出的新概念、新的销售噱头而发生质的转变。白瓷产品尤其如此，其最大的特性也是共性——易碎。作为设计师如果不能很好地体现运输和销售时包装对产品的保护功能，那么概念再丰富、画面再漂亮也是枉然的。我不禁想起古人的聪明智慧了，古时商贾来景德镇购买瓷器和茶叶，大多先从江浙购来丝绸布匹，将丝绸包裹茶叶，再将包裹放入瓷器之中，而后在白瓷上捆以稻草并涂抹泥浆且撒上草种，让丝绸、茶叶、瓷器都得到很好的保护，让中国的产品货通天下。产品的特性虽不一样，但是在包装上有机合理的整合在一起，使之环环相连，真可谓设计之和谐的精妙体现。

（三）产品使用方法

就是通过包装设计的语意让消费者能够很好地操作该产品。在家居日用瓷上此点是非常重要。当然这里所指的"语意"是指包装上的使用说明和操作规范以及使用注意事项等。

（四）产品使用场合

礼品瓷包装要求外在形式必须符合接受人的身份和品位，设计时考虑大众需求，让送接双方感觉体面和愉悦，这时外包装的作用显得额外突出；单位或个人批量化采购则注重实用，如餐厅用瓷，设计时要考虑运输的需要，从节约成本处出发，外包装就显得次要了。

包装（三）

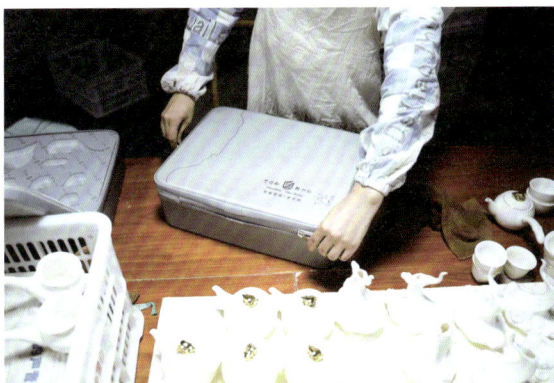

包装（四）

三、包装制品生产

1956 年，包装用纸箱由厂家直接向厦门口岸订制。1978 年 5 月，县印刷厂设纸箱车间。1980 年 11 月，在浔中东头建立德化县纸箱厂。1984 年创办福建省德化县化工塑料厂。1996 年 12 月，佳美集团创办佳美彩印包装厂。1990—2022 年，相继建立福建省德化县包装厂等 150 余家包装制品厂，生产陶瓷销售不同需求的各种包装制品。

第九节　运输

一、肩挑

《德化县志》载，德化"周围计八百里，皆崇山峻岭，岩谷幽邃，人日行不过三十里。官路（驿道）所经村落，无栉比之家。小径杂出于山谷间，舆马不能至。"公路未开通之前，德化因山高路陡，群众生产生活长期以扁担、柱槌、箩筐、畚箕、麻袋、绳索等简陋工具，肩挑背负是民间最主要的运输方式。沿溪竹木外售则多用漂运。陶瓷、土纸、笋干、海盐、鱼虾等货物交易多靠人力运输，身强体壮的劳力肩挑货物，短途一般挑 80 公斤，长途一般挑 50 公斤，日行 30 公里。

历史上，德化陶瓷产品的外销，大多是先由挑工肩挑背驮，从县城出发，将一篮一篮陶瓷挑到永春许港码头，再装船走晋江东溪水路，经汰口驿（今南安市码头镇）、丰州至刺桐港。因为德化大部分的外销陶瓷靠瓷帮人肩挑到永春许港码头装船水运，历史上从宋代直至民国时期都是如此，所以从德化县龙浔驿（后移至县前铺、南关市）至永春五里街许港路段（约 27.5 公里）就被人们称为"瓷帮古道"。这段德化古代外销陶瓷肩挑大通道，与泉州至延平（剑州）古驿道重合，在现代公路开通之前，沿海至山区的人员、货物往来络绎不绝。

二、瓷帮古道

德化四围皆山，与外界联系的古道主要呈三个走向。东向路线古道通往福州，即从县城经南埕、水口，再经永泰嵩口，直至福州。南向和北向的路线均属泉州往延平（剑州）古驿道（官道）的组成部分，北向的路线经上涌"上雍驿"通往尤溪，德化北部瓷业产区的陶瓷外销多经由水路向福州运送，先由人工挑到尤溪廿九都（坂面）古迹口码头，再装船沿尤溪、闽江运往福州的港口码头；南向的路线历史上则是德化陶瓷外销的主要运输线，德化陶瓷先由人工肩挑，从德化县城龙浔驿经高阳、锦山，越虎豹关，再经永春剧头铺、通德桥、龟龙桥，到达永春许港码头，然后装货上船，以水运方式，经永春县东关桥、南安市码头镇"汰口驿"、南安市丰州镇、鲤城区西街"晋安驿"，运至泉州港口。

北宋初期，在原山路基础上修建泉州到延平（剑州）古驿道，德化县就成为这条古驿道的一个重要节点。宋代在德化县城设置龙浔驿；明代废驿设铺，在县城南部设立"县前铺"、在高阳村设立"高洋铺"；清代在高阳村设"高洋塘"。古驿道历朝历代均有修护，明代之后在驿道旁陆续配套建设了"接诏亭"（即接官亭）、"册八级""县前岭""石龟岭"等路亭设施，方便过往商旅和挑夫们遮阳避雨、落脚休息。

"瓷帮古道"作为瓷都德化外销陶瓷的主要运输线，历史上德化外销瓷器的90%以上经此运往泉州刺桐港（宋元）、漳州月港（明代为主）、厦门港（清代为主）等，继而销往世界各地。德化瓷帮古道逢山开路，遇水搭桥，蜿蜒错落，路面平均宽度约1.5—2米，用青石铺筑。但从德化县城到永春界，古驿道在宋元时期、明清时期，线路略有差异。

民国十三年（1924年）开始修建浔三公路。至民国二十七年（1938年）永德大公路通车，开始部分车辆运输。抗日战争时期，为阻挡日军入侵利用，修好的公路主动毁弃，抗战结束，公路修复，恢复车辆运输。

新中国成立后，随着交通条件的不断改善，肩挑方式逐渐被车辆运输所取代。

第五章　中国白的文化交流互鉴

　　根据国外调查、发掘出土的有关资料，自宋代以来，德化白瓷就已大量销往国外，销售范围遍及亚洲、非洲和欧洲。德化白瓷作为我国对外贸易中的重要输出品，与丝、茶并誉于世界，在当代的国际贸易中有着重要的地位。

第一节　交流互鉴的社会背景

　　德化自后唐长兴四年（933 年）建县以来，曾先后隶属福州、泉州管辖，由于福州、泉州是当时对外贸易的重要港口，德化白瓷外销即成为理所当然的事情。当时泉州的海上交通畅行无阻，无论东洋还是西洋，联系都十分广泛，东至朝鲜、日本，南通南洋诸国，西达阿拉伯、东非等地，可以这么说，这是一条和我国古代"丝绸之路"齐名的"陶瓷之路"。正是由于具备了泉州港得天独厚的条件，德化白瓷便应运而兴。根据文物部门调查发掘的资料看，德化白瓷的兴起阶段可以以碗坪仓窑址下层为代表，相当于北宋晚期至南宋中期，这和泉州港对外贸易的兴旺在时间上也是吻合的。

　　德化白瓷的对外传播除了受得天独厚的自然地理条件影响外，还有政治、经济形势的作用。宋代以后，由于陆路阻塞，政府十分重视海外贸易，视此为增加国家财政收入的一项重要措施。宋元祐二年（1087年），宋哲宗正式批准在泉州设置市舶司，专门负责管理泉州港的海外交通事务，在政治上确立了泉州作为重要贸易港口的政治地位，从而促进了泉州海外贸易的繁荣发展。宋代是我国瓷业生产蓬勃发展的时期，当时南北各地瓷窑像雨后春笋般地建立起来，很多瓷窑的产品大量出口。泉州凭借自身优越的交通条件和当时的政治经济形势，吸引着福建及其邻近地区瓷窑的产品源源不断地运入。

靖康以后，宋的疆土顿缩，税源锐减，对外贸易显得更为重要，发展海外贸易成为南宋王朝的一项重要国策。一方面，从发表的资料看，宋代泉州港输出的瓷器主要窑场分布在福建及其邻省地区，地理位置比较靠近泉州港，但要将瓷器运到泉州仍然要经过艰苦的跋涉，运输多有不便，有的途中还要多次中转，瓷器容易破碎，运费和损耗也会影响利润收入；另一方面，随着海外贸易的日益发展，瓷器外销的数量也在不断增大，大量瓷器源源不断地从泉州港输往国外。在这种情况下，在泉州及其附近地区迅速涌现一批瓷窑，德化窑是"近水楼台先得月"。

元代，泉州已发展成为东方第一大港，也是当时世界最大的贸易港之一（另一为埃及的亚历山大港）。当时泉州已和98个亚非国家和地区建立了海外贸易关系，对外贸易达到全盛时期。瓷器成为泉州港输往海外的一项主要商品，同时，德化窑产品运销的国家和地区非常广泛，可以说，元时中国瓷器风靡整个印度洋，明末泉州港虽然衰落，但临近泉州的厦门港又代之兴起，这些优越条件无疑客观地促进了德化白瓷的外销。更为重要的是，瓷器的大量外销为泉州诸县制瓷业发展提供了良好的机会，德化窑这时也得到了长足的发展。

明清时代，由于世界资本主义的发展，我国瓷器的对外贸易进入了一个崭新的阶段。郑和下西洋是我国对外贸易史上的盛举，前后 7 次，总计 28 年，郑和出使前，带了大量的瓷器（其中包括德化白瓷）、丝绸和其他物品，使中国瓷器广泛地流传到南亚、西亚和非洲各地。其中，清康熙二十三年（1684 年）年间，海禁开放，注重海外贸易，瓷器大量输往美洲、澳洲、非洲各国。特别是欧洲和东南亚的婆罗洲、爪哇、苏门答腊以及马来西亚等地，更是中国瓷器销售的重要市场，欧洲使用中国瓷器蔚然成风，这些都使德化白瓷业出现了一个历史以来生产规模最大、出口数量最多、品种门类最全、发展最为鼎盛的时期。

19 世纪 20 年代以后，瓷器的外销每况愈下。

第二节　交流互鉴的中西交汇

关于泉州港的最早记载是 900 年左右，阿拉伯地理学家伊尔·考尔大贝（LbaKhordadbeh）在《道程及郡国志》（伊尔·考尔大贝，1991）中记载了我国南方主要港口有广州、泉州和扬州等。事实上，泉州港是到了北宋才日趋繁荣，宋元祐二年（1807 年）在泉州设立市舶司，到南宋、元初时期，泉州港的重要性已逾广州。当时的贸易队伍主要经过泉州、广州、宁波等地，通过土耳其的伊斯坦布尔转出口罗马，威尼斯是其销售中心。在 13 世纪，威尼斯、热那亚以及其他的商业城市，都有不少商人销售德化白瓷。

中国与欧洲直接的瓷贸，则在明代开始，而且迅速繁荣。

16 世纪，热衷于海外扩张的葡萄牙是第一个闯入我国并直接和我国进行贸易的欧洲国家，当时的葡萄牙传教士克罗兹向欧洲介绍了中国瓷器的秘密，说它由洁白而柔弱的岩石和坚硬的黏土制成的，但是他没有明确指出是高岭土。此后，中国瓷器大量流入里斯本，致使里斯本很快就代替了 13 世纪意大利的威尼斯，专门销售东方古董和中国手工艺品，街道上出现了专门经营中国瓷器的商店。西班牙等国家随后也开始和我国进行瓷器贸易往来。1981—1987 年美国海洋考古研究所等考古队在位于美洲加勒比海的牙买加佩德罗沙岛和罗亚尔港所进行的调查发掘中，发现了德化窑 17 世纪制造的白瓷茶杯、送子观音像、狮子插器等文物。这些瓷器是当时西班牙的"马尼拉"大帆船运载去的，西班牙人于 1571 年占领马尼拉，使之成为与中国进行海外贸易的连接点和中转站，开辟了穿越太平洋至中美洲墨西哥卡普尔科的航线，牙买加恰在其航线上。

　　17 世纪，荷兰占据澳门，就以印尼的爪哇岛等岛屿作为和中国开展贸易的基地。大批福建商船来到爪哇，带来了德化白瓷，目前爪哇发掘出的德化白瓷碎片和瓷器，为 16 世纪下半叶的作品。后来，荷兰侵占了印度，并以此为贸易的据点，因此，邻近厦门的德化县所出产的瓷器，自然也就成了荷兰商人经营的主要商品了。荷兰从 17 世纪开始代替葡萄牙并垄断了欧洲国家和中国瓷器的贸易。欧洲学者根据荷兰东印度公司往来的信件计算，从 1602—1682 年的 80 年中，有 1200 万件中国瓷器被荷兰商船运载到荷兰和世界各地。其中，1610 年（明万历三十八年），荷兰商船 RoodeLeeuwmetPijlen 号到广州就运走瓷器 1 万件，1614 年（明万历四十二年），gelderLand 号又运走 7 万件，数量惊人。17 世纪中叶后，运输量增加，至 18 世纪初，荷兰仍在欧洲市场占据中国瓷器垄断地位，瓷器一直是荷兰的进口大宗。

　　到了 18 世纪中叶，欧洲市场上经营中国瓷器的垄断地位开始由法国、英国所取代。1685 年，英国派遣了"中国商人"号来到厦门，首次运载了大批的福建瓷器和茶叶，1699 年，英国商船"马克利斯菲尔"号来到广州，运走 53 箱瓷器和茶叶，并在广州成立了东印度公司。此后，英国商船不断来华，估计约有 2500 万件到 3000 万件中国瓷器运到伦敦等港口。1735 年，英国商船"格拉富图"号和"哈雷孙"号，分别从广州和厦门返航，运载了 24 万件中国瓷器。1866 年，英国商船"燃烧的十字架"号从福州起航回国，运载了大量的瓷器和乌龙茶。

创立于 1925 年的英国马坎特父子公司先后举办了 8 次瓷器展，其中在 1994 年举办的中国白展览，集中展示了 100 多件精品，并出版了图录，图录的作者认为中国白制作的黄金时段是在 1610—1710 年之间。该书前言写道：

"中国白之所以这样吸引人，原因之一正在于产量的广泛，可以毫不夸张地说，德化陶工不仅善于创造神圣庄严的作品，也精于制作怪诞而又有趣的作品。几乎没有别的瓷器不但可以创造这么丰富的种类，而且也由于众多无可比拟的造型而引发种种不同的反应和激情……对今天的我们来说，动物和外国人的形象所具有的吸引力在于德化陶工纯粹的突然爆发的想象力。他们好像设法要把动物最顽皮而诙谐的灵气注入这些产品之中。"

德化白瓷的工匠们正是遵循了市场经济的发展规律和艺术创作的规律，采取了与之相适应的方式，才能如此畅销于海内外。当然，除上述的详细资料外，根据国外出土资料，目前发现德化青白瓷的有朝鲜、日本、菲律宾、印度尼西亚、马来西亚、斯里兰卡及非洲的坦桑尼亚基尔瓦等国家和地区。产品多样，有军持、盒、小口瓶、飞凤碗、墩子式碗、罐形壶、钵、弦纹洗、高足杯等。

在大量销往海外的德化白瓷中，有一部分是何朝宗、何朝春、林朝景、林希宗、林孝宗、陈伟等一代大师创作的瓷雕作品，还有一部分为了适应外销的需要，满足顾客的喜好，对瓷器的造型、装饰设计等方面进行了变革，设计出符合外销地人们审美特色和当地风俗习惯的外销瓷。

由于德化白瓷大量的产品都是专供外销而特制的，在国内市场和博物馆较少见到，而在国外却大量发现。从遗存的实物看，有一些产品是根据国外客商的需要专门烧制的，极具异域特色。

军持是我国古代外销瓷中一种特殊的器物。其造型是一种喇叭口、长颈、鼓腹、平底、肩腹之间附有一长而高的流水净瓶。"军持"一词来源于梵语，是僧侣云游四方时随身携带、用来储水以备饮用及净手的器物，它和澡灌同为和尚身边必带之物。军持的产生与应用与佛教的传播有着紧密的联系。宋元时代德化窑大量生产军持的时期，正是东南亚国家佛教思想早已形成、开始转向崇奉回教的转折时期。这时军持已成为伊斯兰教流行地区需求量很大的一种器物，普通居民也广泛使用。这也正是泉州港对外贸易鼎盛，陶瓷大量外销，中外文化、经济交流活跃的时期。宋元时期德化窑的军持产品，质地坚硬、釉色白中泛青，青白无瑕，十分悦目，具有不吸水、坚固耐用的特点，远远优于南洋土著所制的软质军持，自然是教徒们爱不释手的理想储水器，因此畅销南洋群岛。

欧洲最早与中国有贸易关系的是葡萄牙人，但第一个与德化建立陶瓷贸易关系的是荷兰人。荷兰的东印度公司成立于1602年，至17世纪中期，荷兰商人开始把注意力转到了中国白上，并且与德化建立了良好的贸易关系。在德化外销瓷中，有不少陶瓷作品的题材表现了荷兰人的生活，他们骑着马、龙、麒麟、狮子等，带着翘起帽檐的三角帽，脖子上系着围巾。英国博物馆收藏有以"狩猎"为主题的德化瓷雕，表现的正是荷兰人在打猎的情景。在18世纪初，这些骑马（或狮子、麒麟等）荷兰商人的德化瓷雕在欧洲流行甚广，这可以说是两国人民共同建立友好情谊的象征。

德化窑除了出口大型瓷雕外，还大量出口小型的瓷雕，这类产品多为模印小玩具，其中多为儿童玩具。这些儿童玩具大多有一个口，吹气后可以发声，这些小玩具瓷雕造型有狮子、马、猴子、老虎等动物以及麒麟、龙等神话里的瑞兽。德化窑还专门烧制了一批专供外销而特制的圣诞老人。

17世纪以后，为了适应欧洲人的生活习惯，德化窑又模仿英国、荷兰、德国的陶器和金属器皿的造型，大批生产酒瓶、咖啡壶、水罐、啤酒杯和碗，这类产品畅销欧洲市场。17世纪，福建茶叶流传到了欧洲，德化窑随之生产茶壶、茶杯等茶具，以供欧洲人饮茶之用。18世纪后，欧洲饮茶之风盛行，德化壶和茶具大量出口欧洲。但是欧洲人要求茶壶有过滤器，以便将茶水滤出，而将茶叶留在壶内，德化匠师根据其要求成功地制作出带过滤器的茶壶。十七八世纪之时，中国没有啤酒，所以德化生产的啤酒杯无疑也是模仿欧洲的式样，为荷兰商人们定制的。它的边沿带有螺旋纹口，明显是模仿荷兰或德国的金属或陶器啤酒杯。在清雍正年间，德化瓷器生产的啤酒杯有两种规格，一是一品脱，一是半品脱。这些啤酒杯是模仿荷兰的彩釉陶瓷，而荷兰在清康熙二十一年（1682年）生产的这些彩釉陶器啤酒杯则是模仿英国伦敦的银质啤酒杯。这一样式在欧洲非常畅销，以至后来江西景德镇也曾模仿生产。

第三节　交流互鉴的国际影响

中国瓷器的传播和远销，对各国的精神领域产生了不同程度的影响。东南亚一些古代民族，赋予中国瓷器浓重的神秘的宗教色彩，将它作为祭祀物品和崇拜物，可见其地位之高。德化制造的欧式白瓷神雕像，更是受到基督教徒的钟爱。

德化白瓷外销的同时，瓷器制作技术工艺也传播至东西方世界，促成了各国制瓷业的兴起和发展，促进了中国陶瓷文化的传播和世界陶瓷文化的交流。宋代德化窑盛行的伞形支烧窑具，使用高12厘米、直径50厘米左右的黏土柱，支撑一个直径40厘米左右的圆盘，圆盘中心又立一柱，柱上再置圆盘，形如多级伞状，如此层叠直至窑顶，高度可达 2 米左右，每层圆盘的四周放置粉盒、碗、碟之类的小件器物。这类窑具后来传入日本，提高了产品的装烧产量。明代德化由一个个像馒头的窑室单独砌就且又相互串联的阶级窑，也在明末清初传入日本，成为日本"串窑"的始祖，使当地瓷器的烧制质量得到了较大的提高。

据《浔中镇志》记载，南宋嘉定十六年（1223 年），日本人加藤四郎到德化学习制瓷技术，回国后依法烧制陶瓷，并传承后人。其建造的窑炉至今仍称"德化窑"。日本人铃木已代在《窑炉》一书中，专门介绍德化阶级窑，誉其为"串窑始祖"。21 世纪，日本濑户陶瓷窑炉仍称"德化窑"。2000 年 2 月，一位日本人到德化浔中镇石山村购买了一座刚停产不久的蛇目窑，把拆下来的窑砖全部运回日本，并聘请德化拱窑老师傅到日本按窑炉原样重建，命名为"龙神"，供游人参观，可见德化窑在日本长久持续的影响力。

17 世纪左右，欧洲瓷业处于萌芽时期，工艺技术直接师从德化白瓷，并于 18 世纪初首先试制成功。首先是由德国梅森的匠师伯特格尔根据奥古斯都大帝的指令完成的。他于 1715 年左右开始仿制德化白瓷，成功制作了两件，一件是圆形烛台，上饰菊花浮雕图案，丝毫未杂入以往流行的繁琐的巴洛克艺术风格；另一件是 5 英寸的小型笑弥勒坐像。在伯特格尔的仿制成功后，欧洲各国掀起了模仿德化白瓷的高潮。英国的"弓"瓷器工厂和切尔西工厂根据女王的指令在清乾隆五年（1740 年）开始仿制德化白瓷，上饰葡萄、李子等浮雕图案。法国的圣·克劳德和钱蒂雷工厂、丹麦的哥本哈根皇家瓷器工厂，都吸收了德化窑的工艺技术烧出白瓷器产品。站在这种角度上看，是明清德化白瓷引导和照亮了十七八世纪欧洲瓷业的发展之路。

德化人民用自己的聪明才智，化平凡之土为高贵圣洁，架起了中外文化交流、经济贸易、友好往来的桥梁。

第六章 中国白的学术品鉴

第一节 中国白的学术研究

几百年来，欧洲对德化瓷雕的研究，出现了众多的研究学者和学术专著，直接影响了欧洲陶瓷学科的建立。早在 1850 年，爱尔兰对当地发现的 50 枚德化瓷雕印章开展专题研究，并出版了《中国印章在爱尔兰的发现》专著；近百年来，英国、荷兰、瑞典、美国、澳大利亚、新加坡、印度尼西亚等国相继出版了《中国白——福建德化瓷》《中国白——绝妙的德化瓷》《中国白——德化瓷》《白金——德化瓷对于欧洲瓷器的影响与启示》等近 20 部德化瓷雕研究专著；成立于 1925 年的伦敦马坎特父子公司在 60、70、80 周年庆典分别于 1985、1994、2006 年举办了三场专题展览并出版了三本以中国白为书名的德化瓷雕研究专著。此外，1907 年，日本学者北村弥一郎专程到德化，对有"世界串窑始祖"之美誉的德化窑炉技术进行考古调查及研究，并著有《清国窑业调查报告书》。

20 世纪 50 年代以来，著名的考古专家宋伯胤、冯先铭、陈万里、曾凡、叶文程、李辉柄、张浦生、耿宝昌等，先后到德化进行实地考察，对德化瓷雕展开研究。1976 年以来，国家文物局相继组织了对德化窑的五次发掘，召开了"屈斗宫学术研讨会""德化瓷窑发展史全国学术讨论

会""德化窑学术研讨会"及"德化瓷学术研讨会"等大型的研究交流活动。中央电视台、中央电影制片厂、香港、澳大利亚等相继拍摄《德化瓷》《白瓷之母》《瓷国明珠》《萨那都之路》等一系列反映德化瓷雕艺术的影视专题片。近年来，徐本章、陈建中、王冠英、郑金勤、刘幼铮、郭志刚、叶文程、耿东升、郑炯鑫、梅华全、吕成龙、颜如春、孙悦、栗建安、陈丽芳、黄忠杰、董健丽、叶志向、寇婉琼、孙艺灵等更是对德化瓷雕进行专门、深入的研究，出版了《德化瓷史与德化窑》《德化窑瓷鉴定与鉴赏》《中国白——德化白瓷鉴赏》《中国德化白瓷研究》《德化窑》等专著，把德化瓷雕研究推向一个新的高度。

表6—1 国外德化瓷雕学科研究一览表

国别	年代	著作名称	语种	作者
爱尔兰	1850年	关于爱尔兰发现的中国印章（德化瓷印章）	英文	格蒂
德国	1878年	钱币藏品目录（德化瓷币）	德文	Adolf
日本	1911年	暹罗陶瓷及其他代币（德化瓷币）	英文	Ramsden
英国	1969年	中国白——福建德化瓷	英文	唐纳利
荷兰	1974年	中国白（格宁罗格博物馆）	荷兰文	
印尼	1975年	马利克收藏一览（德化瓷雕）	印尼文、英文	
荷兰	1980年	魅力中国白	荷兰文	彭考洛
英国	1985年	中国白	英文	马钱特
英国	1994年	中国白	英文	阿耶斯
德国	1995年	暹罗陶瓷代币（德化瓷币）	德文	Aithoff
美国	2000年	私人藏中国陶瓷精品（德化瓷）	英文	
英国	2002年	中国白瓷雕佛像	英文	阿耶斯
美国	2002年	中国白——伟大的德化瓷	英文	罗伯特
新加坡	2002年	中国白——德化瓷	英文	柯玫瑰等
澳大利亚	2004年	白色的金子（德化瓷雕）	英文	克里斯
英国	2005年	欧洲对东方瓷的装饰（德化瓷）	英文	
瑞典	2005年	瑞典藏中国陶瓷精品（德化瓷）	瑞典、英文	恩格尔
英国	2006年	中国白	英文	阿耶斯

表6—2　国内德化瓷雕学科研究一览表

省别	年代	著作名称	出版社	作者
香港	1975年	德化瓷	香港中文大学	屈志仁
上海	1996年	中国陶瓷——福建陶瓷	上海人民美术出版社	中国陶瓷编辑委员会
福建	1989年	瓷都德化	厦门大学出版社	郭其南
福建	1990年	德化窑	文物出版社	曾凡
香港	1990年	德化瓷	香港大学出版社	扬喜棠
福建	1993年	德化陶瓷纵谈	德化宣传部	王冠英
福建	1993年	德化瓷史与德化窑	华星出版社	徐本章、叶文程
福建	1993年	瓷都德化古今诗萃	鹭江出版社	郭其南
福建	1997年	德化名家名瓷	海潮摄影艺术出版社	
福建	2000年	瓷都群星——德化瓷坛古今百家	华艺出版社	郭其南
江西	2000年	德化窑瓷鉴定与鉴赏	江西美术出版社	叶文程等
福建	2002年	德化白瓷	福建美术出版社	陈建中、孙艺灵
福建	2002年	柯宏荣陈桂玉陶瓷作品集	厦门大学出版社	柯宏荣、陈桂玉
福建	2003年	德化青花五彩瓷全书	福建美术出版社	黄春淮、郑金勤
福建	2004年	福建文博——古代德化瓷专辑	福建博物院	张浦生等
浙江	2004年	中国白瓷鉴定	浙江大学出版社	草千里
北京	2005年	德化陶瓷志	中国方志出版社	德化县志办
福建	2005年	中国白——福建德化瓷	福建美术出版社	吴龙清、陈建中
福建	2005年	德化古瓷珍品鉴赏	福建美术出版社	陈明良
福建	2005年	中国白——德化白瓷鉴赏	福建美术出版社	黄春淮、郑金勤
北京	2007年	中国德化白瓷研究	科学出版社	刘幼铮
福建	2009年	窑火映红的天空——探访德化古窑	福建美术出版社	郑金勤
福建	2009年	瓷都德化风雅选	香港人民出版社	郭其南
福建	2012年	中国白·陈仁海瓷雕艺术鉴藏	中州古籍出版社	冯乃华、李毅民

续表

省别	年代	著作名称	出版社	作者
福建	2014 年	德化窑	福建科学技术出版社	郭志刚
福建	2021	陶瓷文化研究	吉林美术出版社	廖伏树

第二节　中国白的学术地位

中国陶瓷是世界文化的重要组成部分，德化中国白是其独特和重要的一个品类，对其在艺术成就和历史定位方面予以准确的评价和确认，是十分必要的。德化中国白不同于其他官窑的生产，它是纯粹民窑的代表，是我国乡土艺术和民间文化的直接反映，这是德化中国白最为显著的特征。它同广东石湾窑瓷、江苏宜兴紫砂器和天津泥人张一样，作为一种民间文化和艺术，深深植根于地方乡土实践，以乡土生活为基本创作素材，反映乡间生活状态，具有浓郁的生活气息，是我国民间风土人情和民俗文化的精粹所在。同时，这些不同的艺术形式之间相互影响、相互借鉴，不断革新创作经验和技巧，共同丰富我国民间艺术创作。但在这些艺术形式之中，德化中国白处于中心地位，它不仅影响了瓷界，还影响了其他生产门类，尤其是民间艺术，包括广东石湾窑瓷，江浙竹雕、漆工、铜雕和江苏宜兴紫砂器等，均不免受德化中国白的影响，他们从以何朝宗为首的群体创作之中吸收养分，不断出现新的创作。所以，相比较而言，德化中国白的生产，从年代看比较早，从艺术成就看，也确高于其他民间艺术品种，艺术生活化、生活艺术化。

首先，相对于官造而言，景德镇窑为代表，但相对于其他民间艺术形式而言，德化中国白如此丰富的艺术题材，反映乡土生活的广度和深度，绝无仅有。那么，如此丰富的民间乡土文化产品何以能在明中期开始如此自由地得到展现？这可能存在两方面的原因，一是随着明清市民社会的逐渐形成，人们不断追求世俗化，而整个社会也相当宽松，人们追求自由和个性化的生活，这一普遍的社会风尚带动整个艺术创作的世俗化、民间化的倾向；二是明代社会相对比较安定，人们生活闲适，使他们有能力、有可能发展生活实践，比较容易抒发自己对于自然界的感受和美的体验，将带有乡土气息的事物和情节纳入自己的艺术创造实践之中，作为民间文化和生活的反映，德化中国白很好地将艺术和生活联系在了一起，将艺术与生活气息融入了瓷器这种案头摆设之物中，艺术生活化。

第二，德化中国白创作了一个崭新的雕塑典范和完整的雕塑范式，构成了一个独特的、完整的创作系统，它以社会的大千事物为基本素材，以写实性为基础，以表现性为目的，将生活中的美的范式融入艺术创作，创作的理念和手法融入所有的品种，具有明显的共同特征，尽管德化中国白现在散落在世界各地，但仍然可以清晰分辨出来。它的完整性在于没有哪一家窑系能涉及如此宽广的领域（如石湾窑的面积就没有这么大），也没有哪一个窑系（如定窑、汝窑、景德镇窑等）能够生产如此多的具有文化气质的品种。而且，德化中国白的创作在领域上更是一个独特的开放系统，特别是在明晚期，荷兰人进入中国以后，德化中国白逐渐吸收了西洋文化的因素，一些反映西洋人物生活和风俗的作品大量出现，题材涉及基督教、圣母圣子、西洋人物生活场景、西洋器物、西洋风俗习惯等内容，反映出德化白瓷从不拒绝外来文化因素，而且以开放和务实的态度兼容并蓄。但是，此类作品艺术成就终归不高，远不及那些反映我国民风民俗、乡土文化的作品。德化中国白在吸收外来文化、以外来文化为素材创作作品时，并未出现所谓的精品。这主要有两方面的原因，一是德化工匠创作此类作品的目的在于出售，以获取经济利益，而且根据史料记载，一般是

大宗定制，这势必由于订货交货时间紧，生产制造的速度快而造成质量参差不齐的现象。二是德化有些工匠对此类作品缺少直接的生活积淀，难以身临其境地体会到作品的深层文化内涵。但是此类作品的出现，仍然表现了德化人对外界的开放态度，接纳外来文化的胸怀和气魄，对于身居山区的工匠而言，已属难能可贵。德化中国白这方面的表现在众多的其他窑系中，仍是出类拔萃的。

第三，德化中国白的创作以其艺术魅力和成就的卓越赢得了世人的青睐，也确立了它在中国雕塑史和陶瓷史上的显著地位。这主要集中在以下几个方面：

（1）德化中国白在中国陶瓷史上的地位。瓷器是我国古代人民的一项伟大发明，而瓷器必然随着窑炉技术的演进而发展。德化窑的窑炉技术创造了一个独特的体系，这一体系特被适应于德化所特有的胎釉原料的低温性质，从而在中国陶瓷的发展史上走出一条独特的发展道路，以至于后来直接被日本所吸收，成为日本"串窑"的始祖。对于日本古代陶瓷的发展起到了重要的作用。在三班镇尾林—内坂窑址，"一眼千年"便是最好的见证。

（2）胎釉的制造。据史料记载，德化当地生产瓷器，胎釉的配制和使用也是有自己独特之处的，不仅是由于低温瓷所要求的特殊工艺，而且据马可·波罗的考察和德化当地人的说法，一般是会将父辈生产

三班尾林—内坂窑址

的瓷泥长期封存等到儿孙辈的时候才投入使用，这就保证了瓷料的特殊性和德化白瓷作为低温瓷的特殊效果。

（3）在器物类型创造上，德化中国白创造了众多丰富的瓷器类型，这在中国各民窑中也是鲜见的。德化中国白的丰富的创造是我们中国瓷器的艺术宝库，它不仅发展了以前有的器物类型，还创造了以前所没有的器物类型，扩大了瓷器创作的范围，而且在每一种器物类型之中，还有不同的风格、不同式样的创造。如炉类，从我们收集到的近40100件标本中，有500多件炉类器形，名目繁多，风格不一；又如杯，不仅有梅花杯，也有龙虎杯，还有其他样式的精美杯子。除了这些继承先前的窑系的器物体系外，德化中国白还形成了自身独有的传统器物谱系，比如军持，从宋代开始，德化窑生产的军持一直在对外销售的市场中占据主要地位，为中国和世界的文化交流做出独特贡献。

军持

第四，德化中国白将瓷器工艺用于艺术雕塑，把中国的制瓷艺术推到最高境界。中国早在汉代就已经出现了优秀的陶瓷作品。德化窑则发挥了自身的独特造瓷工艺优势，集中用于雕塑，造就了中国陶瓷史上的巅峰境界。德化白瓷最大限度发挥胎釉紧密一体、透光度强和温润质感的三大特点，将其运用到人物、动物造型的刻画之中，尽管烧成温度较低，作品坚硬度不足，但这种

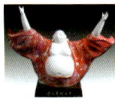

低温软瓷的质地和釉色效果恰好被雕塑创作发挥为难能可贵的优势。

第五，德化中国白承担了中国瓷器海外贸易的先锋角色，是最早输往国外的瓷器之一，唐宋即已传播，大规模的海外贸易始于明代，由于德化白瓷作为中国瓷的代表去欧洲传播，才激发了欧洲人对中国瓷器极大的热忱，尤其是皇室贵族直接参与了德化白瓷的收藏和仿制，欧洲各国制瓷业才得以萌芽开始。所以，欧洲人至今仍以德化白瓷作为中国白瓷的象征之一，这是历史的事实。

德化人民的伟大不仅在于为全世界提供了丰富的实用瓷器，也不仅仅是提供了精美的观赏性极强的人物瓷雕，更为重要的是，他们将自己的地方优势转化成自己的创造，工匠将自身对美好的山川田园、民间生产生活和情感意识文化追求化为创作的源泉，毫无束缚地表现在瓷艺创作中，这是人类最伟大最珍贵最美好的精神财富。

美是人的本质力量的对象化，德化人民在漫长制瓷历史的发展过程中，同时也完成了人类外在的"人化"过程，创造了人为世界的美；实现了内在的"人化"，造就了人类自身的审美感官能力，为人类创造了美的艺术形式和美的典范。

高尔基在《论艺术》中谈道："艺术的创始，是陶工、铁匠、金匠、男女织工、油漆匠、男女裁缝。这些人精巧的作品使我们赏心悦目，它们摆满了博物馆。"可以说，德化陶瓷工匠们几千年薪火相传，勤奋地创作劳动，他们所建立的伟大功勋，将永远流传于世界文化史册而不朽。

第三节　中国白的学术影响

对一个民族和国家来说，走向开放就象征着走向进步。德化白瓷作为对外国贸易的主要陶瓷商品，在国际市场上享有很高声誉。宋、元、明时期，德化白瓷销售的范围遍及包括亚洲、欧洲和非洲在内的世界各地。明清时期是明代德化白瓷大量销往欧洲的全盛时期，其作品以细腻洁白的瓷胎和独具特色的"象牙白"令欧洲人大为惊叹。艺术决定价值，素有"东方艺术"盛名的德化白瓷美轮美奂，在中国香港和台湾地区及东南亚地区和英美法等博物馆，民间均有收藏。据英国首任驻华大使艾惕思到德化参观后证实，至今意大利博物馆还保留一件马可·波罗当年带回的德化家春岭窑的小花插作品。北京故宫博物院珍藏着何朝宗雕制的达摩立像，妙相庄严传神，衣纹随风飘拂，赤足踏着巨浪，再现了达摩过江过海的身姿。北京故宫博物院还珍藏着明代德化的白釉瓷箫和刻玉兰纹尊各一件。福建博物院文物收藏的珍品中有明代德化瓷传世品 160 余件，其中以白釉杯及白釉炉居多，人物、瓶、盘等次之。署名为何朝宗的明代德化窑观音立像，底径 14.5 厘米，高 50 厘米，头饰三宝莲花，高髻，上腹巾垂肩，面容端庄丰润，微含笑意。身着广袖通肩大衣，袒胸垂挂璎珞，两手戴镯，交叉于胸前，下着长裙，赤足立于云座上，通体施象牙白釉，胎体厚重，内空，座底露白胎。背部印有小篆"何朝宗"款葫芦章及"宜德"款方章。明代德化窑文昌坐像，底座 21.5 厘米 ×17.1 厘米，高 44 厘米，文昌戴幞头，目字脸，丹凤眼，上下唇及下留短须，眉目清秀，神情庄重。内着右衽交领衫，外穿宽袖袍，腰束带。右手执如意，左手扶膝藏于袖内，正面端坐。胎质洁白细腻，釉色乳白。背钤阴文"何朝宗印"篆书款。维之在《可夸的德化窑》中盛赞："德化窑白瓷在世界陶瓷中占了特殊的地位，欧洲陶瓷专家要人仿作而不可能，他们称她为中国白，称为世界上最精良的瓷器"。

　　我国陶瓷在几千年的发展历程中形成了具有独特民族特色的陶瓷风格，世界性的陶瓷发展从没有像今天这样的繁荣和异彩纷呈。"世界白瓷

之母"高度概括了德化白瓷在国内外的影响和地位，特别是以此赢得了世界盛誉的德化白瓷艺术雕塑，以其独特的艺术风格、艺术语言和艺术成就，为我国陶瓷艺术和世界陶瓷艺术的繁荣与发展作出了巨大贡献。德化无愧于"中国陶瓷之乡""中国民间陶瓷艺术之乡""中国瓷都""世界瓷都"的美誉。

第七章　中国白的文化内涵

第一节　中国白与哲学

陶瓷作为一种工艺美术，体现出中国哲学与美学思想。

我国人民非常讲究节操和志气。诸如"三军可以夺帅，匹夫不可以夺志"，"岁寒，然后知松柏之后凋也"，把松、竹、梅合称"岁寒三友"。这一点，在陶瓷艺术中得到充分的体现。中国历史上所涌现的爱国志士和品行高洁、不与世俗同流合污的人，诸如屈原、苏武、关羽、李白、杜甫、八大山人、郑板桥等，都有生动形象塑造。即使传说中的鬼神钟馗也被人格化，被塑造成孔武刚毅、疾恶如仇、除恶务尽的形象。松、竹、梅、荷、兰、菊等经常成为陶瓷题材，这不仅是因为它们意象使然，更主要的是它们寄托了艺术家的追求、情操。梅花也是瓷雕中常见题材，取其傲寒独自开寓意，寄托出不畏严霜摧残而竞相开放的一种高洁人格，并烘托出一派"不似春光，胜似春光"的景象。

中国的哲学里有一种非常可贵的"人和思想"。从孔子开始，便倡导"仁爱"，其核心便是"爱人"。人与人之间，应该多一点爱心，少一点争斗，同心同德，这是力量的源泉。人贵论也是中国哲学的重要思想。中国古代一向把人与天、地并列，称天、地、人为"三才"。这种思想，早在商代就见诸书籍。《尚书·秦誓》篇说："惟天地、万物父母；惟人，万物之灵。"荀子说得更明确，《荀子·王制篇》中说："水火有气而无生，草木有生而无知，禽兽有知而无义；人有气、有生、有知亦且有义，故最为天下贵也。"这深刻地影响了中国的一切艺术创作，当然也影响了陶瓷艺术创作。表现在人与物的关系方面，就表现为以人为主体、"重己役物"的思想。《尚书·旅獒》说："不役耳目，百度惟真，玩物丧志"。在道家思想

中国白·陈仁海：《天人合一》，国宾专供瓷

中也有类似观点：如"不以身假物""不以物挫志""不以物害己"，而要"物而不物，故能物物"。

　　陶瓷艺术创作，无论是从古代来看，还是从当代来看，都鲜明地表现出"和为贵"和"人贵论"思想。在人与物的关系方面，发扬人的主体意识，不断探求新材质和新工艺，以丰富的工艺表现手段，像"和合二仙""将相和""喜神"等就常作为陶瓷题材。众多的形象都表现得喜气洋洋，像大肚罗汉、五子罗汉，就显得一团和气；观音瓷雕无不显得慈祥，一脸的仁慈；八仙中，没有一人是悲悲凄凄的，在"群仙会"中洋溢着的是喜气、祥瑞和超脱。这些虽然是宗教题材，但它们表现的却是我国人民的思想。在陶瓷作品中，有许多祥瑞题材，如福、禄、寿"三星"题材以

及凤凰（百鸟之王，象征大富大贵，大吉大利）、鹤（象征长寿和气节）、竹（竹与祝谐音，寓意节节高升，百岁志喜，百年长寿）、鲤鱼（鲤与礼谐音，鱼与裕谐音，寓意腾达、富裕、年年有余）等等，都是这一思想的体现。人是最为可贵的，人应该追求和享受幸福、和睦、康宁。人是高贵的、智慧的、能动的，他应该支配和利用外界事物而不是相反。他不应该停步不前，而是永远保持一种进取状态和"上下求索"的精神，以不断发现美、创造美，进而享受美的欢乐，并在此过程中，保持自尊和节操，包括民族自尊心和自尊的人格。陶瓷艺术作品，对此有充分的、鲜明的、生动的表现。

形神观和情欲观也是中国哲学的重要命题。在这个问题上，有唯心和唯物之分。战国时期的唯物思想家荀子在其《荀子·天论》中提出了"形具而神生"的光辉论断，继而，汉代的范慎在其《神灭论》中继承了这个观点："神即形也，形即神也；是以形存神存，形灭则神灭也。"此后，不断有思想家坚持这个观点。

我不能牵强附会地说陶瓷艺术家高明地自觉地接受了这种唯物主义的形神观，更何况，在艺术理论中有一个非常重要的原则，即"以形写神""形神兼备"。在这里，我不想探讨哲学形神论和艺术形神论的关系，我只是想说，陶瓷艺术在艺术形象的塑造上，确实表现出"形具而神生"的传统。

无论是何种题材的作品，也无论是采用何种艺术手法，在形象的塑造上，个个造型逼真，神奇活现，无不生动传神，真个是"形具而神生"！没有"形"，"神"将焉附！"以形写神"也罢，"以神拟形"也罢，艺术家们塑造的是形神统一的艺术形象。

在情欲这个问题上，中国古代哲学也有种种学说。但是无论是无欲论、寡欲论还是节欲论，都不能抹杀和否认情与欲的存在。其实，在这个问题上，中国古代思想家有相当精辟的论述。《荀子·天论》把情归纳为"喜、怒、忧、思、悲、恐、惊"七种。这是一种比较有代表性的归类理论，此外还有"七情说""四情说"等等。清代的王夫之则把人的欲望分为四类："盖凡声色、货利、权势、事功不可欲者，皆谓之欲"，可依次划分为生理的、物质的、权利的和功名的四种欲望。尽管有人不会同意这种划分，但无法否认它们的存在。

陶瓷艺术在情欲问题上，继承和反映的是中国人民尤其是普通大众的观念和心理，它们用具体的可视、可摸、可感的艺术形象，毫不掩饰地表现了"情"与"欲"，而且，几乎涉及人类尤其是中国老百姓观念和心理中情与欲的方方面面。在这方面，没有谁去号召，也没有谁去强迫，千百年来就是如此。这充分说明，中国人民是追求人生、热爱生活的。

中国白·陈仁海：《路路顺心》，国宾专供瓷

　　但是，中国的老百姓，从来就不是纵欲主义者，也不是寡欲主义者，他们所追求的是一种高尚的、健康的、吉祥的、和谐的美好人生，人们可以从陶瓷艺术中看到这一点。

　　哲学重视客观存在，也重视变化。陶瓷，是由金、木、水、火、土，经由人的创造而成为客观器物，这是创造一个物的存在，表现出一种真实性。但陶瓷是"火"的艺术，火的神奇可以产出无穷的变化，如窑变。我们欣赏这种窑变，但我们并不认为这种窑变是无法认知的，并不是没有规律可循的，如纹片釉、钧釉瓷，便早已被认知和掌握，表现了一种规律性和能动性的统一。

　　另外，还有一点需要提到，这就是在陶瓷艺术中，无论是历史上还是现在，都表现出一种"审曲面势""各随其宜"的思想。这种思想，也是中国艺术美术所表现的共同倾向。《考工记》开篇说："国有六职，百工与居一焉。或坐而论道，或作而行之，或审曲面势，以饬五材，以辨瓦器。"工艺美术作品，因材施艺，因地制宜，以制造出相宜的造型或装饰，满足多层次、不同结构和各种各样的心理需要。

第二节　中国白与文学

　　从艺术种类来说，陶瓷与文学分属不同的艺术种类。前者为空间艺术，后者为时间艺术；前者为造型艺术，后者为语言艺术。它们之间有了不同，才使它们之间相互区别开来，也使它们之间相互借鉴和吸收；它们之间的共同之处，有利于人们把握艺术特征，也有利于陶瓷艺术家更加严格地要求自己，以创造出个性鲜明、特色突出的艺术形象。

　　陶瓷与文学艺术的结缘，源于何时，已无从考证。但我想说，那是非

中国白·陈仁海：《开心如意》，国宾专供瓷

常遥远的时代的事情了。有一点非常相似：文学起源于劳动，起源于不自觉的口头文学，具有相当浓厚的再现风格，文学的内容与劳动的内容密切相关。我国最早的一部诗歌总集《诗经》中便有许多这样的作品，陶瓷雕塑经历了写实这样一个阶段。那些陶塑动物的造型，与活生生的动物逼真无二，是纯写实的，是先民实际生活的再现。正如人们不能否认原始文学的审美一样，同样不能否认这些写实性的陶瓷作品的审美意义和审美价值。我想，它们不仅是先民生活的一种反映，也是先民审美意识的一种形象见证，是文明发展轨迹中的一个重要历史阶段。更何况，那种泥土味，是文明发展轨迹中的一个重要历史阶段，那种手感痕迹，那种不事雕琢的简练、朴拙手法，正是现代陶艺的语汇。现代陶艺家可以从中获得十分有益的启示。

　　陶瓷和文学艺术，尽管分属不同的艺术种类，但在其审美本质上是共

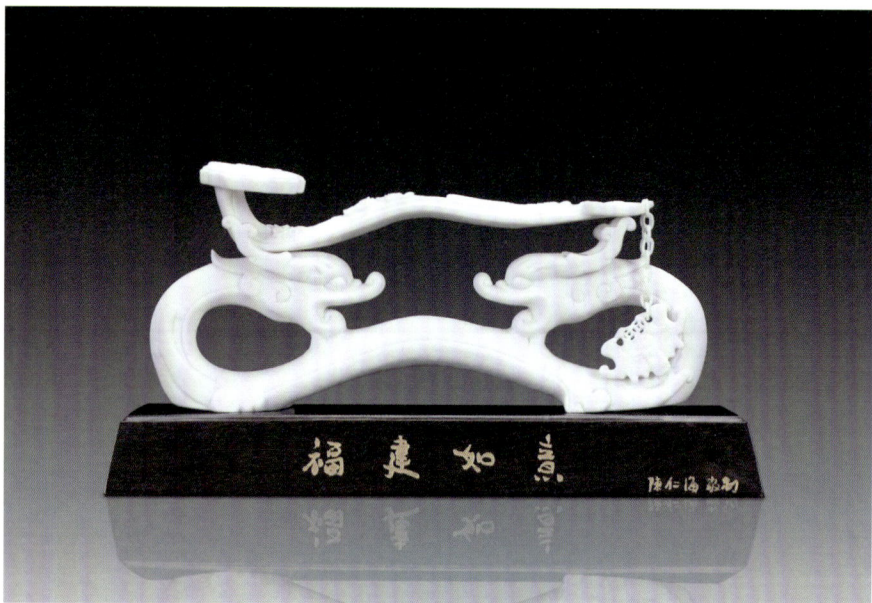

中国白·陈仁海:《福建如意》，国宾专供瓷

同的：通过塑造艺术形象，反映生活，满足人们的审美需要。

德化称不上文学之城，但确是无可争辩的世界瓷都，是名副其实的千年瓷都。尽管这样，德化的陶瓷艺术家们，包括陶瓷雕塑艺术家，用智慧灵巧的双手，用泥土和火，把瓷都德化营造成为一个中国文学之城。在这里，《三国演义》的烽火连天，《水浒传》的义旗招展，《西游记》的漫漫征途，《红楼梦》的悲欢离合，都在陶瓷艺术家们手中得到了形象生动的再现。这里，有屈原的悲歌，李白的豪放，杜甫的落泊，苏东坡的旷达，新老文人相聚，相逢何必曾相识！在这里，有造人的女娲，有寂寞的嫦娥，有哭倒长城的孟姜女，有生死相爱的梁山伯与祝英台，有泪涟涟的织女，有情绵绵的崔莺莺，有意切切的杜丽娘，当然，也有沦落风尘而含恨投江的杜十娘；在这里，有秦始皇的不可一世，有刘邦的志得意满，有项羽的四面楚歌，当然，也有李世民的雄才大略；在这里，有执戈前驱的武将，有夜夜吹箫的小红，当然也有日日盼儿归的亲娘。总之，在这里，一个个文学形象从书本中神气活现地走出，千年故事在此地再现，万古风流在此展现，文学形象在这里栩栩如生，演示出无数令人倾倒、令人信以为真的独幕、多幕话剧！瓷都的陶瓷艺术家们创造了一个陶瓷艺术的文学王国！

文学艺术，不仅为陶瓷艺术提供了素材，而且在艺术形象的塑造上提供了有益的启示。陶瓷艺术形象的塑造，不是如实地复制文学艺术形象而是在理解的基础上创造出一个高度集中、高度凝练的艺术形象，使观赏者感觉到既像是自己感觉中的文学形象，同时又感觉到这是一个新的艺术创造，在赞叹艺术技巧高超的同时，感受到一种美的冲击力。文学是时间艺术，中国白瓷雕是一门造型艺术，具有可触、可摸、可视的特性；文学长于叙事，长于展示文学形象的产生、变化和发展过程，而陶瓷表现的只是一个瞬间性的艺术形象，它不能告诉人们为什么是这样，它只能告诉人们只能是这样。要用中国白瓷雕艺术手段，塑造一个文学题材的艺术形象，不是一件简单的事情，尤其是大型组雕、群雕，其难度之大，就可想而知。

芭蕾一词源于拉丁语 ballo，也是法语 ballet 的音译。芭蕾舞起源于意大利文艺复兴时期，兴盛于法国，19 世纪中叶巴黎的浪漫芭蕾最为著名，传世之作包括《仙女》《吉赛尔》《葛蓓莉亚》；19 世纪末期，芭蕾在俄国进入鼎盛时期，产生了经典的《睡美人》《天鹅湖》《胡桃夹子》，也成就了不朽的柴可夫斯基。

芭蕾，既是抒情的诗，又是精神的画。芭蕾的美是一种超然诗性的美。

芭蕾的魅力是不需要语言的表达，与人的心灵直接交流。要说古典的舞蹈艺术，中国的昆曲与西方的芭蕾，都有很多相似的地方。形式的固定，动作的规范，唯美的造型，优美的音乐，艳丽的服饰。都是演绎并洋溢着人性美、诗性美、古典美。

马可·波罗很快就掌握了元朝的礼仪，不仅学会了汉语，还学会了蒙语。忽必烈大汗让他入朝为官，多次差遣他巡检西南，出使西域诸国，并在苏州为官数年。最后的使命就是护送大元朝的阔阔真公主远嫁波斯，延续和亲的外交。

今天，中国白·陈仁海团队专门研究芭蕾舞剧《马可·波罗——最后的使命》，讲述了 1292 年马可·波罗与其父亲、叔父三人奉命护送阔阔真公主远嫁波斯王子的故事。《马可·波罗游记》记录了意大利商人、旅行家马可·波罗（1254—1324 年）在 13 世纪跨越欧亚的传奇旅行，向西方世界讲述 750 年前富足、文明、充满魅力的东方帝国的神奇故事。

那是公元 1275 年，21 岁的意大利商人马可·波罗与父亲、叔叔的商队一同抵达元上都，这里是忽必烈大汗的王朝。

当时，欧洲大陆仍然处于中世纪的后期，教权与王权争斗，十字军东征讨伐；当时的英国刚刚颁布大宪章，限制的是自己国王的权力；日本列岛虚弱分散的王族忙于抵御蒙古大军；美国，当时还没有美国，一片蛮荒之地。只有东方的中华帝国，经历了大宋朝 300 余年的文明开放，经济发达、文化繁荣、科技进步，GDP 占据全世界的 30%，排名第一。当时的南宋帝国与印度洋北岸的阿拉伯帝国，构成了世界贸易圈的两大轴心，鉴于此，美籍学者马润潮把宋元两朝视为"世界伟大海洋贸易史上的第一个时期"。

那一年，自当时的元上都（今内蒙古多伦）出发，先经陆路抵达海上丝绸之路的起点——福建泉州；再由泉州港启程，经爪哇岛、马六甲海峡进入印度洋，过天竺国，历大食邦，一路上，历经风暴肆虐，海浪颠簸，战胜瘟疫疾病，打退海盗抢掠，千难万险，最终到达波斯国。在长达约两年的旅途之中，马可·波罗与阔阔真公主相携相助，日久生情，但他们清楚地意识到使臣与公主之间彼此没有可能，只能将情愫悄然深埋心间。人性与礼教，爱情与理性，使命的责任，情感的冲突，通过芭蕾的形体艺术，单人旋转、双人托举、三人组、四人组、群舞组，加上音乐的烘托，灯光的变幻，服饰的渲染，展现出高雅华丽的美，激越飞扬的情。

但是，中国白·陈仁海团队不仅在塑造单个的形象上获得了成功，而且在组雕、群雕的塑造上同样取得了令世人注目的艺术成就。马可·波罗芭蕾舞剧系列组雕系中国白·陈仁海团队历经六年精心创作，终于烧制成功的代表作。

作品以芭蕾舞作为基本创作原型，用充满想象力的德化中国白瓷雕艺术语言塑造出惟妙惟肖、让人惊叹的系列瓷雕，包括《天鹅飞舞》《凤歌圆舞》《轻歌曼舞》《抃风舞润》《伯歌之灵》《翩翩起舞》《凤歌鸾舞》《酣歌恒舞》《伯歌季舞》《羽衣蹁跹》《歌莺舞燕》《鸾回凤翥》等 12 件。表现的舞者少女优雅，气质不凡，精细的发饰雕刻，玲珑有致。目光柔和，嘴角微微上扬，展现出端庄清丽的容貌。杨柳腰，削双肩，手如柔荑，肤如凝脂，特别是大师极致的中国白瓷雕芭蕾舞裙技艺，衣褶流畅翻转，随舞飘动，脚踏莲座，辗转腾挪，行云流水的芭蕾姿态造型，只见少女挥洒柔润的手臂，扭动纤细的腰身，千变万化的姿态起承转合，行云流水，舞出了一个让人神往的境界。观之赏之，恍如高雅的艺术盛宴，如饮佳酿，心旷神怡，过目不忘……

上海世博会 5.6 亿元镇馆之宝《世博和鼎》创作者、荣获金砖国家领导人厦门会晤"礼品研制突出贡献奖"的中国白·陈仁海团队采用独家中国白秘制陈泥配方，利用温润明净、如脂似玉的中国白，雕出一位含辞未吐、气若幽兰、华容婀娜、令我忘餐、轻盈灵秀、婀娜优美的舞者形象。

　　要在瓷雕艺术中表现这些几乎每个人都耳熟能详的特点，确实不是轻易之举。从文学概念到瓷雕的具体形象塑造，其中有一段艰难的再创作过程，要求创作者以瓷雕的语言，完美地表达出小说对人物的描述，让人们想象中的艺术形象具体地展现出来，使人们达到融洽和交流。

　　另外，在中国白发展历程中，还出现了许多吟诵中国白的诗词。这是中国白文化与文学的一种最直接的关系，也可以说是一种以中国白文化为题材的文学作品。

窑工

【清】郑兼才

百世无闲人，两间无弃土。

工习埏埴劳，疆斥供罂瓿。

俯穿地轴深，中自辟岩户。

飞坠险临渊，惯若游洞府。

大儿手锄立，力凿身伛偻。

小儿负畚行，貌赤日停午。

初如金脱矿，地利恣所取。

继如金在熔，火气递腾鼓。

巧制象前民，河滨不苦窳。

中膊复中悬，巧工记可补。

在昔周陶正，神明溯遗轨。

万室幸殷繁，器用利可恃。

上以当官租，下以养妻子。

岂不知苦辛，竭蹶良有以。

长安有利场，三楚更华靡。

平生用机关，智尽利亦毁。

不妨作劳人，食力守故里。

下岭如飞骑，上岭如行蚁。

骈肩集市门，堆积群峰起。

一朝海舶来，顺流价倍蓰。

不怕生计穷，但愿通潮水。

碧象岩

【明】邑庠生·陈凤鸣

何年碧象灵岩栖，踏碎琼瑶尽作泥。

烨烨宝光开佛土，晶晶白气压丹梯。

天花散尽山花烂，竹影参差云影齐。

欲觅仙踪归觉路，空余片石温留题。

瑶台陶烟

【清】知县·殷式训

宇内闻声说建窑，坚姿素质似琨瑶；

乘闲每上峰头望，几道青烟向暮飘。

郊外漫兴

【清】知县·胡应魁

万山深处辟云关，室宇回环碧玉湾。

百丈岭泉凭竹引，千声水碓笑人闲。

龙浔竹枝词

【清】邑廪生·连士茎

郁起窑烟素业陶，瑶台一望震松涛。

白瓷声价通江海，谁悯泥涂穴取劳。

屈斗宫古窑址

【现代】涂元渠

屈斗宫前剩烬瓷，断杯残碟认瑰奇。

应知八百年前火，曾照天涯碧眼儿。

山居

【唐】颜仁郁

柏树松阴覆竹斋，罢烧药灶纵高怀。

世间应少山间景，云绕青松水绕阶。

树暗花明路自分，白云深处是柴门。

傍人莫怪山间静，药满瓷瓶酒满樽。

滴水观音

【现代】舒婷

一脸安详澄明微尘不生

微尘不生

双肩韵律流动

仅是背影

也能倾国倾城

人间几度疮痍

你始终眼鼻观心莫是

裸足已将大悲大喜踩定

我取坐姿

四墙绽放为莲

忽觉满天俱是慧眼

似闭非闭

既没有

永恒的疑问传去

也没有

永恒的沉默答来

天空是一面回音壁

——滴

——答

从何朝宗指间

坠下那一颗畅圆的智水

穿过千年仍有

余温

第三节　中国白与民俗

陶瓷是一种工艺美术，也是一种民俗艺术、民俗文化。因此，陶瓷与民俗文化的关系极为密切，表现出相当浓厚的民俗文化特色，广泛地反映了我国人民的社会生活、世态人情和我国人民的审美观念、审美价值、审美情趣与审美追求。我国人民有一个好传统，不管处于何种时代、何种处境，都热爱生活，追求幸福、和谐、吉祥。因而，表现喜庆、幸福的祥瑞题材，自古及今，一直是陶瓷业的一个重要的题材和一个基本的文化特征。

祥瑞题材，主要围绕着"福、禄、寿、喜、和合、吉祥如意"等内容而展开。因此，在选择题材表现寓意时，经常选用如下一些事物：珍禽类，经常选用凤凰（白鸟之王，象征大富大贵、大吉大利，凤凰相偕喻爱情）、白鹤（有清高、纯洁、长寿之喻）、白头翁、喜鹊、鸳鸯、雄鹰；名花类，经常选用牡丹（百花之王，象征富贵繁荣）、芙蓉（象征雍容华贵）、莲花、梅花、菊花；在芳草类中，经常选用兰花（有香祖之喻、兰孙贵子）、灵芝（象征延年益寿）；竹木类中，经常选用松（象征长寿、气节）、竹（竹与祝同音，寓意百岁志喜、百寿安康）、天竹（喻天祝，寓意天祝平安、天祝升平）；在瑞果类中，常用桃子（常称寿桃，象征长寿）、石榴（象征福，有榴开百子之说）；在异兽类中，常选用龙（王、权威、吉祥的象征）、狮（狮与师、诗同音，象征权势和诗书传家）、鹿

中国白·陈仁海：《福禄寿全》，国宾专用瓷

（鹿禄同音）；在鱼藻类中，喜
用鲤鱼（鲤与礼同音，鱼与裕
谐音，寓意腾达、富裕）、鳜
鱼（鳜与贵同音）。另外，这
种祥瑞题材在约定俗成中，形
成了一整套特有的具有象征意
义的纹样体系。如莲生贵子
（婴儿抱莲花）、福寿双全（蝙
蝠寿字）、竹报平安（小儿放
爆竹）、吉祥如意（小儿骑白
象执如意）、喜上眉梢（梅花
喜鹊）、福在眼前（蝙蝠、喜
鹊）、六合同春（鹿鹤、梅
花）、麒麟送子（小儿骑麒
麟）、连年有余（莲花、鱼）、
五子登科（五小儿）、天官赐
福（天官、蝙蝠）、五福捧寿
（五蝙蝠围寿字）、多福多寿
（一群蝙蝠、寿桃）、福禄寿
（老人骑鹿持桃）、麻姑献寿
（麻姑、寿桃、竹篮）、鱼跃龙
门、丹凤朝阳（凤凰、太阳）、
龙凤呈祥（龙、凤）等等。

　　祥瑞意识的产生，也是很
久远的事了。早在夏商时代，

中国白·陈仁海：《世纪骄龙》，（菲律宾前总
统阿罗约收藏）

中国白·陈仁海：《喜鹊闹梅》，2000 年中国艺
术博览会一等奖

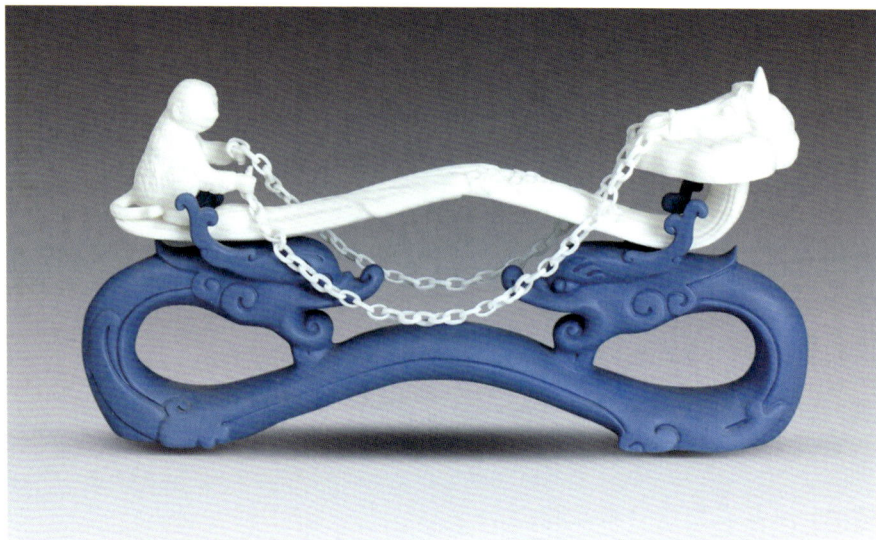

中国白·陈仁海:《马到封侯》

中国白·陈仁海:《一鸣惊人》，国宾专供瓷

就有凤凰的造型出现于殷商玉器上。传说，当商纣王将亡、周文王将兴之时，人们用凤凰将临表示贤王要临世的美好愿望，"凤鸣于西周岐山"的记载，便是这种传说的反映。

中国古代社会是以血缘关系为单位的社会，并以此为基础形成相应的故乡。因此，祈求光宗耀祖、门庭昌盛、富贵荣华便成了一个普通的社会心理，在祥瑞题材中有许多这样的内容。祥瑞题材的产生，与

中国白·陈仁海:《惠海渔歌》，北京人民大会堂收藏

中国白·陈仁海:《招财貔貅》

先民对自然崇拜的原始信仰有着密切关系。像某些云气纹样和鱼纹等的出现,与对大自然的颂赞有着密切关系。祥禽瑞兽的出现,也是我国人民抚爱万物、与万物同节奏的一种反映。

祥瑞题材的产生就是一种民族心理的表现,也是一种民族文化和民族哲学。对中国民族心理和文化影响最大的是儒家哲学。儒家是讲天人合一的,认为人与自然的关系不是一种对立的关系,而是一种亲和的关系,赋予花、鸟、虫、鱼、兽等以祥瑞寓意,便是这种亲和关系的表现。如《十二生肖》系列、《和谐一家》系列。

中国白·陈仁海:《圆梦吉祥》

第四节　中国白与宗教

中国白与宗教的关系是非常密切的。佛教、道教、基督教、儒教素材经常作为创作题材，包括宗教人物、宗教故事，常见的有释迦牟尼、观音、罗汉、达摩、八仙、老子、庄子以及孔子、孟子等的塑像以及与他们有关的故事。

但是，宗教题材的作品就不一定是宗教艺术。我觉得，在陶瓷作品中，很多宗教题材的作品都不能划归为宗教艺术，不能理解为宣传宗教教义，而是艺术家们借助宗教题材，通过塑造栩栩如生的艺术形象，表现自己的审美情趣、审美观念、审美感情与审美追求，有着世俗化的倾向和民间艺术色彩。因此，不能一看到观音、罗汉塑像就认为是宗教艺术。"艺术与宗教确有相通之处，这就是能激发人的内心的强烈情感。如现代西方著名人类学家马林诺夫斯基所说：'宗教和艺术都是人类深邃的情感启示'.'在巫术和宗教两种仪式中，人们都必须诉诸最有效和最有力的方法，以创造强烈的情感经验。艺术的创造，正是产生这种强烈的情感经验的文化活动'。因此，原始的巫术和宗教活动中便采用了许多艺术的手段：歌舞、绘画（图腾、面具等）、雕刻、戏剧性的演出等，这无疑推动了艺术表现手段的发展，使之成为后来艺术独立的基础。普遍的宗教活动因而也就成为推动艺术发展的一个重要的外部因素，这在艺术分化独立出来以后也很明显。"

当然，宗教与艺术的关系是非常错综复杂的。宗教题材的艺术作品经常被人作为宗教塑像来供奉。如敦煌石窟、云冈石窟、龙门石窟等石窟佛教造像，其主要作用是为了满足宗教感情和宗教信仰的需要，但谁也不能否认，这些石窟造像也是艺术的美的作品。这种现象并不难理解。黑格

白釉何朝宗款:《祥云观音》,(明)故宫博物院藏

中国白·陈仁海:《三面妈祖》

中国白·陈仁海:《耶稣受难》

中国白·陈仁海:《圣主传经》

尔早就指出:"最接近艺术而比艺术高一级的领域就是宗教","宗教往往利用艺术,来使我们更好地感到宗教的真理,或是用图像说明宗教真理以便于想象;在这种情况下,艺术确是为和它不同的一个部门服务。"

《嫦娥梦圆》记录了神舟六号飞船上天的时刻,它同样是佛教题材。飞天天女在佛教艺术中称为香音之神,能奏乐,善飞舞,满身香馥,身披彩带,体态轻盈,上下回旋,自由飞翔于天上人间,把鲜花洒向人间,给人间带来美丽。创作者中国白·陈仁海是"有感于这么美的形象,这么好的艺术,这么光辉的传统,时时激起我的创作欲望"而创作的。作者不仅创造了一尊佛教香音女神形象,更重要的是创作了一个善良的美丽女神形象。例如,陈仁海2006年创作的"千手观音"瓷雕,88

厘米的观音，立于 42 厘米的莲座上，体态丰腴，面如满月，鼻梁隆起接额部，形成柳叶弯眉，上下眼睑饱满，眼角下垂，千手栩栩如生，双耳几垂及肩，小口微含笑意。观音细发如丝，均根根到底，无一错乱。观音宝冠两侧各有一根飘带由肩垂下，与飘拂的长袖蜿蜒曲折至莲座，颇有"吴带当风"

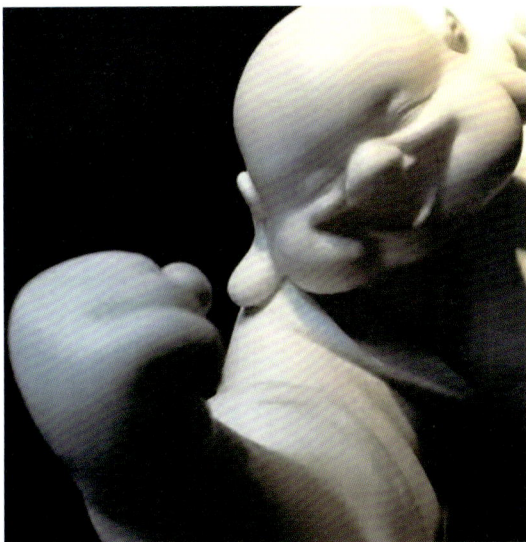

中国白·陈仁海:《智拼善赢》

之韵。整座雕像精巧细致，神态如生，蕴涵着高深莫测、令人肃然起敬的神秘感。此作品被故宫博物院研究馆员叶佩兰赞赏为"天工造化，中华瑰宝"，是价值连城的永世珍宝。

又例如，陈仁海创作的"欢喜就好"佛像瓷雕，更让人爱不释手。作品以福建闽南人"欢喜就好"的口头常用语为创作主题，对传统佛像进行了重新创意，赋予作品时代精神内核。作品选用德化上乘瓷泥制作，精雕细琢，温润洁白，质感如玉，被藏家称之为"很好摸的中国白"。作品在人物形态上体现笑口常开、诙谐风趣的意境，值得称奇的是，作者对佛像的手臂进行了艺术的夸张，高高举起的手臂，直指云天，将内心的喜悦表现得淋漓尽致。作品一经问世，人见人爱，市场一路看好，人们争相作为礼品赠送和收藏。

其他佛教题材的作品，诸如"慈航普渡""法海慈航""送子观音"以及北京 2008 年鸣钟祈福奥运年大典纪念瓷"终生和谐"等，都可称得上

白釉何朝宗款：《渡江达摩像》，（明）故宫博物院藏

白釉何朝宗款：《寿星像》，（明）故宫博物院藏

中国白·陈仁海:《欢喜就好》

是中国白·陈仁海佛像题材作品创意创新的力作。

中国白与宗教的关系，可以从多方面看。在装饰题材方面，常选用宗教故事、宗教人物等为表现的内容；在器物方面，也常作宗教用途。

中国白·陈仁海:《智拼善赢》

中国白·陈仁海:《幸福和美》

中国白·陈仁海:《福寿绵长》

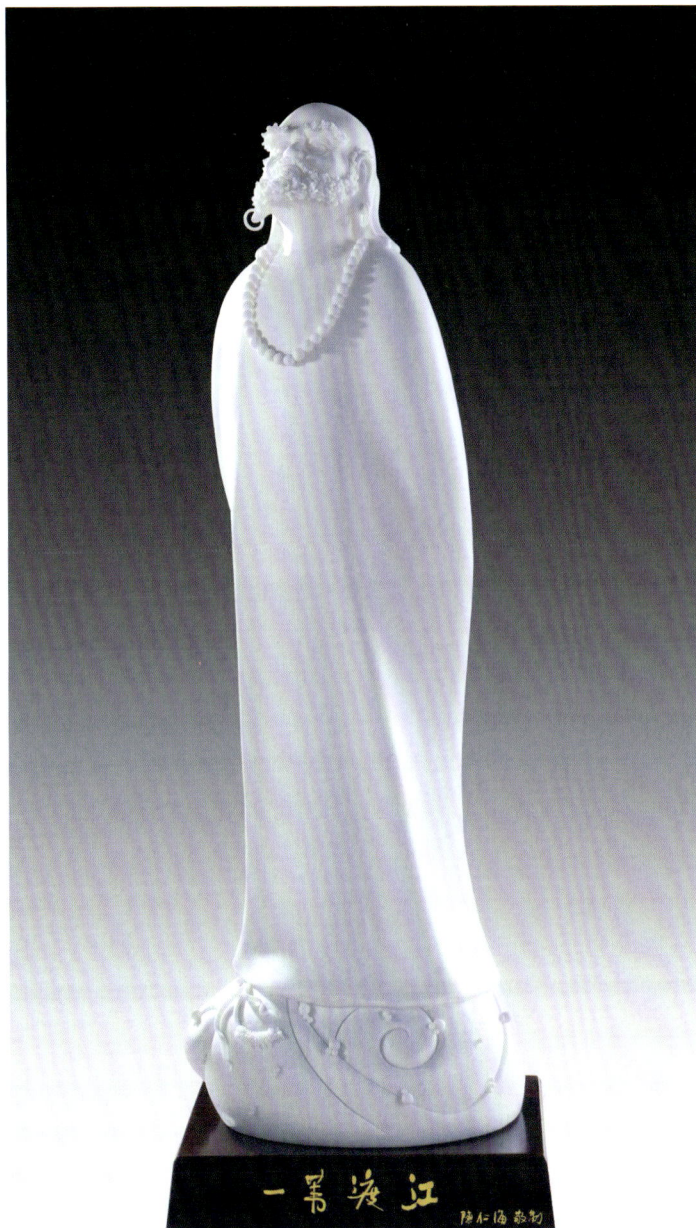

中国白·陈仁海：《一苇渡江》

第八章　中国白的馆藏价值

第一节　中国白与中国馆藏

表8—1　中国各大博物馆藏德化瓷雕一览表

省别	博物馆名称	件数	重要藏品
北京	故宫博物院	800多件	何朝宗9件
	首都博物馆	多件	
	中国国家博物馆	30	何朝宗1件
	天坛神乐署	2	
	北京艺术博物馆	10	
天津	天津市博物馆	多件	何朝宗1件
上海	上海市博物馆	数十件	何朝宗1件
重庆	中国三峡博物馆（重庆市博物馆）	100	何朝宗2件
山西	山西博物院	多件	何朝宗1件
广西	广西博物馆	多件	何朝宗1件
河南	河南博物院	多件	
	河南省文物商店	4	
	开封市博物馆	多件	
	新乡市博物馆	多件	何朝宗1件
辽宁	辽宁省博物馆	20	
	旅顺博物馆	多件	何朝宗1件

续表

省别	博物馆名称	件数	重要藏品
甘肃	兰州市博物馆	多件	
安徽	安徽省博物馆	22	
江西	江西省博物馆	多件	
宁夏	宁夏博物馆	10	
广东	广东省博物馆	1000	何朝宗1件
福建	福建博物院	1000	何朝宗2件
	福州市博物馆	多件	
	厦门市南普陀寺	多件	何朝宗1件
	厦门市博物馆	100	
	厦门市郑成功纪念馆	多件	
	泉州市海外交通史博物馆	数十件	何朝宗2件
	泉州市博物馆	数十件	何朝宗1件
	安溪县博物馆	13	
	德化陶瓷博物馆	2800	何朝宗2件
	中国白博物馆	500	何朝宗3件
香港	香港艺术馆	数十件	何朝宗1件
	天民楼	多件	何朝宗1件
	攻玉山房	多件	何朝宗1件
	香港中文大学文物馆	多件	
	香港大学美术博物馆	多件	
台湾	台北故宫博物院	数十件	
	嘉义市祥太文化馆	多件	何朝宗1件
	台北李梅树教授纪念文物馆	多件	何朝宗1件
	台中市台湾民俗文物馆	多件	
	国立历史博物馆	多件	
	阳明山兰千山馆	多件	
合计			何朝宗35件

第二节　中国白与世界馆藏

在世界各地的博物馆里珍藏着许许多多的德化瓷器，他们以无比高贵的姿态，闪耀着中华民族的光辉。下表简略介绍德化古代瓷器在各国博物馆的遗存。

表8—2　世界各大博物馆藏德化瓷雕一览表

国别	博物馆名称	件数	重要藏品
英国	大英博物馆	2000	何朝宗9件
	维多利亚与阿尔伯特博物馆	70	何朝宗3件
	伦敦尤摩弗帕勒斯藏馆	47	何朝宗1件
	大维基金会	50	何朝宗4件
	剑桥菲茨威廉博物馆	4	何朝宗1件
	牛津阿斯摩林博物馆	24	何朝宗2件
	布里斯托尔城市美术馆	8	
	爱丁堡苏格兰皇家博物馆	25	何朝宗1件
	丘吉尔故居布雷尼汉宫	1000	
爱尔兰	贝尔法斯特北爱尔兰博物馆	10	
	都柏林国家博物馆		
瑞士	日内瓦阿利亚娜博物馆		
瑞典	斯德哥尔摩东亚博物馆	80	何朝宗2件
	斯德哥尔摩卡尔·肯贝美术馆	70	何朝宗3件
	哥德堡东印度公司博物馆	一批	
	瑞典民俗博物馆	多件	
挪威	奥斯陆国家博物馆	6	
	奥斯陆艺术博物馆	12	
	卑尔根西挪威装饰艺术博物馆	8	何朝宗1件

续表

国别	博物馆名称	件数	重要藏品
丹麦	哥本哈根工艺博物馆	3	
	哥本哈根国家博物馆	26	
荷兰	阿姆斯特丹市国立博物馆	10	何朝宗 3 件
	鹿特丹市博依曼斯博物馆	一些	
	海牙市政博物馆	8	
	莱顿市人类文化学博物馆	20	
	莱顿市国立民族学博物馆	600	
	格罗宁根市格宁罗格博物馆	18	
	吕代登市公主博物馆	70	
	奥特鲁林市科罗勒·沐勒博物馆	36	
比利时	布鲁塞尔市皇家艺术博物馆	20	
	布鲁塞尔市迈耶美术馆	6	
	玛丽蒙特皇家博物馆	3	
	列日市库尔提乌斯博物馆	2	
德国	日尔曼博物馆	一批	
	德累斯顿国立艺术馆	1255	
	法兰克福工艺品博物馆	7	
	科隆艺术和手工艺博物馆	11	
	科隆东亚艺术博物馆	多件	
	柏林市夏洛滕堡	30	
	卡塞尔艺术和手工艺品博物馆	10	
	杜塞尔多夫市亨兹恩斯博物馆	几件	
	汉堡艺术和手工艺品博物馆	12	
法国	法国枫丹白露宫	多件	
	卢浮宫	多件	何朝宗 1 件
	巴黎吉美博物馆	30	何朝宗 3 件

续表

国别	博物馆名称	件数	重要藏品
意大利	威尼斯圣马可宝藏所	多件	
	威尼斯"黄金屋"博物馆	多件	
	罗马国家博物馆	多件	
	帕尔玛市中国艺术博物馆	多件	
	米兰国际文物展览中心	6	
	都灵王宫	不少	
	那不勒斯市玛蒂娜公爵陶瓷博物馆	多件	
俄罗斯	莫斯科东方艺术博物馆	多件	何朝宗1件
	俄罗斯敖沙德东西方艺术馆	多件	
	圣彼得堡俄罗斯国家博物馆	多件	
美国	康涅狄格州瓦兹沃斯雅典娜神殿博物馆	11	
	纽约州斯里·霍罗大厦	多件	
	威廉斯堡	多件	
	华盛顿弗瑞尔美术馆	多件	
	洛杉矶县艺术博物馆	多件	何朝宗1件
	巴尔的摩市瓦尔特美术馆	20	
	纽约市大都会博物馆	29	何朝宗2件
	芝加哥美术博物馆	58	何朝宗1件
	芝加哥国家历史博物馆	15	
	波士顿美术博物馆	30	何朝宗1件
	费城艺术博物馆	30	
	印第安纳俄尔汉学院	1	
	鲍登学院博物馆	1	何朝宗1件
	特拉华州温特托博物馆	6	
	底特律艺术研究院	多件	
	俄亥俄州克里夫兰艺术博物馆	多件	
	明尼阿波利时艺术博物馆	多件	

续表

国别	博物馆名称	件数	重要藏品
美国	西雅图艺术馆	17	
	旧金山亚洲艺术博物馆	14	
	加利福尼亚罗伯特藏馆	300	
	纳尔逊美术馆	多件	何朝宗 2 件
	佛罗里达州立博物馆	多件	何朝宗 3 件
	波特兰格鲁伯艺术馆	20	
	弗吉尼亚艺术精品博物馆	多件	林孝宗 1 件
	纽约王兴楼藏馆	多件	何朝宗 1 件
加拿大	多伦多皇家安大略博物馆	22	何朝宗 1 件
	蒙特利尔博物馆	3	
牙买加	牙买加国家博物馆	5	
新加坡	南洋大学李光前文物馆	4	
	新加坡亚洲文明博物馆	200	何朝宗 3 件
菲律宾	菲律宾国立博物馆	100	
印度尼西亚	雅加达国家博物馆	100	
	亚当·马利克博物馆	10	何朝宗 1 件
马来西亚	沙捞越博物馆	多件	
泰国	泰国国立博物馆	多件	
越南	越南国家博物馆	许多	
日本	日本东京国立博物馆	多件	
	长崎奉行所	多件	
澳大利亚	悉尼动力博物馆	多件	何朝宗 1 件
	悉尼新南威尔士艺术博物馆	多件	何朝宗 1 件
	墨尔本著名藏家 J. 洛伦·卡拉斯	多件	何朝宗 1 件
新西兰	新西兰国家博物馆	多件	
合计			何朝宗 63 件

表 8—3　参加国际展览一览表

国别	年代	主题	展出的德化瓷
德国	1929 年	中国古代艺术品	新加坡海蒂藏罗汉 1 件
荷兰	1934 年	近期从中国收藏的古陶瓷	海牙皮特布藏何朝宗 1 件
英国	1935—1936 年	中国艺术国际展览会	大英博物馆何朝宗 1 件
中国	1950 年	伟大的祖国——古代文物	故宫博物院何朝宗 1 件
英国	1964 年	清王朝的艺术	法国吉美博物馆藏品
英国	1071 年	中国的陶瓷艺术	法国吉美博物馆藏品
美国	1071 年	中国瓷器金银器巡回展	瑞典卡尔·肯贝藏品
东京	1980 年	中国文物展	大维基金会藏品
中国	1992 年	中国文物精华展	重庆三峡博物馆何朝宗 1 件
瑞士	1999 年	艺术与传统——5000 年的中国体育	法田吉美博物馆何朝宗 1 件
中国 (香港)	2008 年	华采巴黎 1730—1930：中国精神·法国品位	法国吉美博物馆何朝宗 1 件
中国	2008 年	奇迹天工——中国古代发明创造文物展	故宫博物院何朝宗 1 件
		中国记忆——5000 年文明瑰宝展	天津博物馆何朝宗 1 件
	2008 年起	清宫旧藏陶瓷展	故宫博物院何朝宗 2 件
日本	2008—2009 年	海上丝绸之路的出发点——福建	福建博物院何朝宗 2 件

第三节　中国白与民间收藏

"现在整个德化瓷收藏风气还是很好的，大部分的藏家对德化白瓷十分了解，这几年通过宣传，德化瓷越来越热门，各地区拍卖会上经常出现德化瓷"。中国工艺美术大师、德化收藏家协会会长陈明良说，德化瓷对

于收藏界来说愈发炙手可热。

近年来，德化多次举办民间陶瓷收藏展览，民间收藏也日趋火热，2006年"中央电视台民间寻宝记"大型电视系列活动从210名福建各地收藏家带来的600多件藏品中评出"十大宝物"，德化窑独占八件，拍卖价550万元的《携手共荣》荣列十大宝物榜首；2012年德化瓷民间收藏家携藏品参展海峡艺术品交流会；2013年央视《寻宝》栏目走进德化，现场海选评鉴德化瓷"民间国宝"；2014年明代德化窑堆雕螭龙蒜头瓶等民间藏品参展《武汉古代艺术品收藏展》……2019年民间德化窑收藏大展开展，290件民间收藏精品集结亮相，可以看出，德化窑不仅知名度越来越大，收藏者也与日俱增。

大家也达成了一定的共识，那就是德化白瓷保留了中国传统文化和艺术表现形式，具有很高的历史价值、艺术价值以及收藏价值。保护和传承德化的瓷文化，是为了填补空白，承接历史，是让每一件瓷器活过来，述说那段历史、那些故事……

德化瓷在民间收藏的日趋火热，和德化县打响的陶瓷品牌战略关系紧密。德化推出陶瓷产业跨越发展五年行动计划，擦亮陶瓷文化、全域旅游，打造闽中区域发展中心，通过推进陶瓷大师队伍建设，全力以赴打响中国白品牌，让中国白再出发。中国白的收藏价值也水涨船高，成为许多民间收藏家们的共识。

2010年11月斯图加特纳高的何

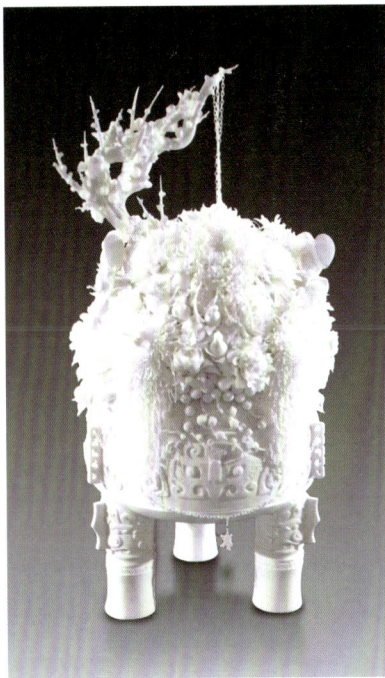

朝宗印章《渡海观音立像》拍卖了 42.6 万欧元（约合人民币 403.06 万元）；2012 年 5 月伦敦邦瀚斯拍卖的"何朝宗印"《印章观音像》，估价 3 万至 5 万英镑，以 52.925 万英镑（约合人民币 534.58 万元）成交；2017 年，北京保利拍卖会上，明代陈子和款《文昌帝君像》以人民币 115 万成交；2018 年 8 月，何朝宗款《坐莲观音》以 550 多万元人民币成交……其中 2017 年 11 月香港佳士得拍卖会上，何朝宗款《渡海观音》以 1600 万港元落槌，含佣金的成交价为 1930 万港币，折合人民币约 1633 万元，超越 2014 年香港佳士得 1444 万港元成交的何朝宗款《渡海达摩像》，北京翰海 2015 秋拍德化中国白《世博和鼎》以 2012.5 万元成交，创下迄今为止德化白瓷拍卖最高纪录……

除了精品高古瓷在市场上有着不俗的业绩外，当代中国白算是明代之后的一座小高峰，目前已有部分老艺人及大师的作品在嘉德和保利上拍，形成了一个不可忽视的板块。随着这些年大众对德化瓷的深入了解，德化瓷的市场行情属于上涨趋势，将来的上升空间还很大。

总的来说，德化白瓷是瓷器收藏的一枚新星，关注的人正慢慢多起来。德化瓷未来也将继续保持这样的上升势头。收藏德化瓷，就是挖掘与传承中国的陶瓷文化。

第四节　中国白的收藏价值

作为三维空间的中国白瓷雕艺术，不仅从材料、创意、造型、工艺、烧制与环境空间乃至其所耗时力、完成工序等，都比绘画的条件要求高得多。在世界著名的陶瓷产区中，福建德化窑自明代以来就以中国白瓷雕受到国内外的关注和赞誉，被尊为"瓷雕世界第一""白色的金子""一笼白

中国白·陈仁海:《年年富足》

银一笼瓷"。欧洲各国皇室贵族、高官富贾、文人雅士、国家级博物馆及上流社会均以收藏德化中国白瓷雕为荣,其身价也是扶摇直上。

近年来,国内外很多人又兴起德化中国白瓷雕的选购和收藏热。由于德化古瓷雕存量有限,加上真假难辨,人们将目光投向现代德化瓷雕作品,尤其是选择最富升值潜力的当代名家、大师的作品。但面对

中国白·陈仁海:《高山流水》

中国白·陈仁海:《鸿运如意》

当今德化艺术瓷雕市场,人们又感到十分茫然。一是没有品牌,企业主缺乏诚信,价格异常混乱,一件标价上万元的作品,两百元也能买到,买二十件还可以送五件,反正是送客人的,客人一时也很满意,可是到最后,客人都把它当成传家宝,这种现象太多了;二是仿制之风盛行,一件作品问世,紧跟着是一大批仿制作品充斥于市;三是虚假宣传。很多工厂规模化生产的家居工艺品、一般商品却公然当作名家大师精品卖;每件商品都配有收藏证,只要是做瓷器的大家都叫他为大师,大师满街是;作品粗制滥造,实际无限量却说是有限量生产,急功近利,违背艺术规律和艺术市场规律的现象屡有发生。目前,德化艺术瓷雕市场的展厅经济,又是新一轮的同质竞争。不同的品牌,相似的产品,创新研发能力不足。这些乱象提醒我们,德化一不小心就会重蹈当年台湾莺歌镇和江西景德镇艺术瓷恶性循环的老路,前景让人担忧。

中国白·陈仁海:《圆满如意》，国宾专供瓷

　　很多领导和企业家经常请我去帮他们收藏的德化瓷掌掌眼。那么，当前德化艺术瓷雕市场鱼龙混杂的情况下，我们怎样才能淘到好的作品，哪些大师、哪些作品是值得我们关注和选择，哪些是我们可以忽略不计？大师应该靠作品说话，有些大师称号很大，却没有思想，没有创新，没有灵魂，作品一般，没有升值空间，要怎样避免不必要的财力和精力损耗呢？

中国白·陈仁海:《大德观化》

中国白·陈仁海:《福寿颐和》，国宾专供瓷

我想可以从以下三个方面来加以选择:

第一，关注作者的传统文化修养，作品的文化内涵、艺术含量、造型、色泽以及烧成的效果。每件中国白的创作过程就是一种恋与爱的激情释放状态。只有在这种状态下才会创作出区别于仅是供人看的瓷器，至少是让每个观者想象的作品，创作出供人品鉴的作品。关注作者的传统文化修养、作品的文化内涵是瓷雕作品生命力的基础，要选择那些拥有专利版权的创新作品，就造型来说，目前又往往被陶瓷艺人和收藏家所忽视，人们最易被精到的工艺打动，而轻视造型本身。作为一种三维空间的艺术形式，造型的本身就能体现出一种精神。或圆润、或挺拔、或纤秀、或雄强、或文儒、或豪放。造型虽是由简单的线条组成，但提供给人们的想象力却是无穷无尽的。再说色泽，现代艺术瓷雕应当温润、明净、精巧、秀雅。最后看烧成的效果，因为现代艺术瓷雕，既要看烧成是否与造型统一，更要看成品是否新颖和有唯一性。好的现代艺术瓷雕应是在任何一个

角度都能给人以艺术效果的完整性，画面优美，空灵含蓄，启迪人生。

第二，关注瓷雕作品在艺术风格上的继承与创新。这是瓷雕创作者的一大难题，它反应的是瓷雕作品的艺术共性与个性的高度统一。当代瓷坛可谓红红火火、热热闹闹，普遍的浮躁已经越来越引起人们的忧虑，瓷雕作品到底应当怎样塑造，塑造什么，很多所谓的大师们都已经茫然了，只是随波逐流地看到哪一类型的瓷雕作品火热就跟风仿制，在此起彼伏的"流行风"面前迷失了自我，完全忘记了作为艺术家还有一个使命是创新。他们不是把文化创意作为创作基础，使每款中国白具有沉淀的历史和浓厚的文化，这种"物化的历史"成为一

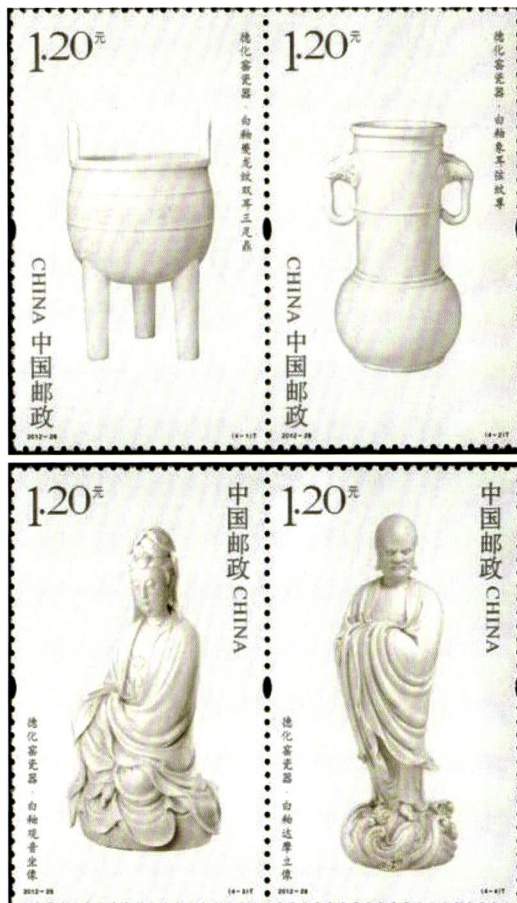

《中国陶瓷·德化窑瓷器》特种邮票

中国白·陈仁海：《达摩立像》（德化窑白釉）

种文化的载体，好在历史是间隔不断的，从整个德化瓷雕烧制技艺的高度观照，在这个点上，哪一个瓷雕大师能够在入古的基础上融入个人的审美情趣和我们这个时代的气息，就可能因为风格的传承和艺术的创新，成为后人取法的对象，是后人研究前人历史和文化的信息库。这样的中国白将成为收藏者的抢手货，市场的风向标，引领中国白瓷雕的发展方向。

第三，关注瓷雕作者的社会知名度和作品的流通量。先说第一点，古来收藏瓷雕，都是藏的"大名家作品或一代宗师级的作品"，历史上几乎所有的瓷雕名家在他们当代都已经非常或比较"著名"了。身后出名的艺术家确实有，但拥有一代宗师级的作品升值空间最大。所以，我们应该特别注意选择那些年富力强、诚实守信、富于社会责任心、与时代同行的瓷雕艺术家的作品，尤其是高水准的重大题材的纪念瓷和孤品。至于作品的流通量，首先要选择那些限量发行的专利创新作

品，同时又要关注有一定批量的特色作品。很多人认为"物以稀为贵"，但要知道如果没有一定作品量的积累，流通和流传上就会受到影响，只有瓷雕作品在艺术市场上形成了一定的流通规模和流通速度，瓷雕作者的艺术成就才能得到社会的广泛认同，瓷雕作品才能得到收藏界的普遍认可，才会进一步提高作品的升值潜力和收藏价值。

中国白·陈仁海：《观音坐像》（德化窑白釉）

　　大家如果掌握了以上三点，至少已经具备了鉴藏与投资的基本条件，如果我们留心的话，也已经可以在当代名家大师中挑出一批具有代表性的人物来了。评价德化瓷艺人主要有三个重要因素：一是看他是否成功地研究和发扬了中国白传统；二是看他在传统的延续中是否有创新，他的艺术是否具有自主原创的价值；三是看他的成就是否促进了中国白的发展，是否由为自己做上升到为大家做、为社会做的境界。对投资者和收藏者来说，应把握四条原则：一是作品须带有明显的时代特征；二是须有文化内涵；三

中国白·陈仁海：《夔龙纹双耳三足鼎》（德化窑白釉）

是须存量稀少；四是须有艺术和观赏价值的中国白。

世界著名收藏家徐展堂先生说："仁海大师有突破性创新，在不同的思想精神层面上打开新的思路，文化创意新、设计美、工艺精，内涵极为丰富，与时俱进，可以启示后人。他的作品不仅有感而发，而且是有思而发，反映出关注历史、社会、自然和现实的情怀，他既科学地吸收外来艺术的优点，又从中国的历史文化和艺术传统中寻找精神的价值，走创造具有时代文化特色的艺术之路。"很多收藏家都说这样有味道的话："仁海大师的瓷不是烧出来的，是学问养出来的"，"亲眼看到仁海大师的作品比听到的好，好极了，贵极了，更令人震撼，不愧是中国第一名瓷。"陈仁海的艺术陶瓷无疑具有较高的文化含量与传承创新品质，其社会知名度和诚信度极高，其作品极具升值潜力。

2012年10月20日，中国邮政发行《中国陶瓷·德化窑瓷器》特种邮票1套4枚，为庆祝德化窑瓷器入选国家名片，中国白·陈仁海团队特

将故宫的这四件国宝，按北京故宫博物院原品 1 : 1 高规格国宝复原。团队与专家组搜尽故宫档案，阅遍相关史料，前期投入成本大，十分难得。上海世博会 5.6 亿元镇馆之宝作者中国白·陈仁海与邮票设计师合力，强强联手，以求神韵再现、完美呈现。

业界专家认为，德化窑白釉夔龙纹双耳三足鼎、德化窑白釉象耳弦纹尊、德化窑白釉观音坐像、德化窑白釉达摩立像 4 件作品成功入选国家名片，体现了其精湛的工艺。此次世界艺术大师限量国宝复原，可赏可藏，为近年来难得一见的大师国宝复原珍品，蕴含着强劲的收藏价值和升值潜力。

中国白·陈仁海：《象耳弦纹尊》（德化窑白釉）

收藏家明白什么作品才有收藏价值，明白花 200 元买来的作品，放几十年，也许还只能是这个价，而花 2 万元买来的专利中国白，收藏几十年，也许能卖 200 万。1997 年的仁海大师香港回归纪念瓷《紫归牡怀》发行价才 480 元，如今已涨到 45 万元；2001 年蛇年纪念瓷《金蛇进宝》当时发行预订价 600 元，如今已涨到 126000 元；2005 年国家领导人赠送台湾连战先生的礼品《携手共荣》，在 2010 年 5 月 19 日下午，首届

中国白·陈仁海:《吉星高照》

中国福州海峡版权（创意）产业精品博览交易会举行了工艺美术精品拍卖会，随着拍卖师的最后落槌，拍卖的中国白瓷雕艺术作品《携手共荣》以550万元的价格成功拍出。成功的原因，就在于每一款中国白都有新创意。瓷雕创作需要一种综合的素质，其功夫在瓷外，如诗、书、画的文化底蕴。有一句老话"文如其人"，从大师的作品中，可感悟到大师平和的心态，净化的心灵，他的作品传递给人的信息是善良，是以人为本、与时俱进。这样的大师名作，又是真正专利限量烧制的作品，价格自然要高一些，更值得投资与收藏。从国际收藏惯例来看，收藏有创新创作实力的中青年名家大师的作品，看似有一定的风险，实际上才是最具价值回报的一项投资。

中国白·陈仁海:《富贵大吉》，国宾专供瓷

中国白·陈仁海:《富贵鸿运》，国宾专供瓷

第九章　当代中国白的艺术实践

第一节　当代中国白进入艺术复兴新时期

新中国成立以来，特别是改革开放以来，德化县委、县政府充分发挥中国白历史文化优势和瓷土资源优势，以"构筑现代化绿色瓷都"为目标，做大做强德化陶瓷支柱产业，经过不懈的奋斗，由原来的纯手工制作逐步向机械化、自动化、数字化扩展；由原来传统陶瓷逐步向多元、多向

中国白·陈仁海全球鉴藏会

世界各国政要、名人收藏中国白·陈仁海瓷器

化发展；由原来的单一产业链逐步向全产业链拓展，形成了精品瓷雕、工艺瓷、日用瓷、科技陶瓷等齐头并进的陶瓷发展新格局，形成了集瓷雕生

中国白·陈仁海：《白衣执甲》出炉揭彩仪式

曹德旺先生收藏《今天是好日子》

产、陶瓷制造、陶瓷机械、瓷泥采选、釉料化工、彩印包装、市场交易、物流配送、专业人才培训、陶瓷文化旅游、陶瓷文化体验、考古非遗研学等为一体的相对完整的中国白陶瓷产业链。中国白渐入佳境，逐步进入艺术复兴的新时期。

德化现已成为全国最大的陶瓷电子商务产业基地、全国最大的陶瓷工艺品生产和出口基地、全国最大的陶瓷茶具和花盆生产基地、国家级出口陶瓷质量安全示范区，获评中国瓷都、中国民间文化艺术之乡、中国陶瓷历史文化名城，荣膺全球首个世界陶瓷之都。

当代中国白进入艺术复兴新时期有以下重要标志：

一、德化瓷烧制技艺被列入国家非物质文化遗产名录

2006 年 5 月 20 日，国务院公布第一批国家级非物质文化遗产名录，德化瓷烧制技艺经国务院批准列入第一批国家级非物质文化遗产名录（遗产编号：Ⅷ—11）。这一重大事件，既是国家对德化中国白所体现的历史价值、文化价值、精神价值、科学价值、社会价值和经济价值的认可，也是对其当下呈现的独特性、活态性、传承性、流变性、综合性、民族性和地域性的褒奖。

二、国家质量监督检验检疫总局批准对德化白瓷实施地理标志产品保护

2006 年 12 月 27 日，原国家质检总局根据《地理标志产品保护规定》发布公告，批准对德化白瓷实施地理标志产品保护。保护范围为福建省德化县现辖行政区域。公告对德化白瓷的产品种类、原料生产、成型工艺、施釉、烧成、质量特色、"地理标志产品专用标志"的使用、德化白瓷产品的保护措施等作了明确规定。

德化白瓷实施地理标志产品保护，是对德化白瓷所具有的质量、声誉及该产地的自然因素和人文因素的充分肯定，也是对中国白科学传承作了标准化界定。

三、全球首个世界瓷都

泉州德化以千年瓷都和海上丝绸之路主要起点城市闻名于世，德化中国白是促进世界文明交流互鉴和不断进步的重要桥梁，是世界认识中国、中国走向世界的重要文化符号和传承中华优秀文化的重要载体。2015 年 5 月 30 日，联合国教科文组织世界手工艺理事会国际专家组全票通过，授

予德化县"世界陶瓷之都"称号。世界手工艺理事会（World Crafts Council，简称WCC）于1964年成立，是联合国教科文组织下设A类组织，是一个国际非营利性非政府组织，在非洲、亚太、欧洲、拉丁美洲、北美洲五个地区设有分支机构，已拥有110个会员国家。近年来，随着"一带一路"倡议的提出，德化陶瓷的对外交流活动越来越密切，国际影响力也越来越大。当代"世界官窑"的地位举足轻重。德化的中国白名声早已弘扬海外、享誉世界。

四、人才辈出　群英荟萃

目前，德化拥有陶瓷高技术人才4800多名、工艺美术专业人才1100多名，高级工艺美术师、工艺美术师等2000多人，拥有国家级、省级陶瓷艺术大师400多人，市级以上非物质文化遗产保护项目德化瓷烧制技艺代表性传承人37人，享受国务院特殊津贴专家7人，有序形成老、中、青陶瓷艺术人才梯队，有陶瓷研究所近300家，两所全日制大、中专院校（泉州工艺美术职业学院和德化职业技术学校），形成了较为完备的人才培养和科研能力。

五、版权保护成为全球推广的"德化经验"

长期以来，德化县委、县政府高度重视陶瓷科技创新和知识产权保护工作，按照"传统瓷雕精品化，工艺陶瓷日用化，日用陶瓷艺术化"的发展思路，不断强化行政和司法保护知识产权的力度，构建行政、司法、行业协会"三位一体"保护体系，形成了注重知识产权保护、崇尚创新研发的良性发展局面，具有第一个版权就地办理省级权限，成立全省第一个版权协会，设立全省第一个版权咨询服务公司和知识产权庭，成立全国第一个陶瓷知识产权保护教育基地，获评全国版权保护示范单位、福建省知识

第四届中国国际进口博览会打击侵权假冒国际合作论坛

产权强县、福建省首个"福建省版权示范园区"，国家版权局和世界知识产权组织向全球推广陶瓷版权保护"德化经验"。

　　2021 年 11 月 6 日，第四届中国国际进口博览会打击侵权假冒国际合作论坛在上海国家会展中心举办。德化县人民政府县长方俊钦作为全国唯一的地方政府代表，就县域知识产权保护工作作交流发言。

　　德化作为千年瓷都，也是目前全球唯一的世界陶瓷之都，同时也是世界文化遗产地，自古以瓷闻名，宋元时期

德化县人民政府县长方俊钦在论坛上交流发言

德化所产瓷器已是"海上丝绸之路"的主要出口商品，如今全县 70% 的产品销往 190 多个国家和地区。德化县先后成功入选国家知识产权强县工程示范县，荣获中国版权金奖"保护奖"，陶瓷版权保护经验被国家版权局和世界知识产权组织列入推动版权保护优秀案例示范点，并向全球推广。

近年来，德化深入学习贯彻落实习近平总书记关于全面加强知识产权保护工作的重要讲话精神，通过立足陶瓷产业，以知识产权为切入点，以机制创新为关键点，以司法保护为发力点，以社会共治为着眼点，多向发力、齐抓共管，已建立并形成了企业、协会、政府、司法、社会"五位一体、多元共治"的知识产权保护体系，打造了一套可看、可学、可复制、可推广的知识产权保护"德化经验"。

德化陶瓷历经千年风霜，今天依然窑火不熄、蓬勃发展。得益于知识产权保护，德化陶瓷产业迎来了跨越发展"黄金期"，跃居成为国内现代工艺陶瓷和日用陶瓷最大的生产基地，全县陶瓷产值突破 400 亿元，较 2015 年翻了近一番，陶瓷品牌价值达 1086 亿元。而德化将始终坚持以高质量发展为主题，持续提升知识产权保护创造质量、运用效益、管理效能和服务水平，全面推动知识产权保护与经济社会发展"深度融合""双向赋能"，实现德化陶瓷"千年基业"万古长青。

第二节　当代中国白艺术实践的创作宗旨

中国白艺术实践，是理论与实践相结合的过程，也是一个实践、认识、再实践、再认识，循环往复以至无穷的过程。当代中国白的艺术实践证明，以下几个基本原则是管用的真谛。

一、在传承中发展，在发展中创新

随着人类命运共同体的构建，不同民族的文化交流日趋频繁，文化日益成为民族走向世界的突出标志。在这一时代背景下，中国白如何将自己独具特色的文化展示给世界，又如何以海纳百川的心胸接受外来文化，如何在文化的交互激荡中既守护住自己的传统又拥有创新活力，归结到一点，就是要正确处理中国白文化的传承与创新的关系问题，将中国白的文化传承与文化创新辩证统一于中国白的活态发展之中。

创新的前提是传承。中国白是一份厚重的文化遗产，世代薪火相传，民族特色鲜明，

中国白·陈仁海：《气贯长虹》

文化博大精深，代表了当时我国乃至世界白瓷艺术的最高水平，在世界陶瓷和陶瓷艺术史上占有重要的地位，是中华文化的重要载体之一，蕴含着中华民族特有的精神价值、思维方式、想象力和文化意识，体现着中华民族的生命力和创造力。我们要认同中国白的文化传统，加大中国白文物保

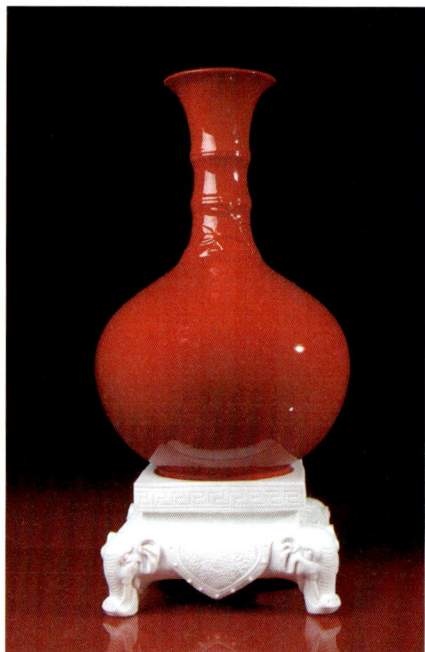

中国白·陈仁海：《花样年华》，香港李嘉诚私人收藏

中国白·陈仁海：《步步高升》

护力度，深入领悟并挖掘中国白传统文化价值，为当代中国白艺术的创作提供借鉴之源。

文化传承，态度尤为重要，我们要对中国白心存敬畏，多一份尊重，多一份思考，有发自内心的真诚，而不是以急功近利的心态去对待。我们只有在传承中积累文化成果，让后人在前人文化实践的结果上开始新的征程，从这种意义上说，对中国白传统文化的传承是一份沉甸甸的历史责任。

如果说传承是一种历史责任的话，那么创新更是一种时代责任。中国白创新是中国白永葆生命力的重要基础，是中国白的灵魂。在求新、革新、创新中积蓄前行的力量，是中国白一以贯之的思想。

我们要紧紧抓住新一轮科技革命和产业变革带来的机遇，大力推动中国白理论创新、内容创新、创意创新、设计创新、材料创新、技艺创新、工艺创新。勇于创新创造，用精湛的艺术推动中国白文化创新，把创新精神贯穿中国白创作全过程，大胆探索，锐意进取，在提高原创力上下功夫，在拓展题材、内容、形式、手法上下功夫，踏实地努力创作出更多高质量、高品位的作品。

要大力培育中国白产业新技术、新业态、新模式，推动中国白制造向智能、绿色、高端、服务化方向转型升级。放大中国白品牌优势，推动其与文化、旅游等相关产业的深度融合，努力走出一条具有世界意义、中国价值、新时代特征、德化特色的创新发展新路径。

中国白的传承与创新，是中国白复兴道路上前行的两个轮子，二者缺一不可，不可偏废。中国白前行中有两个标识性的文化维度：一个是"隐性"标识，它的文化维度是"传统"；另一个是"显性"标识，它的文化维度则是"创新"，而"创新"，它为中国白注入了不竭的发展动力，表征着中国白文化主体的存在价值和生命力。只有坚持从历史走向未来，从延续民族文化血脉中开拓前进，我们才能做好今天的事业，开创中国白文化的新境界。

二、艺术与科技融合，彰显当代中国白魅力

在人类漫长的发展历史中，艺术与科学是文明的基础。中国古代思想家庄子提出了"判天地之美，析万物之理"的思想，揭示了二者不可分割的关系。法国作家福楼拜曾说："越往前走，艺术越要科学化。同时科学也要艺术化，两者从山麓分手，回头又在山顶汇合。"著名物理学家李政道曾说："科学和艺术的共同基础是人类的创造力，它们追求的目标都是真理的普遍性。"著名画家吴冠中曾说："科学揭示宇宙的奥妙，艺术揭示情感的奥妙。"无论是东方还是西方，艺术与科学都从未真正分离，而两者融合的交集点正是人类创造奇迹的沃土。

中国白·陈仁海:《宁静致远》

中国白·陈仁海:《繁花似锦》

　　中国白历代艺术大师,一直在为中国白艺术与科技的融合发展殚精竭虑,上下求索,烧制出名扬世界的名器精品,为我们提供了许多重要的启示。从当代文化产业发展的大趋势来看,艺术与科技融合正成为中国白产业快速发展的重要驱动力。

　　科技为中国白注入了新的思想活力。随着现代科学技术的发展,自然科学与社会科学的互相渗透、互相融合,大量的新思想、新兴技术将应用于中国白的艺术实践之中,作品的思想性、时代性将更加丰富和彰显;以写实、抽象、写意为主体的艺术形式将更加多样和灵动;作品的意境、情感、气韵将更加出神入化。中国白独特的艺术语言通过和新材料、新工艺表达媒介的融合,将更加受到人们的喜爱。中国白的艺术价值在收藏界和艺术品市场上必将攀登上一座新的

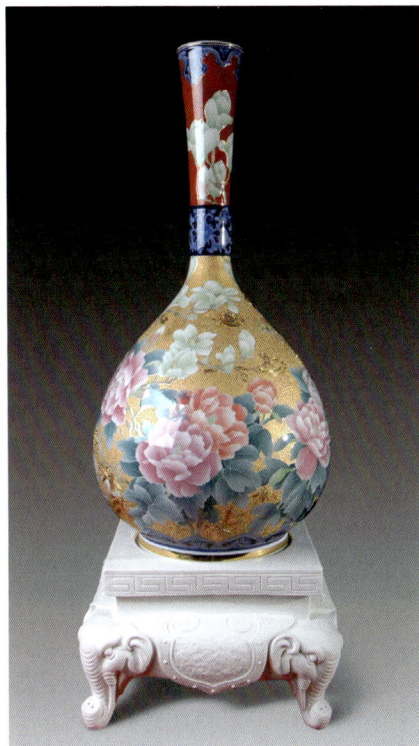

中国白·陈仁海：《前程似锦》

中国白·陈仁海：《日出江花》（中国红熔
洞结晶中国白）

高峰。

　　科技为中国白提供了新的表现手段。近年来，随着科技的迅速发展，以数字技术、信息技术和网络技术为代表的科技在推动中国白艺术的发展方面，显示出巨大的力量，不仅为中国白提供了基础性、手段性、工具性的新的艺术表现手段，使很多艺术想象得以实现，促成中国白新的艺术品不断呈现，而且进一步激发了艺术家的想象力，使艺术创作的科技含量、创作技巧、表现手法越来越丰富，艺术个性得以充分体现，优秀艺术作品不断涌现。同时，科技的发展也为中国白提供了新的信息交流方式和传播、流通方式，加快了中国白融入大众生活的步伐。

中国白·陈仁海:《仁心至道》

自20世纪以来，我们树起一面大旗，就是中国白无论在艺术创作、理论研究还是未来的探索中，都应该坚持艺术与科技交融的方向。现在看来，当时确立这个方向是对的。中国白与科技深度融合，互相赋能，以真耀美，以美启真，定能够创造出无限的契机，开创出美好的未来。中国白博物馆将倡议创建"中国白艺术与科技融合创新中心"，发起中国白艺术与科学融合发展基金，打造中国乃至世界级的瓷雕艺术圣殿，更是中国白的传习中心、创作中心、体验中心、收藏中心、展览中心、活动中心和销售服务交流中心，以崭新的姿态在现代文博创意文化产业中扮演越来越重要的角色。

组建专家委员会是中国白博物馆向社会化、开放式发展的最大亮点。中国白博物馆专家委员会由顾问委员会、创作委员会、收藏评鉴委员会和策划展览委员会组成。其中顾问委员会是中国白博物馆的最高参谋咨询机构；创作委员会是中国白博物馆的最高学术机构；收藏评鉴委员会是中国白博物馆收藏计划制定和收藏品鉴定机构；策划展览委员会是确定符合形象和水平的展览理念，依托中国白艺术与科学融合发展基金，研究制定展览计划，策划高水准的中国白艺术展览，推荐并组织精品在国内外展出，为中国白艺术与科技融合发展贡献力量。

各界人士参观中国白博物馆

三、以人民为中心，满足人民对美好生活的向往

我国有着悠久的陶瓷发展史，中国人在科学技术上的成果以及对美好生活的追求与塑造，在许多方面都是通过陶瓷来体现的，陶瓷成为人们精神生活和物质生活重要的组成部分。

进入新时代，人们对中国白的需求日益呈现出个性化、多样化、品质化、国际化等特点，中国白如何更好地满足人们日益增长的美好生活需要，如何更好地满足人们对中国白更高的期待，这是中国白传承发展的重要课题。

要牢固树立以人民为中心的思想，把握好中国白在中华民族伟大复兴的进程中的历史方位，把不断满足人民对美好生活的向往作为奋斗目标，坚守艺术理想，不断提高学养、涵养、修养，加强思想积累、知识储备、

以人民为中心

文化修养，做真善美的追求者和传播者，把崇高的价值、精湛的技艺、美好的情感融入自己的作品之中。

中国白是德化艺术瓷的薪传者。中国白艺术瓷，是世界瓷都德化王冠上的明珠，是人们观赏、把玩、投资、收藏的上品，也是人们了解时代文化内涵和民族精神的重要载体，现已经成为人们美好生活的标配，是精神财富和物质财富的重要象征，无论是收藏还是赠礼，中国白都是恰到好处。当代中国白艺术家应坚守中国白的审美理想和品质，保持其独立价值，守正创新，制作虽繁必不敢省人工，品味虽贵必不敢减物力，创作更多有正能量、有感染力，能够温润心灵、启

中国白·陈仁海：《仁海斗酒具》

迪心智，传得开、留得下的名器精品，努力书写中国白艺术瓷的新篇章。

中国白是生活美学的实践者及传播者。中国白自诞生之日起，就与人们的高品质生活唇齿相依。当代中国白秉承历史传统，充分挖掘中国陶瓷文化美学元素，实现经典文化的艺术转换，引领时代风尚，以新生姿态，展现生活之美，通过高品质、高颜值的艺术生活瓷，为人们打造更好的生活方式和美好生活场景，提升生活品位，为生活带来品质感与触手可及的仪式感。2017 金砖国家领导人厦门会晤国宴瓷更是将中国白生活美学展现得淋漓尽致。

2017 金砖国家领导人厦门会晤国宴瓷，令中国白大放异彩。"中国白·陈仁海"的《四海一心》《方圆之间》《和泽四海》系列国宴瓷，多达 118 件（套），主要包括餐具套装、杯具系列及茶具、酒具、咖啡具系列等。《四海一心》系列，集艺术与养生为一体，美轮美奂，尽显中国文化之美。系列瓷以金色构线手法，呈现出葫芦、丝路、海波、谷粒、日光岩吉祥图案，寓意天圆地方、福泽万代的美好寓意。金砖元首杯的杯底，采用阴阳双面精雕的专利技术，可见牡丹的国色天香。杯底透光时，用手指按住花蕊，这朵牡丹则变成红牡丹，粉嫩可爱、妙趣横生；若用手机拍摄时，这朵牡丹花就变成绿牡丹；空杯时，是一朵白牡丹；加入水后，却是一朵黑牡丹。这种独具特色的釉下彩金线写意手法妙趣横生，独具神韵。闽菜代表佛跳墙炖盅，器形似帆船又似元宝，巧妙地把菜品的保温功能融合在一起，寓意厚德载物、有容乃大，体现了"开放、包容、合作、共赢"的金砖精神。首次亮相使用的中国白全釉瓷筷子，把中国筷子文化发挥到极致。《四海一心》系列艺术生活瓷自问世以来，已经成为高品质生活的首选。

除了《四海一心》，德化五洲陶瓷股份有限公司精心制作的"五彩祥云"餐具，德化成艺陶瓷有限公司出品的迎宾杯也作为金砖国家领导人厦门会晤用瓷，显示出中国白艺术生活瓷的生活情趣和艺术魅力。

"中国白，让生活更美好"，已经成为世界瓷都德化一张靓丽的名片，仅德化产的茶具，已占全国 80% 以上的市场份额。此外，中国白在工业领域的开发运用也展示了广阔前景。2021 年 10 月 22 日，在全球规模最高的世界工业设计大会开幕式上，工业和信息化部为首批 5 家国家工业设计研究院颁发牌匾，位于德化的福建省陶瓷工业设计研究院榜上有名，成为全国陶瓷行业唯一的国家工业设计研究院。

中国白正为"让人民生活更美好"作全方位的努力，更有温度的品牌沟通，讲好中国人的故事，满足人民对美好生活的新期待。

四、以文化赋能品牌，坚定走品牌化道路

中国白作为中国乃至世界白瓷品牌，具有深厚的文化意蕴和普世价

德化陶瓷艺术大师联盟成立

值。白色作为所有色彩中最单纯的颜色，在我国传统文化中担当重要的精
神角色。儒学创始人孔子将白色定为"正色"之一，寓意庄重安宁、澄明
清静，洁白无瑕；道家尤其喜爱白色，太极图由黑白两色构成，白色属阳，
黑色属阴，阴阳相互依赖，共存共容。老子将白色比喻为水，《道德经》中
说"上善若水，水利万物而不争，处众人之所恶，故几于道"，将白色赋
予了道家最崇高的核心精神，可见老子对白色的推崇；佛教的精神世界里，
白色总是与慈悲、宽容、安详、善良等气息相关，如观音菩萨，身着白衣，
手持白色净瓶，坐在白莲之上。藏传佛教白色被赋予了抵达超凡世界的象
征意义，白色的寺院墙体、白色的佛塔，房顶上供奉的白色石头、白色的
哈达等等，白色随处可见。藏族的唐卡，白色代表水，寓意修行者要像水
一样的修行，要有包容之心，无贪执厌恶之念；在中国民间，素有"一白
遮百丑"之说，尤其对于一些女性来说，白，代表了美与静丽，以白为美
便是国人不二的审美倾向，进而引起人们对生活的美好憧憬；白色又是西
方文化中的崇尚色，象征高雅、纯洁、高尚、公正、幸运、吉利等高品位
的审美象征，这正是欧洲人将德化白瓷命名为中国白的文化共鸣。

　　中国白以文化赋能品牌，必须进一步研究、挖掘其所汇聚的白色文化
内涵，探索不同国家、不同民族、不同消费群体的文化认同、情感认同。
中国白属于中国，社会各界应共同关注中国白品牌的培育、保护、宣传、
发展。中国白属于瓷都德化，德化所有艺术大师应该抓住"一带一路"深
入推进的历史机遇，共同推动中国白品牌走向世界。

　　中国白作为德化白瓷文化的传承者和代表性品牌，在国内外已经具有
广泛的认知度和美誉度。"中国白"旗下聚集着一大批艺术大师，这是中
国白走品牌化道路的底气和实力所在。

　　2020 年 11 月 5 日，德化陶瓷艺术大师联盟成立。名单如下：

　　顾问：邱双炯、柯宏荣、连紫华、陈明良、赖礼同、麻双

鸣、苏玉峰、陈桂玉、苏献忠、陈明华、寇富平

　　荣誉主席：陈仁海

　　主席：许瑞峰

　　秘书长：林建胜

　　副秘书长：曾丽红、兰全盛、张明贵、赖育贤

　　片区召集人和联络人：

　　1.城东工业区片区

　　召集人：颜松柳

　　联系人：郑志德、赖双安、兰全盛

　　2.三班片区

　　召集人：孙义渊

　　联系人：庄丽琴

　　3.宝美工业区片区

　　召集人：郑燕婷

　　联系人：刘铭志、张明贵

　　4.科技园片区

　　召集人：林建胜

　　联系人：郑雄彭、林灵月

　　5.鹏祥工业区片区

　　召集人：郑成全

　　联系人：连德理、赖育贤

　　6."瓷谷仙境"片区

　　召集人：周金田

　　联系人：曾映雪、杨树振

德化陶瓷艺术大师联盟成立，标志着瓷都德化艺术大师共同擦亮世界

瓷都品牌，推动中国白从德化走向全国，从全国迈向更加广阔的世界。

中国白走品牌化道路，必须要造就一大批德艺双馨的大师队伍。教育家梅贻琦曾说："所谓大学者，非谓有大楼之谓也，有大师之谓也。"借用上面的话，可以说，所谓瓷都，非瓷都之大，而是有陶瓷艺术大师，有具有重要学术影响力，且对我国艺术教育、美术创作及艺术设计发展具有重要推动作用和影响力的艺术大家；既需要有省级、国家级、世界级的大师，更需要有一定规模、学科比较丰富、技术种类比较健全的大师群体，要大力弘扬"执着专注、精益求精、一丝不苟、追求卓越"的工匠精神，续写中国白品牌新的华章。

五、坚持交流互鉴，推动中国白繁荣发展

中国白因中外文化交流而被世界认知，为世界陶瓷发展提供了重要借鉴，被誉为"世界陶瓷之母"，传播了中国人的精神价值观，为中外文明交流互鉴作出了重大贡献，让世界了解中国、认识中国。

改革开放以来，中国白文化交流亮点纷呈，成果丰硕。香港回归、澳门回归、北京奥运会、上海世博会、金砖国家领导人厦门会晤、上海进博会等国际性重大活动，中国白为中国增光添彩。中国白已经扮演着中国与世界文化交流使者的角色，成为我国重大国事活动的会议用瓷、国宴用瓷和外交礼品。

第二届"'中国白'国际陶瓷艺术大奖赛"，清华大学美术学院陶瓷艺术设计系主任白明教授担任评委会主席。

法国罗丹博物馆馆长卡特琳·舍维约（Catherine Chevillot），佳士得中国瓷器及艺术品国际主管热拉尔迪娜·勒南（Géraldine Lenain），法国赛努齐博物馆馆长、法国博物馆遗产总监 Christine Shimizu，意大利法恩扎国际陶瓷博物馆馆长 Claudia Casali，美国纽约大学教授、博士 Judith

首届"'中国白'国际陶瓷艺术大奖赛"金奖作品:《残山剩水》、蒋颜泽

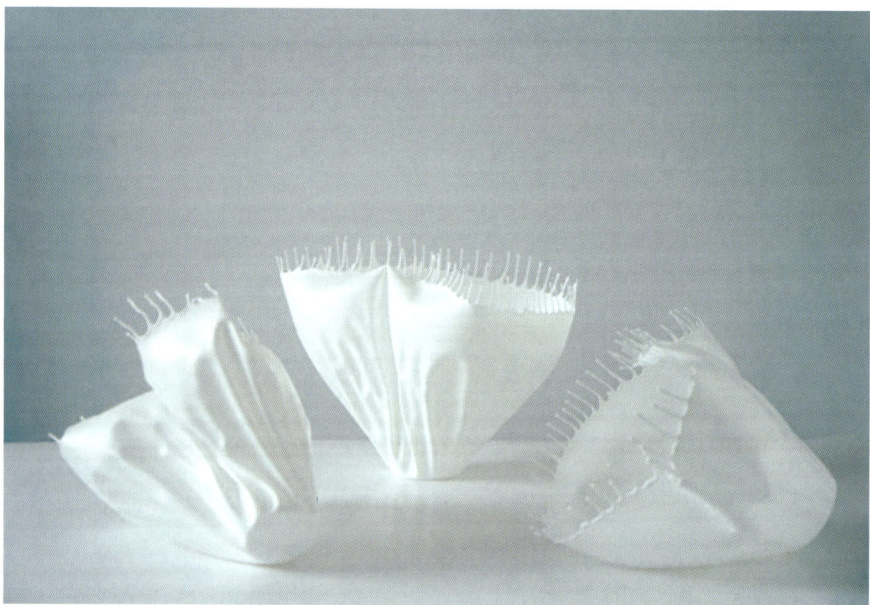

第二届"'中国白'国际陶瓷艺术大奖赛"获奖作品:《森_Water》、卜晓东

第二届"'中国白'国际陶瓷艺术大奖赛"获奖作品：《折叠运动》，Simcha Even-Chen

Schwartz，法国塞弗尔国家陶瓷城主席 Romane Sarfati 等担任了第二届"'中国白'国际陶瓷艺术大奖赛"评委。

　　丝路使者中国白再出发——2017 年国博德化白瓷艺术展、中国白再出发—2019 中国白国际陶瓷艺术论坛、中国德化陶瓷博览会暨茶具文化节、中国白中国传统陶瓷艺术双年展、"何朝宗杯"2020 中国（德化）陶瓷工业设计大赛等重大交流活动，已经成为文明交流互鉴的成功范例。中国白文化交流合作是"一带一路"的灵魂。要真正做到文化交流，必须坚持平等对话、相互尊重、开放包容和互学互鉴的基本原则。

　　当今世界正处于百年未有之大变局，中国处于近代以来最好的发展时期，我们比历史上任何时期都更接近中华民族伟大复兴的目标，比历史上任何时期都更有信心、有能力实现这个目标。在实现中华民族伟大复兴目标的进程中，中国白处于海上丝绸之路的源头，得天时、地利、人和之势，应更加积极主动地高水平地开展中外文化交流，推动中国白的繁荣发展，为中华民族伟大复兴作出更大的贡献。

　　充分发挥文化交流基础设施建设的作用。德化已经具备了良好的国际陶瓷文化交流的基础设施条件，近 5 万平方米的德化世界瓷艺城、大师工艺展馆、陶瓷企业展馆，为国际、国内文化交流合作的深入开展提供了基

第二届"'中国白'国际陶瓷艺术大奖赛"艺术家驻地项目作品:《首、心、手》、Candy Coated

础支撑，为不同业态及价值形态的交流合作提供了平台。要在此基础上，抓住新技术带来的变革，充分利用5G、大数据、区块链、人工智能等新技术，与交流合作进行深度融合，开展高品位、高质量的文化交流活动，打造集创意、设计、定制、展示、鉴定、交易、物流、产品发布于一体的国际化的陶瓷博览运营平台。

要丰富中国白文化交流的内涵与形式，发挥政府和民间交流两个积极性，讲好"一带一路"故事，传播好"一带一路"声音，让丝绸之路精神薪火相传，成为促进沿线各国繁荣发展的重要纽带，向世界讲述新时代中国白的故事。

第三节　当代中国白文化新坐标

　　中国白盛于宋元明清，是古代海上丝绸之路的主要输出商品，享誉世界。继一代瓷圣何朝宗之后，德化陶瓷大师、巨匠辈出，在世界陶瓷史上写下了中国华章。新中国成立以来，特别是改革开放以来，千年窑火重放光彩。德化陶瓷艺术家坚定文化自信，坚持与时代同行，在继承德化瓷优秀传统的基础上，潜心钻研，守正创新，锐意进取，创作了一大批精品力作，实现了时任福建省省长习近平 2001 年 4 月 19 日深入德化县调研时关于"把精美的瓷器做出来、摆出来，还要传出去"的殷切希望，打造了异彩纷呈的当代中国白文化新坐标，为人类文明进步作出了新的重要贡献。

一、名家名瓷

德化红旗瓷厂作品：人民大会堂福建厅用瓷

作品：《闽龙出海》

背景：中国白·陈仁海团队与德化陶瓷博物馆原副馆长杨剑民合作

简介：《闽龙出海》以福建进京参加庆祝新中国成立50周年活动的纪念彩车为原型。
作品主要由两部分组成，拱形海浪和刻有纪念彩车的红色圆盘，寓意福建进京
参加庆祝新中国成立50周年活动旭日东升的美好愿景。

荣誉：故宫博物院收藏、人民大会堂收藏

苏勤明：《关汉卿》

陈其泰:《矿工》

王则坚:《白毛女》

许兴泰:《春满人间》

柯宏荣、陈桂玉：《天鹅湖》

杨剑民:《手工刻花玉卉餐具》

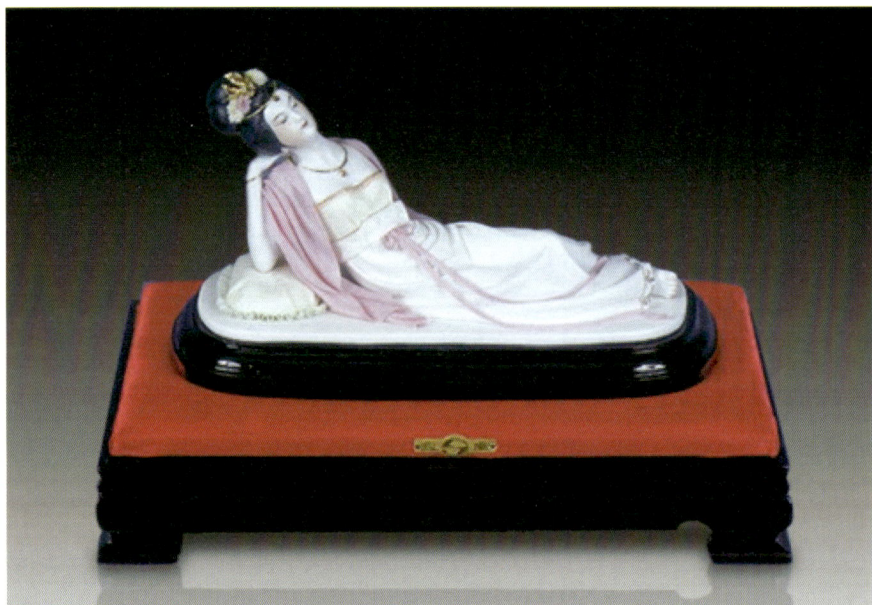

邱双炯:《贵妃醉酒》

德化第一瓷厂作品：
高白釉下青花餐具

苏献忠：《纸》

二、国礼瓷

《荷花女神》，赠送日本和新加坡等国际政要和友人收藏 国宾专供瓷

《出入平安》，是赠送沙特阿拉伯王国阿勒沙特国王的国礼。《出入平安》雕塑的是一只仙葫芦。葫芦设计成上下楼台亭阁，云雾缭绕，花草树木，争芳斗艳。楼阁内外，六只小狗忠诚地守护着葫芦内珍藏的仙丹妙药、金银财宝。特制一只犬王镂空财运亨通风水球。

《一树寒梅》，赠送日本明仁天皇收藏

葫芦边上的神瓶牡丹花盛开，香气四溢，象征一切平安。整个雕塑和谐统一，尤其是瓷塑纱窗，飘然欲动，更是出神入化。

《鸿运旺旺》，是赠送巴西联邦共和国迪尔玛·罗塞芙的国礼。狗集忠诚、勇敢、聪明、可爱于一身，更有感人至深的动人故事。几乎世界所有的人都一致公认——狗是我们身边最杰出的伙伴和守卫。瓷雕《鸿运旺旺》中的主人公杨贵妃，一跃登上贵妃宝座，真是交上"鸿运"。她在宫中过上锦衣玉食的生活，伴有两只可爱的贵妃犬紧随左右，"旺旺"之声悦耳。

《千手观音》，是赠送给俄罗斯普京总统的国礼。站立状的千手观音，体态丰腴，面如满月，鼻梁隆起的线条上接额部，形成

《出入平安》，赠送沙特阿拉伯王国阿勒沙特国王收藏　国宾专供瓷

《鸿运旺旺》，赠送巴西联邦共和国迪尔玛·罗塞芙收藏　国宾专供瓷

《千手观音》，赠送俄罗斯总统普京收藏　国宾专供瓷

柳叶的弯眉。上下眼睑饱满，眼角下垂，千手栩栩如生，双耳几乎垂及肩，小口微含笑意。观音细发如丝，均根根到底，无一错乱。观音宝冠两侧各有一根飘带由肩垂下，与飘动的长袖蜿蜒曲折至莲座，颇有"吴带当风"之势。

《携手共荣》，是赠送台湾连战先生的礼品。《携手共荣》以两个相连的葫芦花瓶为主轴，花瓶上镶嵌着华贵的牡丹与菊花，洁白无瑕，温润如玉，花瓣薄如膜，花蕊细如丝，栩栩如生，几可乱真，设计精美、工艺精湛，代表了德化白瓷的最高水平。另外，这个中国白双葫芦瓶《携手共荣》的创意非常巧妙，葫芦寓意着吉祥、美好。对称的一对葫芦瓶，又似一个大"囍"字和"共"字，表达了"海峡两岸人民期盼携手共荣，促进祖国统一"的美好心愿，构思相当巧妙。

《团团圆圆》，大熊猫赠台纪念瓷。该壶为心形造型，竹节形状的把

《携手共荣》，赠送台湾连战先生收藏

《团团圆圆》，大熊猫赠台纪念瓷

手清雅可人，顶端熊猫与壶盖熊猫相亲相爱。两只心状茶杯，与茶壶构成绝配。该壶洁白透亮，温润典雅，情趣盎然。

《法海慈航》，是赠送印度总统帕蒂尔的国礼。观世音菩萨是佛教中平安吉祥的保护神，深得信众敬仰。观音盘坐在莲花座上。主身八手连体，其中，双手合十，两只手捧钵，四只手各持法器，庄严慈祥，栩栩如生。背面由千手组成屏风，纤纤细指，层次分明。底座是滔滔海浪，双龙迎着法轮腾跃，托着观音跨越五大洲普渡众生，显达神通。

《和谐中华》，庆香港回归十周年中央领导赠香港特首曾荫权礼品。

《金顶重阳》，是赠送意大利总统纳波利塔诺的国礼。明快的黄色，夹些草花纹样，层状结构，这些是大化石的普遍特点。如果看一件石头，此石也挺"普通"的。但创作者抓住了形、色特征，借题发挥，将立意确定在一个寄托情感的主题上。再来看看该石头的两个特色元素：一是石体鲜明的金黄色，体现了大化石的"宝气"风格；二是层层递高的塔状结构，一圈一圈地勒痕如拾级而上，增加了石体的高耸感；石顶的天台宽阔

《法海慈航》，赠送印度总统帕蒂尔收藏　国宾专供瓷

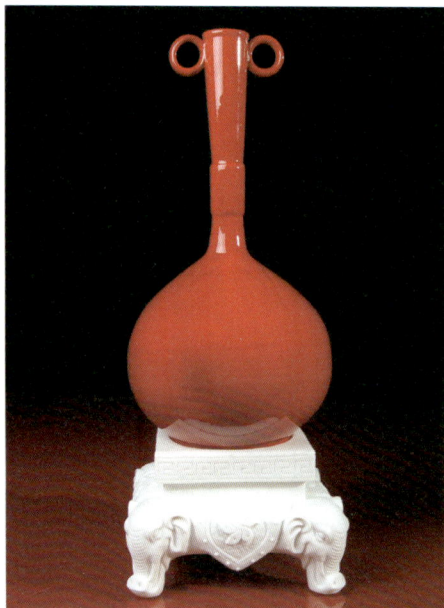

《和谐中华》，庆祝香港回归十周年中央领导赠香港特首曾荫权收藏　国宾专供瓷

《金顶重阳》，赠送意大利总统纳波利塔诺收藏　国宾专供瓷

《天马行空》，赠送俄罗斯总统梅德韦杰夫收藏　国宾专供瓷

平坦，正适合登高望远。石的金色被创作者用来寓意"金秋"的季节。

《天马行空》，是赠送俄罗斯总统梅德韦杰夫的国礼。作品以神七返回舱为底座，在国旗图案的上方，镶嵌着国家领导人的"飞天"题词，底座之上，祥云萦绕，三匹赤红马骁勇奔驰、气势磅礴。作品寓意三位属马的航天员，在改革开放30周年之际，科技兴国、振兴中华的凌云壮志。

《和谐世界》元首杯，新中国60周年华诞赠送170多个国家元首的国礼。

《福佑乾坤》，新中国60周年华诞庆典国礼。

《四方吉祥》，国家领导人赠送澳大利亚总督布赖斯的国礼。

《圣洁之灵》，是赠送柬埔寨西哈努克亲王的国礼。作品以孔雀舞为基本造型，给人以一种美妙的联想。孔雀是吉祥的珍禽，是圣洁的象征，美少女身段娇美、舞姿婀娜，似行云流水、生动传神、清新亮丽。作品通体洁白如雪，温润似玉，具有赏心悦目的造型美和韵律感。

《和谐世界》元首杯，新中国60周年华诞赠送170多个国家元首收藏　国宾专供瓷

《福佑乾坤》，新中国60周年华诞庆典国礼

《财虎旺家》，是赠送美国比尔·盖茨的国礼，以财神赵公明身跨招财虎为艺术造型。赵公明为专司人间财富之神，神异多能，变化无穷，能够唤雨呼风，降瘟剪疟，保命解灾，故人称"元帅之功莫大焉"。虎是百兽之王，虎能招财，被当作富贵生财、镇宅免灾的祥瑞之物和福运的守护神。

《路路亨通》是赠送德国元首武尔夫的国礼。

《东方海神》曾被选为国礼，赠送联合国教科文组织总干事。

《富贵临门》被选为国礼赠送给柬埔寨国王西哈莫尼。闽文化是中华

《圣洁之灵》，赠送柬埔寨西哈努克亲
王收藏　国宾专供瓷

龙文化各种亚文化当中一种璀璨、美
丽和令人骄傲的地域文化。"闽"为
门中虫，虫入江海为鳞虫。东汉大文
学家许慎说："龙为鳞虫之长，能幽
能明，能细能巨，能短能长，而登
天，秋分而潜渊。"洁白的浪花，凝
固成音乐般的如意，鳞虫竞自由，鱼
跃龙显；如意之上，"闽"字演化成洞
开的龙门，龙门四周，"九子"各司
其职，合胆同心，"四灵"镇守，护
佑安康；龙门之中，"和鼎"鼎立。

《财虎旺家》，赠送美国比尔·盖茨收藏　国宾专供瓷

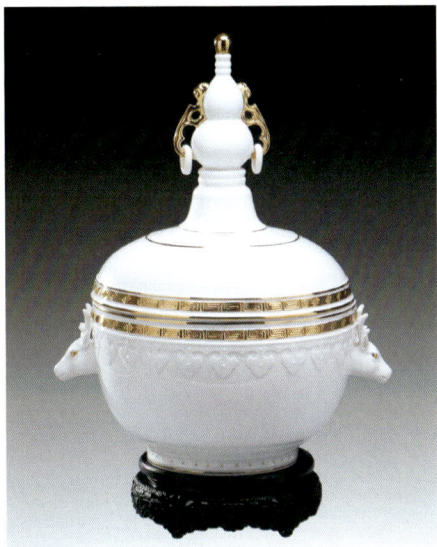

《路路亨通》，赠送德国元首武尔夫收藏
国宾专供瓷

《富贵临门》，赠送给柬埔寨国王西哈莫
尼收藏 国宾专供瓷

三、北京奥运瓷

《人和寿长》，中国政府赠国际奥委会终身名誉主席萨马兰奇的国礼。《人和寿长》以中国传统寿星为原型，以中国红、中国白完美搭配，整个作品形象生动、色彩艳丽、喜气洋洋；构图简洁，寓意深刻。作品表达了改革开放给中国带来了人心和顺、健康长寿、国泰民安的生动局面。

《奥运和鼎》，荣获 2008 奥林匹克美术大会最佳创意作品奖、北京

《东方海神》，赠送联合国教科文组织总干事收藏 国宾专供瓷

《慈满人间》

奥组委收藏。鼎是国器，是王者的象征，历朝历代，鼎都是以铜铸成，用陶瓷制作巨鼎，是千年首创。中国白瓷雕——《奥运和鼎》为圆形鼎，象征同一个世界，同一个梦想。鼎的上部四面饰以古代青铜器的吉祥纹饰——青龙、白虎、朱雀、玄武，以及压胜钱"长命富贵"货币图饰，鼎内是盛开的梅花、牡丹花、菊花，体现了"绿色奥运、科技奥运、人文奥运"的主题；寓意中华大地，百花盛开、繁荣昌盛、人民富足、安居乐业，一派生机勃勃的和谐景象。鼎的中部饰以橄榄叶、和平鸽、古龙图形，奥运会比赛项目篆字图案，以及中国古老的射箭、摔跤、骑马、武术、杂技等体育竞技项目浮雕，悬挂奥运五连环标识，象征中国人民喜迎奥运、参与奥运、支持奥运，遵

《义薄云天》，2012 年 11 月 26 日赠送贝宁国民议会议长纳戈的国礼

《春花烂漫》斗茶器，赠送菲律宾总统杜特尔特收藏

循团结和平、和谐世界的奥运理念。古代如意兽为三根鼎足，上饰饕餮吉祥图饰，寄以喜迎奥运、共享和谐奥运的愿望。

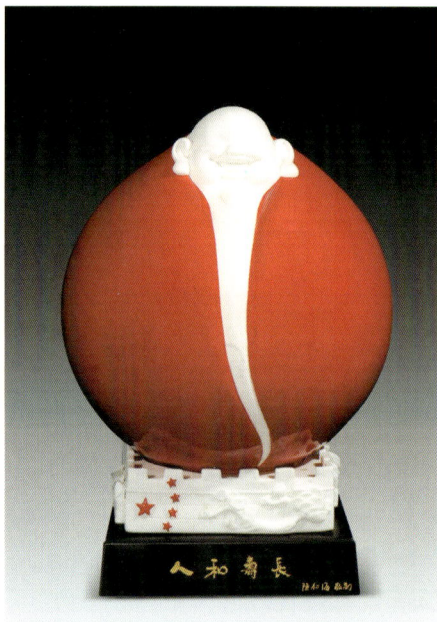

《人和寿长》，赠送国际奥委会原主席罗格的国礼　国宾专供瓷

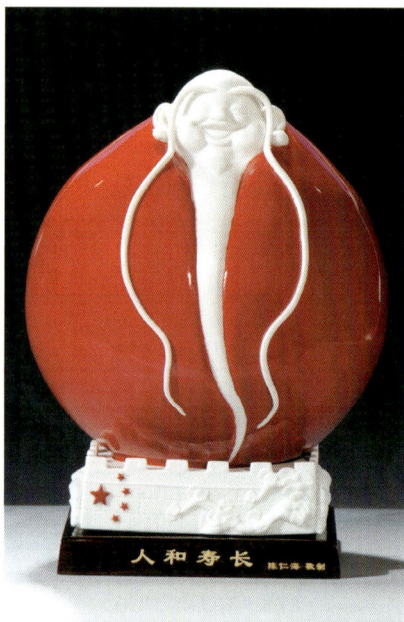

《人和寿长》，赠送国际奥委会终身名誉主席萨马兰奇收藏　国宾专供瓷

《百年圆梦》，荣获 2008 奥林匹克美术大会最佳创意作品奖。百年的奥运，中国终于在 2008 年圆梦了，这是中华儿女的骄傲！中国白·陈仁海团队为纪念这一大盛事，潜心创作《百年圆梦》。作品为圆形鼎，象征同一个世界，同一个梦想；鼎身为奥运会比赛项目篆字图案，象征中国人民喜迎奥运、参与奥运、支持奥运，倡导相互理解、友谊长久、团结一致、公平竞争的奥运精神。

《丹凤还巢》，荣获 2008 奥林匹克美术大会最佳创意作品奖。一只搏击风浪、穿云破雾远征的凤凰，踏着祥云，迎着朝阳，口衔火种灯胜利返回北京鸟巢的生动形象，象征北京奥运会圣火胜利跨过欧亚大陆，辗转南北美洲、非洲与大洋洲，穿越祖国大江南北后胜利返回北京的全过程。瓷雕上的凤凰尾羽竖起，颈毛直立，将远航而归的雄姿刻画得栩栩如生。

《奥运和鼎》，赠送北京奥组委收藏

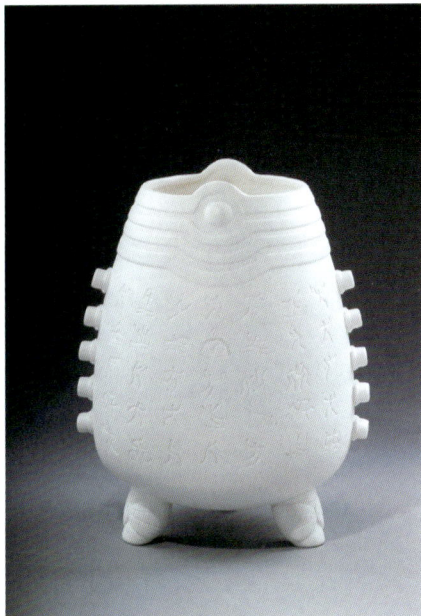

《百年圆梦》，荣获 2008 奥林匹克美术大会最佳创意作品奖

《点亮世界》，荣获 2008 奥林匹克美术大会最佳创意作品奖。瓷雕底座为雄伟壮丽的珠穆朗玛峰，山峰白雪皑皑，峰顶飞天女双手高擎祥云火炬，光照全球。象征奥运火炬经过百年传递终于来到了世界屋脊——喜马拉雅山，第一次登上世界第一高峰。寓含北京奥运火炬是历史上传递路线最长，参加传递人数最多，传递海拔高程最高，北京奥运也将是历史上规模最大、最成功的一次体育盛会。飞天女是中国古人飞天的梦想，在这里象征中国悠久的历史文化渊源，与 29 届奥运体育文化紧密相连，体现奥运火炬"传递世界和谐"的主题，给更多的人带去友谊与欢乐的希望与梦想。

《梦回大唐》系列，荣获 2008 奥林匹克美术大会世界唯一最佳创意作品系列。以中国古代体育文化为创作元素，印证了中国千年体育文明，饱含

《丹凤还巢》，荣获 2008 奥林匹克美术大会最佳创意作品奖

《点亮世界》，荣获 2008 奥林匹克美术大会最佳创意作品奖

《梦回大唐》，荣获 2008 奥林匹克美术大会世界唯一最佳创意作品奖

作者探寻东方古典竞技之源，传承世界以及人文奥运之魂。

四、上海世博瓷

德化县美术家协会主席、德化县文化馆馆长、国画家、收藏家郭志刚说：如果说何朝宗是德化窑古陶瓷的第一张品牌，那么，陶瓷艺术家中国白·陈仁海则是现代版的品牌代表。如果说明代的何朝宗把传统工艺瓷雕艺术推上了世界瓷艺的巅峰，那么，陈仁海可以说是"创造最具有时代文化特色"的现代陶瓷艺术家的代表。

2010 年举世瞩目的上海世博会上，陈仁海创作的世界第一尊纯手工世界瓷王"世博和鼎"被福建省委省政府选为福建馆的镇馆之宝，世博组委会特为之买了 5.6 亿人民币的保额，开创了德化瓷的亿元新时代。

《世博和鼎》是一件精细典雅和文化内涵高度统一的作品，是充满朝气蓬勃、欣欣向荣的顶峰之作，充分体现出陈仁海卓越不凡的艺术品位与清新高雅的审美情趣，彰显出社会安定、国家风调雨顺、四海和谐的思想内涵。因此，"世博和鼎"的成功在文化方面，为确

《世博和鼎》，上海世博会福建馆的镇馆之宝

《元首杯》

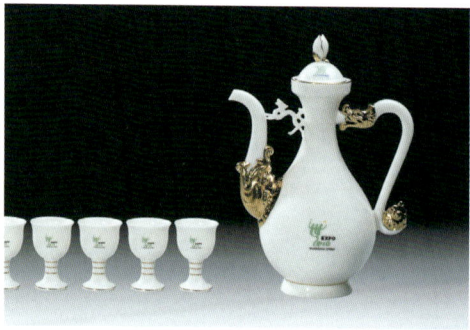

《世博壶》

立中国白·陈仁海和谐理念体系奠定了方向，在工艺技术方面带来了表现手法的多样性和完美性。两者印证文化创新、工艺创新、科技创新的工艺成就。因此，作品被选为上海世博会福建馆的镇馆之宝，一切都在情理之中，难怪到福建馆的 2300 万参观者站在作品面前，都会不由自主竖起大拇指，赞叹不已。

《世博和鼎》具有独特崇高的历史文物价值、艺术价值、研究价值，是世界陶瓷史上最辉煌的一页，被陶瓷界誉为"千年一宝，世界瓷王"。

与此同时，2010 年，上海世博会组委会委托仁海大师创作，以提升上海世博会纪念礼瓷的品位。仁海大师接到任务后，经潜心研究反复试验，终于研制出具有艺术价值、使用价值和养生价值的长寿瓷系列——元首杯、世博壶等。

世博会工艺礼品专家对元首杯、茶壶、酒壶、烟壶、咖啡壶等作品进行了严格审核，世博文博专家一致认为，它"好看、好用又是负离子发生器"，是上海世博高科技功能"样板"创新纪念瓷。它以中国白文化巧妙地阐释"城市让生活更美好"的主题。以"写实主义"的手法承载了上海世博会的巨大历史信息，最终确认，将其指定为上海世博会联合国馆、中国馆、福建馆贵宾厅用瓷。

《和泽四海》《螭龙壶》《世博元首杯》，上海世博会福建馆贵宾厅用瓷。

《华夏长青》，能让酒更好喝的"大师世博酒壶"。

《萨翁盖碗》，上海世博会福建馆贵宾厅用瓷。萨马兰奇说："我看过仁海大师的作品，这个人很了不起。"当萨翁收到仁海大师"人和长寿"作品时，高兴地说："这件作品我很喜欢，这是一件祝寿的佳作，是我收到的最

《萨翁盖碗》

《螭龙壶》

美好的中国艺术品，我一定好好珍藏。"陈仁海听说萨翁常喝中国茶"铁观音"，但用的是一般茶杯时，当即托人转告，"铁观音"产于福建，用福建特有的中国白盖碗泡"铁观音"是绝配，并表示一定为萨翁创作一款最好的中国白盖碗。为了这件作品，陈仁海数易其稿，选用秘制的中国白陈泥，反复研制，终于在庚寅年春节完成，并命名为"萨翁盖碗"。由于事后忙于上海世博会"世博和鼎"烧制，一直未能转达，留下了不尽遗憾。好在"萨翁盖碗"已成，睹物思人，留下了具有特殊文化记忆的佳品。

《展堂壶》，上海世博会福建馆贵宾厅用瓷。陈仁海与徐展堂相识

于 2000 年初，从相识到相知，被收藏界誉为"难得的知音"。在徐先生4000 余件、价值约 10 亿美元的藏品中，有陈仁海的作品。徐先生还特意于 2005 年在《收藏》杂志上发表了《藏瓷不少，陈仁海最好》的评论，对陈仁海作品的艺术、思想、创新和收藏价值给予了高度评价。徐展堂祖籍江苏宜兴，生于江西吉安，酷爱品绿茶。使用中国白瓷杯，能更直观地欣赏到清澈茶汤和翠绿的嫩芽，赏心悦目，而且中国白茶具香气既不散失，又显尊贵典雅。"我们的壶用凉开水泡绿茶还能治痛风呢！"令人欣慰的是，为展堂先生特制的《展堂壶》，已在上海世博会福建馆贵宾厅受到了党和国家领导人及世界各国元首、政要、商业领袖的青睐。

五、厦门金砖瓷

（一）让中国白成为世界交流的文化使者

金砖国家领导人厦门会晤礼品研发组：举世瞩目的金砖国家领导人厦门会晤已经圆满落幕，在德化县委县政府，特别是德化县委宣传部的统筹组织下，凝聚工艺大师智慧与汗水的优秀白瓷作品脱颖而出，为厦门会晤礼品研制工作顺利完成发挥了重要的作用，也向中外嘉宾呈现了具有中国特色、金砖元素、闽南韵味的风情画卷。

金砖国家领导人厦门会晤是我国最重要的主场外交活动之一，也是新中国成立以来福建省、厦门市承办的规格最高、规模最大的国际盛会。会晤筹办工作得到了中央领导和

中国白·陈仁海：《和泽四海》酒具

中国白·陈仁海:《四海一心》

　　各国元首的高度评价与充分肯定,其中赠礼研发工作更是获得了普遍赞誉。德化瓷晶莹如玉、润泽如脂,早在宋元时期即随海上丝绸之路走向世界,见证了古往今来中国制瓷文化的一脉相承,也是东西方经贸与文化交流的沟通桥梁。经过对传统技艺的进一步改良与升华,德化白瓷作品被赋予了新时代的灵魂与气质,成功入选厦门会晤的领导人与配偶赠礼。精美的德化工艺瓷器承载着丰富的内涵与美好的祝愿,赠予与会各国政要,传递了开放包容合作共赢的理念。

　　在令人赞叹的作品背后,是礼品研制过程中德化县委县政府的支持与付出,是行业翘楚和工艺大师的攻坚克难。正是这种勇于自我突破的工匠精神,令这门古老的民间技艺焕发了新生,相信德化白瓷将借此契机再一次闪耀世界舞台,瓷都的美名也将赢得全新的定义。

中国白·陈仁海：金砖体验馆

2017 年 9 月 4 日，金砖五国及沿线国家会议在厦门召开。德化中国白公司接到国宴餐具的任务之后，陈仁海带领他的团队，秉承古新丝路"和平合作、开放包容、互学互鉴、互利共赢"的精神，潜心研究创作，经过数月努力，国宴餐具《四海一心》问世。

以《四海一心》为名的这套餐具，不仅寄托了厦门人美好而殷切的祝愿，还充分展现了中国传统与现代文化相互交融、共同升华的和谐境界，宛如一曲动人的餐桌交响乐，让世界看到了中国元素的气度与中华文化的底蕴。

中国白国宴餐具以德化中国白和金砖五国的金色，江山稳固的江崖海波纹和葫芦，寓意着天圆地方、五湖四海、福禄万代，把厦门最具代表性的鼓浪屿日光岩、市树凤凰树、市花三角梅运用以形写意和留白的艺术手法，摒弃自然具象的束缚，从抒情的形式美出发，以极简练、纯净和流畅

中国白·陈仁海:《百年福筷》

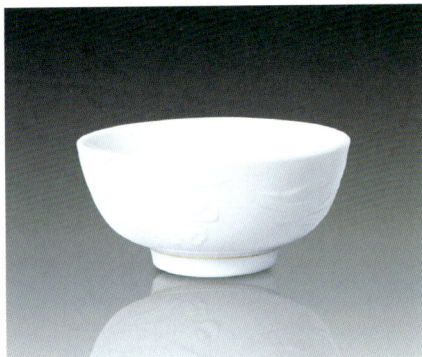

中国白·陈仁海:《百年海碗》

中国白·陈仁海:《爱的嫁妆》

中国白·陈仁海:《方圆国际》元首茶具

中国白·陈仁海:《梦和天下》元首茶具

中国白·陈仁海:《日月同辉》国宾茶具

中国白·陈仁海:《圆圆满满》元首茶具

中国白·陈仁海:《忠心谢谢》元首盖碗

中国白·陈仁海:《和泽四海》24 头酒具

中国白·陈仁海：《四海一心》元首咖啡对杯

中国白·陈仁海：《四海一心》元首咖啡具

的金色线条，抽象概括地描绘日光岩的雄浑形象。金砖杯的杯底，采用阴阳双面精雕的专利技术，透着光时，象征荣华富贵的国花白牡丹栩栩如生，手指按住花的心，它又是一朵红牡丹，粉嫩可爱、趣味横生。夫人瓷创新的釉下彩金线画，独树一帜。整套餐具在装饰上大胆创新使用吉祥纹

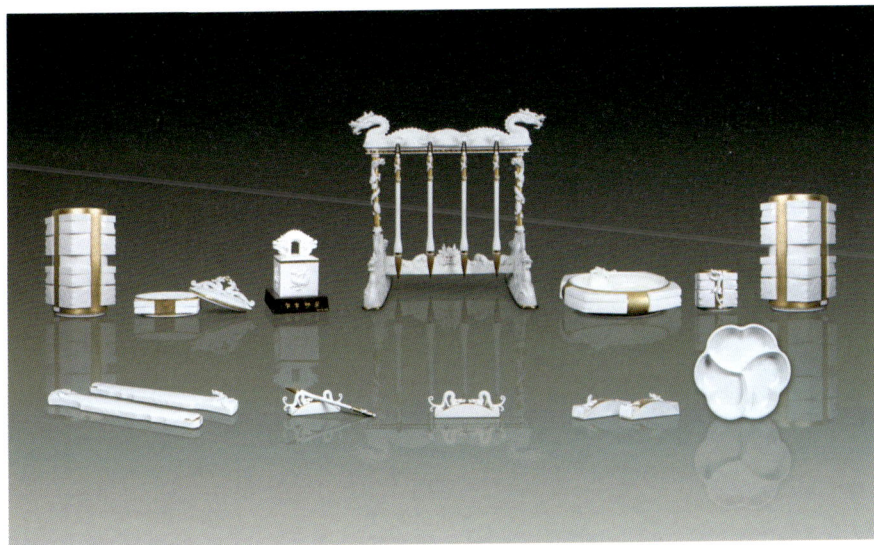

中国白·陈仁海：《元首文房四宝》

金砖国家领导人厦门会晤

荣 誉 证 书

兹授予：陈仁海 团队

礼品研制突出贡献奖（入选作品团队）

2017年金砖国家领导人会晤
厦门市筹备工作领导小组办公室
二〇一七年九月

饰"谷粒纹"，就是瓷器坯胎上用剔地浮雕的方法雕琢出突起的弧形圆点，状似谷粒，反映人们对于风调雨顺、五谷丰登的共同愿望和丰收的喜悦，十分悦目。其纹样饰于中国白的精致器皿上，更加提高其设计内涵和艺术观赏价值。闽菜代表佛跳墙，器形似帆船又似元宝，巧妙地把菜品的保温功能融合在一起，神似厚德载物、有容乃大，体现了"开放、包容、合作、共赢"的金砖国家精神。另一个亮点是世界的国宴上首次亮相使用德化中国白的全釉瓷筷子，创新性的材质让它成为 2017 年金砖五国峰会国宴用品中的又一点睛之笔。

留白的处理手法，体现画面虚实相生，拓展瓷面空间的层次效果，让人感到方寸之地亦显天地之宽，呈现了高雅的审美情趣，更彰显中国白如脂似玉的审美价值，鼓起的风帆凸显金砖各国和 21 世纪海上丝绸之路沿线国家同舟共济、朝气蓬勃、共荣共生、欣欣向荣，蕴含着对丝绸之路的传承、开拓与发展。

中国白·陈仁海:《玉荷溢芳》

　　经过提炼设计加工,既能体现出国宴的庄重和高雅,又彰显独特的中国风情。整套《四海一心》中国白国宴餐具一脉相承,中华底蕴,盛世华章,圆满和谐,堪称新中国之当代官窑。

　　《玉荷溢芳》用手工捏出莲花如意、武夷山、白鹭、牡丹、白海豚等,又巧妙地借德化中国白独有的温润、明净、精巧、秀雅,赞美洁白如玉的

中国白·陈仁海:《吉祥如意》

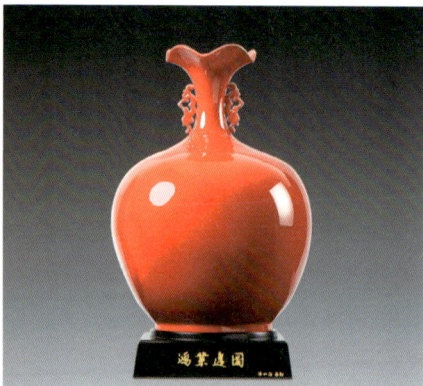

中国白·陈仁海:《鸿业远图》

中国白·陈仁海:《同舟共济》

中国白·陈仁海:《四海和尊》(鎏金)

本色和清纯如水的天性,永远甜美,永远芬芳。

《吉祥如意》将德化中国白瓷雕和中国红装饰特色融合,以樽式造型、撇口、四方座,对称对应,端庄稳重,把如意和生肖鸡年完美地结合在一起,"鸡"音通吉,寓意了天圆地方,友好尊贵,凝聚团结,十全富贵,经济繁荣,祈福金砖五个国家与人民吉祥如意,共享太平盛世。

《鸿业远图》以荷花如意耳、中国红和瓶为型,"中国红"在德化白瓷温润纯净的衬托下更显热烈。"和瓶"与"和平"谐音,且形意相合。和,有相安、谐调、和平、温和之意。作品整体呈现出简约磅礴的气韵,传达对世界安定祥和的向往。

《同舟共济》以21世纪海上丝绸之路为题,以龙舟为基本造型,寓意金砖各国自强不息,沟通江海,江河浩荡。三桅希望风帆,薄如蝉翼,象征同舟共济,共荣共生,共建世界和谐,共享世界和平。娴熟的手工捏花技艺,象征繁荣昌盛。

2017 年金砖会晤现场图（一）

2017 年金砖会晤现场图（二）

2017年金砖会晤现场图（三）

2017年金砖会晤现场图（四）

《方圆之间》，普京总统最爱　为金砖国家领导人厦门会晤定制的元首杯标准乌龙茶器

2017 年金砖会晤现场图（五）

《四海和尊》以中国古代的酒樽为型，整体由樽体、荷花如意耳吊环、海水波浪纹和乳钉构成，展现了金砖各国崛起、蒸蒸日上、吉祥太平、福寿安康的美好前景。深厚庄重，隽秀典雅，意境天成，视觉上传达出"和美、和顺、和睦、和善、和平"的美感。整个作品寓意天地阴阳融通汇聚，天、地、人三才合一的至极大顺之道。

（二）福建终于有一套请总统喝茶的标准茶器

2017 年 3 月 28 日中国白·陈仁海团队接到厦门金砖办电话通知，中央要求马上和华祥苑肖文华董事长对接，创作一套代表福建最高规格款待国家元首的乌龙茶标准茶器。

现在市面上，现实生活的各种场所用的茶器到底有什么痛点？有什么缺陷？

作为多次承揽国瓷供制大任的中国白·陈仁海，深谙诗酒茶的中式生活方式，每一套茶器都特别针对解决各茶叶店和爱茶者普遍反映的现有茶器所存在的痛点问题，并围绕茶文化中的仪式感与美学感受进行精心设计，以国宴瓷的生产标准和工艺流程严格把控制造工序。一笔一画，手工描金，绘就尊贵气息；百道工序，精雕细琢，造出致美茶器。

（三）《方圆之间》元首茶具

器型之美，匠心而制。纯手工双层镶接技艺，浮纹海浪、光影流转、

舒适细腻，是茶人的一份淡然心境。空杯已胜白脂美玉，注入黄金茶汤，与中国白本质相得益彰，底部国花牡丹，光照之下温润通透，栩栩如生，不张扬、不越矩，却代表正统的富贵荣华。温润胎体，大方造型，一种独特的美感油然而生。

"清雅敬和"是中国白·陈仁海一以秉承的风尚，融"方圆之间"的理念于"一带一路"的倡导，将传统文化的高境界带入当代国瓷制作。为人处世，当方则方，该圆就圆，方圆相济，人生自在，内外和谐。中国白·陈仁海自当以茶会友，茶和天下。

1.盖碗

普通盖碗痛点：

（1）碗：手抓的碗边缘部分比较厚、短，很容易烫手；

（2）盖：盖纽中间凹点食指按住的时候，温度很高，容易烫手；

（3）托：若是采用直接端起托来，在出茶汤的情况下，容易把碗滑

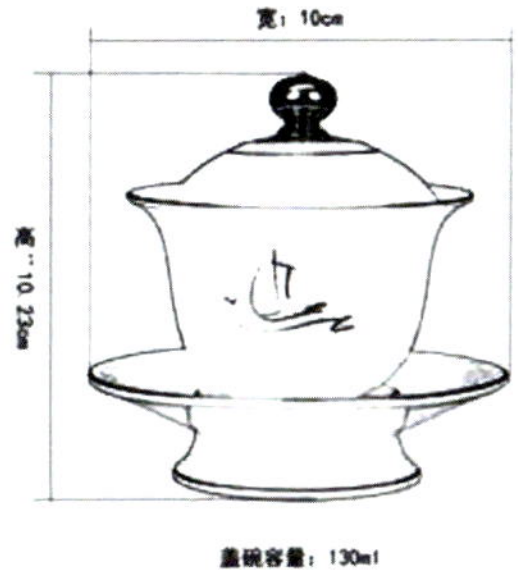

茶具介绍：

主茶具

【盖碗】又称"三才杯"
由盖、碗、托三部分组成
可泡茶、可泡、饮合用

目前
使用
盖碗
容量：
160ML

痛点：

盖

A:盖：盖扭中间凹点食指点住时候
温度很高、烫手；

碗、盖

B:碗：手抓的碗边缘如果缘部分比
较厚、短就会很烫手；

杯托

C:托：少数人若是采用直接端起托
来出茶汤的情况下容易把碗滑落、
倾斜倒茶汤时扣不住碗，也就是碗
底与杯托扣不严实

落，倾斜倒茶汤时扣不住碗，也就是碗底与杯托扣不严实；

（4）容量：盖碗容量不够标准。

解决办法：

（1）《方圆之间》的盖碗碗壁很薄，虽然温度上升速度快，但是散热很快。在注水完成后，上手端起盖碗，碗壁的温度已经降下了一些，不容易烫手。同时，盖碗也不会闷坏茶叶，不至于导致茶汤之中出现苦涩的味道。盖碗碗沿外撇，且碗口边与盖子边的距离较宽，茶水不易溢出，不会烫手；

（2）《方圆之间》盖碗的盖纽不同于传统盖碗的制作，传统盖碗的盖纽是凹进去的，盖纽较短，手指按在上面容易烫手，而《方圆之间》的盖纽是凸起的，且盖纽高，在倒茶的时候不容易烫手；

（3）盖碗的碗底是方形的，杯托放置盖碗的地方也是方形的，碗和托紧密相扣，如在倒茶时，连同杯托一起端起也不会滑落；

（4）在行业里审评茶样时，红茶的克数是5—6克，岩茶、铁观音是8克，所以选择130ml—150ml的盖碗比较适合，而《方圆之间》的盖碗则是 130ml，正符合标准泡茶容量。

2. 公道杯（茶海）

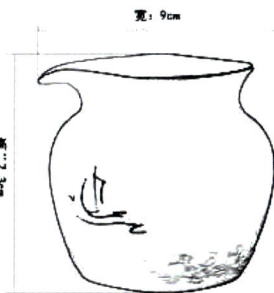

宽：9cm

高：7.3cm

茶海容量：130ml

茶具介绍：

【茶盅】

又名茶海，是分茶器具，将泡好的茶汤全部倒入。因有均匀茶汤浓度的作用，又叫公平杯。

种类：

A 壶型盅（与茶壶形一致或用茶壶代替）；

B 筒形盅（无盖，从盅身拉出一个出水口，有把或无把）

目前使用茶海容量：220ML

痛点：

A 不具备自身过滤茶末效果，必须多配带一个过滤网，使程序复杂化；

B 容量若是小于或者等于主茶器容量，则会出现溢出现象；

C 茶汤若是注入水位偏高时候会烫手；

D 出水口断水不利落。

普通公道杯痛点：

（1）容量小于主茶器容量，会出现溢出现象；

（2）不具备自身过滤茶末效果，必须多配带一个过滤网，使程序复杂化，且过滤网大多采用金属材质，不够环保卫生；

（3）出水口断水不利落，容易造成"滴、洒、漏"；

（4）敞口形状，不利于聚拢茶香，不易拿捏。

解决办法：

（1）《方圆之间》公道杯容量为130ml，不至于出现茶水溢出的情况；

（2）除去过滤网，将公道杯的颈部设计成内凹，这样在倒茶水的时候，可以自动过滤部分茶渣，让泡茶步骤更简单；

（3）出水口采用鹰嘴设计，出水顺畅，断水干净利落；

（4）束口设计，有利于聚拢茶香，且方便持握。

3.水方（水洗）

宽：12.5cm
高：12.3cm
水方容量：500ml

普通水方痛点：

（1）因为本身开口大，承接废弃茶水，又放于桌面，会让客人直接看到里面的废弃物，很不雅观；

（2）容量过小的情况下，需要频繁倒水。

茶具介绍：

【水洗】

放置废弃茶汤、水、茶渣等。
--保持桌面清洁度；
--干泡法泡茶必备器具。

要点：

容量大概可以承接4道泡茶过程中废弃的茶水量，方便每次在泡茶换茶同时倒去存于里面的废水。

目前使用容量：1400ML

痛点：

A 容量过小的情况下，需要频繁倒水；

B 因为本身开口大，承接废弃茶水，又放于桌面，会让客人直接看到里面的废弃物，比较不雅。

解决办法：

（1）水方是茶席上的配角，用来盛放残茶、茶渣和洗杯用水。《方圆之间》的水方在盖子上设置了过滤孔，可直接分离茶渣和茶水，更便于清洁；

（2）水方的容量为500ml，大概可以承接4—5道泡茶过程中废弃的茶水量。

4.品茗杯（茶杯）

普通品茗杯痛点：

茶具介绍：

【品茗杯】

要点：

A 茶杯容量保持在3口饮完为理想容量（每口饮茶量大概在7-10ml）；
B 杯身高的茶杯，可使茶汤香气凝聚，可更好保持茶汤香气；
C 一般注入茶杯的茶汤量以7-8分满为宜。

目前使用容量：70ML

痛点：

A 茶杯总容量大，泡出来的茶汤量不够分均6杯达到7分满的茶汤；三口为品，单口7-10ML一般情况下能让茶汤布满味觉器官，一个瓯杯以30ML左右为宜；

B 杯身设计不应手，拿捏不方便；需设立把，定位让人喝时姿势优雅；

C 杯缘饮用不就口、可能出现茶汤往唇边流出。

（1）茶杯容量大，导致公道杯倒出来的茶汤量不足以分成6杯"7分满"的茶汤；

（2）杯身设计不应手，拿捏不方便；没有杯把，喝茶姿势不优雅。

解决办法：

（1）《方圆之间》的品茗杯容量为30ml，泡出来的茶汤量可均分成6杯"7分满"的茶汤，如每口饮茶量大概在7—10ml，可满足"三口为品"的标准；

（2）杯身高，可使茶汤香气凝聚，更好地保持茶汤香气；杯身设计杯把，可使喝茶姿势优雅大方。

5.盖置

普通盖置痛点：

无盖置。

解决办法：

盖置的设计美观大方，可承放盖碗的盖子／壶盖，使盖子在取下后保持洁净，并使盖子避免受到磕碰，同时，也能为整个茶席增色不少。

茶具介绍:

【盖置】

要点:

A 放置壶盖、盅盖、杯盖,保持
清洁,避免沾湿湿桌面;
B 款式、材质比较丰富;
C 可以增加桌面美观。

6. 杯托

普通杯托痛点：

茶具介绍：

【杯托】

要点：

A 奉茶更方便、卫生；

B 喝茶时更雅观；

C 避免烫手。

痛点：

A 有些杯托不好起桌、拿起来不是很轻巧；

B 扣被子不是很牢，稍不注意容易滑落茶杯。

（1）扣杯子不是很牢，稍不注意容易滑落茶杯；

（2）有些杯托不好起桌，拿起来不是很轻巧。

解决办法：

（1）杯托内置承放茶杯的地方与茶杯底部大小相吻合，不易滑落；

（2）杯托底部有增高设计，容易起桌，也可使喝茶优雅，更具仪式感。

7. 花插（花器）

普通花插痛点：

茶具介绍：

【花器】

要点：

A 提高整个茶席器具的完整度；

B 喝茶时更雅观、欣赏性更强；

C 能够百搭最好；

D 花器不能太大，容易喧宾夺主。

痛点：

A 花器不容易固定花材的角度，必须借助剑山；

B 若是能够借鉴古代瓷器里面直接可以插花的设置极好。

花器不容易固定花材的角度，必须借助剑山。

解决办法：

《方圆之间》的花插小口、宽底，上小下大，立足稳固，容易固定花束。茶席用花，须得清简却又不失雅趣。夺目的花瓶，繁杂的花艺作品，都不合宜。有了《方圆之间》花插，茶友们只需择一支时令花草，插入瓶中，清水供养，足矣。

8.茶荷

普通茶荷痛点：

置茶口偏小，若是要放置粗壮的茶叶，如岩茶，就很不方便。

解决办法：

《方圆之间》的茶荷置茶
口大，便于放置各种茶叶；半
圆弧的设计使茶荷把握舒适，
也能防止茶叶散落，带引口有
利于茶叶入壶／碗；底部增高
的设计更易起桌。

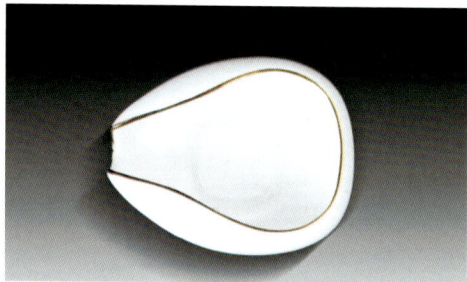

茶具介绍：

【茶荷】
---茶赏

要点：

A 可以欣赏茶叶外形、色泽等；

B 更容易将茶叶放置到主茶器中；

C 防止茶叶散落；

D 更直观测量茶量。

痛点：

A 粗壮的茶叶，如岩茶，置茶
口若是偏小就很不方便；

B 利于茶叶入壶／碗，底部增高的
设计更易起桌。

9.茶匙（茶配件）

普通茶匙痛点：

（1）普通茶匙缺乏专门放置的枕；

（2）普通茶匙采用竹木材质，容易发霉。

解决办法：

（1）专为茶匙设置的茶匙枕设计美观大方，以葫芦为外形设计，具有
招财纳福的寓意；

（2）《方圆之间》的茶匙材质为中国白瓷器，相比市面上竹制的茶匙

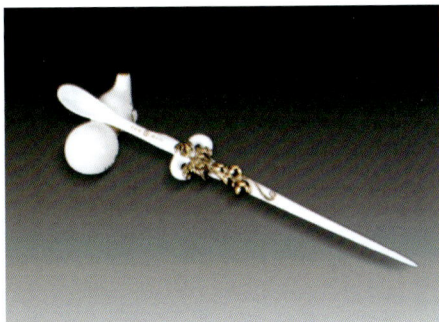

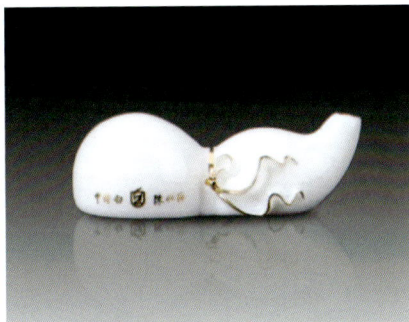

茶具介绍：

【茶配件】
---茶针、茶夹、茶宠

痛点：

要点：

A 夹取不稳，容易滑落，需要很强的技巧；
B 茶针、茶夹需要放置的枕，无法与茶宠相结合而起到的美观作用。

A 拨茶入壶、夹取茶杯；

B 更干净卫生美观。

更易清洁且不易发霉，高贵典雅、环保卫生。

　　此外，中国白·陈仁海倡导将中国白瓷雕艺术融入高端家居生活，茶器首次攻克通体满釉工艺，质地光洁，不吸茶气、味道，就连十分细腻的茶香变化，也能轻而易举捕捉到。用中国白·陈仁海茶器泡茶，能原汁原味地保留茶汤中的各种香气和味道，无论是香甜苦涩，都能全部保留，尽情释放。另外，由于盖碗的盖缘和碗口相连紧密，盖碗能很好地保留茶汤温度与茶香。这就是各大斗茶赛、审评会的主办方首选中国白·陈仁海茶器的原因。

　　中国白·陈仁海茶器采用质地精密、释放远红外能量之天然矿土。选用世界上最为昂贵、最为健康、最为稀少的原生态中国白陈泥。一般的白

华祥苑与中国白·陈仁海茶器（一）

华祥苑与中国白·陈仁海茶器（二）

华祥苑与中国白·陈仁海茶器（三）

金砖国家领导人厦门会晤

荣 誉 证 书

兹授予：柯宏荣、陈桂玉 团队

礼品研制贡献奖（入选作品团队）

2017年金砖国家领导人会晤
厦门市筹备工作领导小组办公室
二〇一七年九月

瓷茶器所用原料每吨 1500—5000 元，上等的可以达到每吨 2 万—3 万元，而中国白·陈仁海茶器选用的原生态中国白陈泥，每吨达 20 万元，并加入了 20 多种矿物质，在 1310℃高温的涅槃重生后，不仅比骨质瓷更硬，比硬质瓷更透，比白玉更温润，而且在常温下可释放出对人体有益的远红外线和负离子等，与水分子产生共振后，可将大分子团震散成小分子团，优化后的水质更加甘甜，口感更加顺滑，同时还能达到自洁抗菌的效果，有益身体健康。一套中国白·陈仁海茶器就是一套养生能量茶器！人们在品茶的同时，更可细细品味一番中国白的能量养生之道！

用中国白·陈仁海茶器泡茶，得神、得趣、得味，一泡一啜之间，皆芳华……

柯宏荣、陈桂玉：《祥云平安》

2017 年的金砖国家领导人厦门会晤国宴上，采用的是中国白·陈仁海团队创作的多达 118 件（套）的国宴瓷系列，包括金砖元首杯、餐具、茶咖、洗漱、文房用具等，特别是《方圆之间》作品成为金砖元首会晤专用茶器，创造了中国白茶器新的历史巅峰，福建终于有一套宴请总统喝茶的标准茶器。

（四）金砖国家领导人厦门会晤的礼品瓷

《祥云平安》瓶子代表平安，祥云代表吉祥，用传统刻花工艺，将中国白的材质美与

柯宏荣、陈桂玉:《白鹭女神》

金砖国家领导人厦门会晤

荣 誉 证 书

兹授予:陈明良 团队

礼品研制贡献奖(入选作品团队)

2017年金砖国家领导人会晤
厦门市筹备工作领导小组办公室
二〇一七年九月

传统瓷雕的技艺美融为一体。

作为港口风景城市的厦门，在经济建设日新月异的同时，对生存环境的美化亦不遗余力，被称为"鹭岛"。《白鹭女神》以厦门城市雕塑精品"白鹭女神"为题材，曼妙女子姿态舒展昂扬，在惊涛骇浪中迎风而行，其坚韧的形象，象征着中国面对机遇和挑战，将与各金砖友国一起迎难而上，开启第二个"金色十年"合作新篇章。

竹子有节，寓意节节高升前进，竹是中国美德的物质载体。作品《日光》花瓶上半身分五竹节，意为金砖五国，团结（节）友谊。瓶腹图案采用德化陶瓷传统技

陈明良：《日光》

金砖国家领导人厦门会晤

荣 誉 证 书

兹授予：陈明华 团队

礼品研制贡献奖（入选作品团队）

2017年金砖国家领导人会晤
厦门市筹备工作领导小组办公室
二〇一七年九月

法堆雕，浮雕刻画的闽南风景，鼓浪屿与海洋港口等。整件图案体现中国厦门特区地方文化特色，厦门"新海丝"重要港口，表达了经济贸易、人文交流共同繁荣的景象。

作品《玉玲珑梅瓶》以传统梅瓶为造型，小口短颈突出瓶身修长挺拔的特点，五国国花象征各国人民团结、友善、互爱、和平、共赢、美好未来的愿望。作品造型古朴典雅，主创通花手工制作，主要的装饰是刻划、堆贴、透雕、浮雕四类型。花纹较生动，明暗精致，胎质致密，透光度极佳。

陈明华：《玉玲珑梅瓶》

郑燕婷:《花开富贵》

整件作品厚重大气，制作精良，既弘扬中国文化，展现中国陶瓷雕刻技法及工艺水平，同时突出主题，内涵丰富，有重要的纪念意义。

《花开富贵》以牡丹花花篮为造型，衬以德化白瓷温润洁白的色调。牡丹雍容盛开，华美如画，花瓣精巧透薄、栩栩如生，展示严谨细致、精益求精的工匠精神，传达"天下大事必作于细"的治国处事理念。

金砖国家领导人厦门会晤

荣 誉 证 书

兹授予：郑少伟 团队

礼品研制贡献奖（入选作品团队）

2017年金砖国家领导人会晤
厦门市筹备工作领导小组办公室
二〇一七年九月

《日月同辉》以玉璧为主体，洁白无瑕，象征了中国对金砖各国的友情真挚可见。作为中国重要礼器的玉璧，则表达了对远道而来的金砖友国贵宾的崇高敬意。玉璧上纹有四大瓦当，底座上祥云环绕，雍容富贵的牡丹花绚烂盛开，寓意通过金砖合作，中国将与各金砖友国情谊交融，共襄大业。

郑少伟：《日月同辉》（中国牡丹）

"溪边奇茗甲天下，武夷仙人从古栽"。福建有千年以上的产茶历史，是中华茶文化的发祥地之一，人们视品茶为修身、待客、生活之道。《五

金砖国家领导人厦门会晤

荣誉证书

兹授予：林建胜 团队

礼品研制贡献奖（入选作品团队）

2017年金砖国家领导人会晤
厦门市筹备工作领导小组办公室
二〇一七年九月

林建胜:《五福茶具》

福茶具》以象征"福禄"的葫芦为造型元素,寓意五福临门。

南音发源于福建闽南地区,是中国现存最古老乐种之一,被联合国教科文组织列入"人类非物质文化遗产代表名录"。在世界的音乐视野中,南音则是"东方古典艺术的珍品"。《五音和鸣》中五位乐女手中所持的琵琶、洞箫、三弦、二弦、拍板为南音演奏的典型乐器,古朴典雅的南音演绎着中国的悠久历史及深厚文化,五位乐女合奏则表达了中国愿同各国平等交流、携手共荣,共谱金砖五国新乐章。

金砖国家领导人厦门会晤

荣 誉 证 书

兹授予: 苏献忠 团队

礼品研制贡献奖(入选作品团队)

2017年金砖国家领导人会晤
厦门市筹备工作领导小组办公室
二〇一七年九月

苏献忠:《五音和鸣》

金砖国家领导人厦门会晤

荣 誉 证 书

兹授予:徐思敏、许瑞峰、曾晓红 团队

礼品研制贡献奖（入选作品团队）

2017年金砖国家领导人会晤
厦门市筹备工作领导小组办公室
二〇一七年九月

徐思敏：《一诺千金》

《一诺千金》以中国印作为整体外形，以白如玉的德化窑白瓷为材质，底部为金砖国名称方印印文，象征金砖国家结盟与承诺。作品上中下三部分为"天、人、地"。天，以祥云与太阳为代表，寓意蒸蒸日上；人，以白鹭女神手捧金盘金砖（正面）与白鹭女神播撒五国国花（背面），象征金砖国家美好和谐共同繁荣；地，以鼓浪屿、海浪、白鹭等为代表象征海丝潮起。作品也融合了福建寿山石印章风格，天圆地方，圆融正气。以体现东道主的民族个性

金砖国家领导人厦门会晤

荣 誉 证 书

兹授予：董希源、曾映雪、赖礼同 团队

礼品研制贡献奖（入选作品团队）

2017年金砖国家领导人会晤
厦门市筹备工作领导小组办公室
二〇一七年九月

与当前欣欣向荣的社会发展景
象，也表达出对金砖国家团结
合作、友谊长存的美好愿景。

《富贵五福》以地球器型
与天香国色的牡丹题材相结
合，衬以最具中国元素的白牡
丹基座，以此表现"开放、包
容、和平、友好、合作、共赢、
发展、繁荣"的金砖国家精神。整个画面的五朵牡丹花绕球一圈，不同视

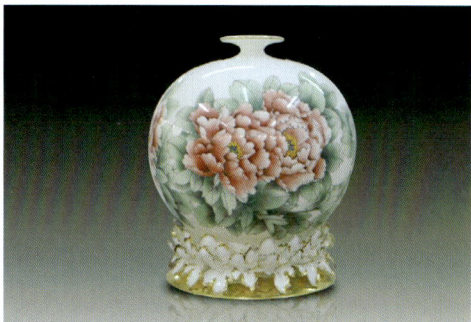

曾映雪：《富贵五福》

角均是华丽绽放、花姿优雅，以红颜色为主色，以体现东道主的民族个性
与当前欣欣向荣的社会发展景象，也表达出对金砖国家团结合作、友谊长
存的美好愿景。

六、空中丝路瓷

700年前，德化白瓷通过
当时的"东方第一大港"——
刺桐港（泉州港旧称）的商贸
活动输出海外，成为"海上丝
绸之路"的重要出口商品。它
温润如脂、洁白如玉的美感，
让异国人民无比迷恋，享有中
国白的美誉。而今，中国白更
是趁着改革开放的东风，飞上
蓝天，登陆机舱，成为了专机
和头等舱用瓷，续写着"空中

空姐与中国白

专机和头等舱用瓷（一）

专机和头等舱用瓷（二）

专机和头等舱用瓷（三）

丝路瓷"的辉煌。

2015年7月26日，厦航开通了厦门—阿姆斯特丹航线。也是在这一天，厦门航空有限公司与我县签订战略合作协议，以及签订厦航蓝·中国白携手共建空中丝绸之路三方战略合作协议，这意味着，"中国白·陈仁海"正式登陆厦航客舱，在带给乘客不一样用餐体验的同时，也紧密结合"一带一路"开辟了空中丝绸之路，为德化瓷与欧洲间的贸易往来创造更多机会。

厦航特邀曾获得红点设计大奖的国际知名设计师VeniaGiota，对洲际航线机上用品进行了全新设计。其中头等舱和商务舱的系列餐具名为"鹭翔云端"，在温润明净的白瓷上以轻浮雕点缀若隐若现的祥云、三角梅等元素，充分展现了中国传统与现代文化相互交融、共同升华的和谐境界。将VeniaGiota的独特机上用品设计理念重新创作提炼成实物餐具的是福建德化"中国白·陈仁海"瓷器品牌团队，精于传承，胜在创新。两位大师的强强联手，使厦航客舱的每一套白瓷餐具都成为艺术品，让旅客在品味餐食的过程中，感受一场嗅觉、味觉、视觉和触觉全开的美食之旅。"鹭翔云端"登陆厦航客舱，机上餐具变身艺术品。

专机和头等舱用瓷：《鹭翔云端》之一款

合作方本着发挥优势、相互促进、长期合作、互利互赢的原则，通过资源互补促进互利共赢，提升品牌的国际影响力，打造更高价值的空中丝路。

2020 年元旦起，专机用瓷正式启用。

七、以瓷记史

历史是人民创造的，也是可以用中国白瓷雕来记录的。

艺术家的使命，在于紧跟时代脉搏，贴近生活，反映生活，与时俱进，传承创新。

作品：《紫归牡怀》

背景：为 1997 年香港回归祖国创作

简介：紫荆花是香港市花，

中国白·陈仁海《紫归牡怀》

牡丹花是中国国花。紫荆花回到牡丹花怀抱，又谐音"子归母怀"。寓意香港被英国统治近百年，终于回到祖国母亲的怀抱。

荣誉：中国历史博物馆收藏

作品：《母亲，我回来了》

中国白·陈仁海《母亲，我回来了》

背景：为1999年澳门回归祖国创作

简介：作品表现一个笑容满面的童子，手举吉祥物"回归燕"，骑跨在一条畅游的龙首鲤鱼背上，仿佛在欢呼："母亲，我回来了！"充分表达了澳门同胞蒙受四百余年分离之苦终于回到祖国怀抱的喜悦心情。

荣誉：人民大会堂澳门厅展出，北京故宫博物院收藏

作品：《开拓辉煌》

背景：为中国加入世贸创作

简介：以9条鲤鱼构思为一幅诗意般的瓷雕。其中一条大鲤鱼昂首，

嘴被塑造成龙头状，龙头吐珠，吉祥如意，而这个珠就是一个地球，象征中国加入世贸组织，将开拓创新，取得辉煌成就。

荣誉：世界贸易总部收藏

作品：《世纪吉马》

背景：为 2000 年西部大开发创作

简介：作品寓意着龙马精神，马头上粗大的血管，寓意着向西部输送资金、技术、人才等"血液"，助推西部大开发马到成功！

荣誉：第六届中国艺术节一等奖，南京博物院收藏

中国白·陈仁海《开拓辉煌》

中国白·陈仁海《世纪吉马》

作品：《年年好运》

中国白·陈仁海《年年好运》

背景：为中国白·中国印创作

简介：《年年好运》取古代皇帝玉玺的形和意、中国传统的双龙为印纽，用"中国白瓷雕"的文化和厚重，四方浮雕"青龙、白虎、朱雀、玄武"镇守四方之神灵图案来佑护主人吉祥安康。

荣誉：镇宅风水传世瓷

作品：《妙音献寿》

背景：为中共建党 80 周年创作

简介：作品以"妙音天女"为原型，精雕细琢了榕树、武夷山、水仙花、白鹭等最能代表福建的元素，"妙音天女"手捧寿桃、水仙怒放、白鹭飞翔，寓意着福建人民对中国共产党的衷心拥护和美好祝愿。

荣誉：中南海紫光阁收藏

作品：《中国赢了》

背景：为中国申奥成功创作

简介：2001 年 7 月 13 日晚，中国申奥成功！北京获得 2008 年奥运会主办权，是中国在提高国际地位方面所矗立起的又一座里程碑，是中华民族伟大复兴历程中又一大盛事。申奥凝聚了中华民族渴望实现伟大复兴的愿望，反映了中国为弘扬奥林匹克精神和推动世界和平与发展所作出的不懈努力。中国白·陈仁海团队为此创作《中国赢了》，为北京喝彩，为中国祝福。

荣誉：中国体育博物馆收藏

中国白·陈仁海《妙音献寿》

中国白·陈仁海《中国赢了》

作品：《盛世清音》

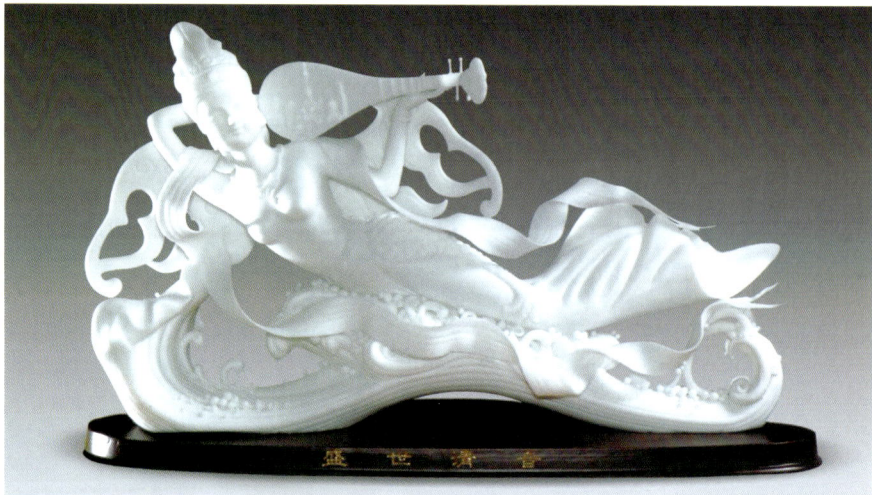

中国白·陈仁海《盛世清音》

背景：为中国申博成功创作

简介：世界博览会主办权交给了中国，交给了上海。这是改革开放以来，中国综合实力显著增强的证明；是中华民族具有强大凝聚力和自强精神的证明；也是中国国际地位不断提高的证明。

荣誉：第四届中国工艺美术大师精品博览会金奖、中国轻工业联合会赠上海市人民政府

作品：《谁主沉浮》

背景：为毛泽东诞辰 110 周年创作

简介：为纪念红军长征胜利 70 周年，毛主席诞辰 110 周年，作品取材于毛主席词《沁园春·长沙》的"问苍茫大地，谁主沉浮？"词句，表达毛泽东同志"已是悬崖百丈冰，犹有花枝俏。俏也不争春，只把春来

报。待到山花烂漫时，她在丛中笑"的革命英雄主义和革命浪漫主义的无产阶级革命家博大胸怀。

荣誉：首都博物馆收藏

作品：《富贵鸿运》

背景：为全国政协 55 周年创作

简介：人民政协是中国共产党把马克思列宁主义的统一战线理论与中国的具体实践相结合的伟大创造，是中国共产党同各民主党派、人民团体和各族各界爱国人士风雨同舟、团结奋斗的伟大成果。55 年来，在中国共产党的领导下，人民政协始终高举爱国主义、社会主义旗帜，紧紧围绕团结和民主两大主题，切实履行政治协商、民主监督、参政议政职能，为国家富强、社会进步、人民幸福和祖国统一事业作出了不可磨灭的贡献。

荣誉：国宾专供瓷

中国白·陈仁海《谁主沉浮》

中国白·陈仁海《富贵鸿运》

作品：《嫦娥梦圆》

背景：为"神舟五号"载人飞船创作

简介："千年梦圆今朝，一箭飞冲九霄。"目睹着"神舟五号"载人飞船飞行成功，在浩瀚的太空中，首次写下了中国人的名字。这是中国综合国力的体现，也标志着中国在攀登世界科技高峰的征程上又迈出了具有历史意义的一步。中国白瓷雕大师陈仁海心中涌起无限激动，也涌起无限感慨。多少热泪在此刻尽情地抛洒，尤其是那些曾经参与"两弹一星"火箭制造和航天计划的人们，他们怎么能忘记中国航天一路阳光、一路牺牲、一路艰险、一路奉献的足迹？火箭直冲云霄，观者欢声雷动。圆航天梦，铸民族魂，举国上下无不为之欢欣鼓舞。为凝固中国人的这一光辉历程，仁海大师经反复构思，并出图十九次之多，最终确定中国首次载人航天飞行成功中国白纪念瓷以嫦娥喜迎自己家乡人为主题，独家中国白秘方，超人的手工工艺，一丝不苟，精巧飘逸，栩栩如生，典雅富丽。从这超一流的创意，到正式烧制出这件纪念瓷，《嫦娥梦圆》先后花了4个多月的时间，可见创意到各工艺的转换，多少次调试配方，多少次试制，一个个难题接踵而至。制好的坯如何装进窑炉是一难，烧制又

中国白·陈仁海《嫦娥梦圆》

是一难，变魔术也要确保在 1360℃ 烈火下中国白不变形。鬼斧神工，出奇造化，它比一般的瓷器难度要大得多。通过作品也可读出大师心中喜悦之情。

这件中国白瓷雕《嫦娥梦圆》在仁海大师指导下，终于烧制成功，作品高 58 厘米，宽 58 厘米，已申请了专利和版权登记。纪念瓷典型地体现了中国白的工艺难点，可以说在瓷雕界里，是首屈一指的。

荣誉：中国人民军事博物馆收藏

作品：《魅力泉州》

背景：为泉州市创作

简介：作品主体形象的飞天乐伎，身上披着改造过的唐代服装，头上露出花巾的刘海前额插着一朵艳丽的刺桐花。飞天乐伎驾着朵朵祥云，腰上彩带飘飘，肩头翅膀高扬，迷人的微笑挂在脸上，悠扬的南音响彻天外。飞天乐伎座下的祥云并没有腾空而去，而是久久地停留在泉州上空。她是扎根在现实土壤上的，她又是何等的依恋故土啊！瓷雕基座上形象地展现了泉州的七种"城市表情"，这是清净寺、开元寺、老君岩、崇武古城、宋代古船——泉州作为"海上丝绸之路起点"的

中国白·陈仁海《魅力泉州》

史迹，还有惟妙惟肖的木偶表演，展现了古老文化的魅力。 还有威武雄壮的石狮醒狮，展现了现代城市的雄风。 还有戴云山、石牛山岱仙瀑布、安溪铁观音，展现了泉州人悠然恬适的生活。

而这一切，和谐而安详地展现在绿树掩映的晋江畔、碧波万里的大海旁。 瓷雕《魅力泉州》，是现代与艺术的完美结合啊！是艺术魅力，来自家乡泉州的现实魅力。作品的艺术灵气，也必然使泉州得到滋润而更加蓬勃生机。

荣誉：泉州文化印象瓷

作品：《蹉跎岁月》

背景：为知识青年上山下乡50周年创作

简介：作品反映了一段具有特殊意义的历史见证。50年的光阴如箭逝

中国白·陈仁海《蹉跎岁月》

去，知识青年回城也 30 年了。当时下过乡、插过队的青年虽然把自己的黄金岁月奉献给了农村建设，历尽千辛万苦，但知青们都无怨无悔，因为这段经历对他们来说，就是一段激情燃烧的岁月！

荣誉：知识青年上山下乡 50 周年纪念专利瓷、著名相声演员姜昆收藏

作品：《人民之子》

背景：为邓小平诞辰 100 周年创作

简介：2005 年 8 月 22 日，是中国改革开放总设计师邓小平诞辰 100 周年纪念日。邓小平多次深情地说："我是中国人民的儿子。"邓小平站立在祖国大地上，身后是蜿蜒起伏的万里长城，脚下有两只英气勃勃的猫。一只猫蹲着，但不是在休息，它胡须竖起，两眼圆睁，前爪凸现，似乎正踩着一只刚刚捕获的老鼠，两眼透露出无限自豪的光芒。使人想起邓小平的一句名言：不管是黑猫、白猫，只要抓住老鼠就是好猫。在邓小平的脚下，簇拥着七朵盛开的紫荆花——香港的市花，象征邓小平首倡的"一国两制"已经取得丰硕的成果。

荣誉：中国国家博物馆永久收藏，中国人民革命军事博物馆永久收藏

中国白·陈仁海《人民之子》

作品：《活力泉州》

中国白·陈仁海《活力泉州》

背景：为泉州地改市 20 周年创作

简介：在庆祝泉州地改市 20 周年之际，中国白·陈仁海团队应邀精心设计创作了中国白专利纪念瓷雕《活力泉州》。

瓷雕塑造了海的女儿——美丽、勤劳、智慧的惠安女为形象代表的泉州人，展示出创新、创业、创造的时代精神风貌，让一切劳动、知识、技术、管理和资本活力竞相迸发，让一切创造社会财富的源泉充分涌流。瓷雕上的惠安女辛勤地劳作着，充满青春的活力。手挥铁锤和凿子，雕琢出辉煌泉州的二十年；衣角随风飘起，象征海峡西岸经济区被写入中央文件与十一五规划，成为区域经济中的又一面旗帜；东西塔、刺桐花象征着泉州的古老、刚毅与奔放；鸽子象征社会和平、和谐。当时，福建省委概括泉州改革开放的主要经验是"活"，是"创新、创业、创造"，瓷雕集中体现了这一特点。

《活力泉州》系选用日渐枯竭又陈积近二十年的中国白上等瓷泥为原料，拥有知识产权专利、版权等保护，作品高 32cm，宽 30cm，背面有红釉字"泉州地改市 20 周年纪念瓷"和盖有"德化辛默楼""中国白""陈仁海"三个章，温润、明净、精巧、秀雅的特点表现得淋漓尽致。

荣誉：泉州地改市 20 周年纪念瓷

作品：《时和岁丰》

背景：为中共十七大创作

简介：《时和岁丰》是歌颂改革开放 30 年来，大江南北国泰民安、鱼肥虾满、五谷丰登的景象。瓷雕上荷花盛开，荷塘中鱼、虾、螃蟹自由自在地游玩，体现万物和谐共生的形态，突出和谐社会的主题。

荣誉：国宾专供瓷

中国白·陈仁海《时和岁丰》

作品：《郑和航海》

背景：为中国首个"航海日"而作

简介：2005 年 7 月 11 日是中国明代航海家郑和七下西洋首航 600 周年暨中国首个"航海日"诞生纪念日。泰国和马来西亚等海外的郑和文化研究机构和中国交通部委托设计一件专用纪念瓷。陈仁海接受了这个创作任务。

这件纪念瓷塑造了郑和身穿蟒袍，手握诏书，指挥船队

中国白·陈仁海《郑和航海》

的豪迈形象。船头雕有和平鸽、橄榄枝、船锚。船正面有船队、大象、载歌载舞的少女等浮雕图案。两侧有椰子树、长颈鹿、佛塔、清净寺及欢迎人群等浮雕，表现郑和在东南、中东、非洲各地受到欢迎的场面，背面为郑和经过的中国南海及东南亚、马六甲海峡、印度洋直达非洲的《郑和航海图》。

荣誉：国宾专供瓷

作品：《盛世香港》

中国白·陈仁海《盛世香港》

背景：为香港回归十周年创作

简介：香港的区花——紫荆，在中国白·陈仁海团队的手中神韵横发，用紫荆花的韵加上中国白陈泥的气，不多不少、不过不失，恰好筑成盛世香港的勃勃气息。白海豚是东方明珠的精灵，这精灵时而轻吻海浪，时而翘首瞭望。壶身如一座美丽的海岛，引来海鸥为之盘旋、为之伫立；壶嘴、壶柄曲线流畅，恰似一泓秀涛，让这美丽定格成永恒。轻涛拍岸，盛世香港、傲然出世。

荣誉：国宾专供瓷

作品：《八月一日》

背景：为庆祝中国人民解放军建军80周年创作

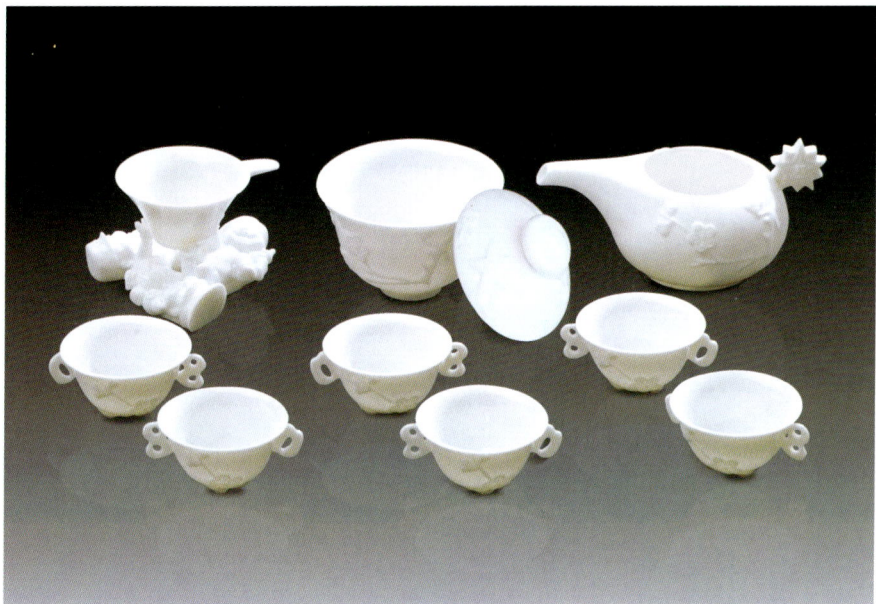

中国白·陈仁海《八月一日》

简介：2007 年 8 月 1 日，逢中国人民解放军建军 80 周年。为纪念这一重要历史时刻，中国白·陈仁海团队应邀精心设计，用 10 个月时间技术攻关，使德化窑首套收藏版中国白瓷雕茶具珍品《八月一日》成功问世。

瓷雕茶具盖碗的壶钮为日月同辉，茶杯上的梅花寓意中国人民解放军在漫长的革命岁月中，凌霜傲雪，英勇顽强，夺取革命胜利的军魂。茶海把手缀有"八一"徽章，茶杯的把手分别雕为"8"与"0"，象征人民解放军建军 80 周年。最耐人寻味的是茶托上戴军帽的"六子争头"。中国白·陈仁海团队把喜庆气氛很浓的民间传统文化融入军事题材中，六子争头活泼喜人，别具匠心，寓意民拥军，军爱民，由弱到强的解放军 80 年的发展历程，更憧憬美好的未来。

荣誉：第一套收藏版中国白瓷雕专利茶具

作品：《大爱无疆》

中国白·陈仁海《大爱无疆》

　　背景：为 2008 年"5·12"抗震救灾创作

　　简介：《大爱无疆》是用中国白这种有特殊含义的特殊材质来表达祖国的强大和大爱的力量，以此鼓舞灾区群众和面临这样重大灾情的全体中国人。

　　荣誉："5.12"抗震救灾纪念瓷

作品：《黑猫白猫》

　　背景：为改革开放 30 周年创作

　　简介：《黑猫白猫》乾坤壶，其以"易学"阴阳为基本造型，以邓小平著名的"猫论"为中国白·陈仁海团队的思想内核，构图巧妙，将古今融会贯通。

该件作品立意及内涵，引用了《周易》中的两句话，"天行健，君子以自强不息""地势坤，君子以厚德载物"。邓小平同志的"猫论"就是"实事求是"思想的通俗表述，是"实践是检验真理的唯一标准"科学论断的百姓语言。

荣誉：国宾专供瓷

中国白·陈仁海《黑猫白猫》

作品：《挥师收台》

背景：为408活动专门创作

简介：作品以《反分裂国家法》为创作思想，以郑成功收复台湾历史背景为表现形式，高度体现了维护祖国统一，反对"台独"的党心和民心。作品构图精美，制作精良，民族英雄郑成功头戴盔甲，身披战袍，手按宝剑，直指前方，率领战船劈波斩浪，

中国白·陈仁海《挥师收台》

中国白·陈仁海《楚天长歌》

中国白·陈仁海《汉武大帝》

收复台湾。作品高 56 厘米，寓意中国五十六个民族维护祖国统一的决心；人物高 39 厘米，寓意郑成功 39 岁为国捐躯，寓意中华儿女捍卫祖国统一的牺牲精神。

荣誉：赠送中央军委领导人收藏

作品：《楚天长歌》

背景：为纪念屈原而创作

简介：作品构图新颖，气势舒展，夸张传神，写意简练，将屈原的精神风貌刻画得细致入微，给人以飘逸豁达之感，素洁而耐人寻味。作品巧妙运用中国白瓷雕"线"的张力，讲究"线"的起伏和走向，在众多屈原的作品中独树一格，凸显了作品的形式美。

荣誉：国宾专供瓷

作品：《汉武大帝》

背景：为纪念汉武帝而创作

简介：汉武帝派张骞出使西

域打通丝绸之路，为中西文化交流开创了基础。由于他推行的内外政策，使西汉成为多民族融洽的兴盛国家，在中国发展的历史长河中留下了绚丽多彩的一笔，汉族、汉字、汉文化焕发着中华文化的青春和活力。

中国白瓷雕"汉武大帝"再现汉武帝当年金戈铁马、统一华夏的雄姿，既表达对汉武帝的崇敬，也是对汉武帝治国方略的经典阐述。

荣誉：南京博物院收藏

中国白·陈仁海《施琅将军》

作品：《施琅将军》

背景：为台湾光复60周年创作

简介：施琅，泉州人，是清初统一台湾的前线统帅。瓷雕塑造施琅威武雄壮的军人气质。塑像一手捧着诏书，一手握大刀，顶盔贯甲，迎着朝阳，统帅炮舰向台湾岛进发。瓷雕正面浮雕九艘战船，象征九九归一，出师大捷，华夏一统。背面浮雕也是九艘战船，象征大军凯旋。寓意两岸统一，商旅畅通无阻，双赢共荣。

荣誉：国宾专供瓷

作品：《今天是好日子》

背景：为新中国甲子华诞创作

中国白·陈仁海《今天是好日子》

简介：作品将新中国甲子华诞全球华人的喜悦、欢乐和希望，人格化的赋予人们喜闻乐见、虔诚崇拜的弥勒艺术形象之中，创造出一个奇妙爽朗的艺术境界。作品立意高远。一尊袒胸露腹、笑脸洋溢、舒展双臂、飘动彩衣的弥勒，活灵活现。弥勒代表大慈与大爱，给予人们以欢乐；弥勒代表明天和未来，给人以希望。弥勒下生，国土丰乐；弥勒出现，福乐安康。中国白·陈仁海团队打破了千余年来弥勒的传统形象，解放了弥勒的双手，让他双手不再握有任何物件，而是向上高高舒展，像欢呼，像呐喊，更像奋起！

荣誉：赠送朝鲜领导人的国礼

中国白·陈仁海《为人民服务》

作品：《为人民服务》

背景：为新中国成立60周年创作

简介：新中国成立后，毛主席的名言"为人民服务"，成为中国共产党各级党政军机关及工作人员的座右铭和行动指南，是一代又一代治国安邦的精英与时俱进、无往而不胜的力量源泉。

中国白·陈仁海团队满怀豪

情，怀着对中华人民共和国缔造者毛主席的无限热爱和敬仰之情，用手中的中国白泥团和雕刀，成功地再塑出形神兼备、栩栩如生的《为人民服务》，表现手法精细娴熟、神态逼真、大度得体。

《为人民服务》受到众多对祖国、对党、对毛主席眷恋的热心人士的爱戴，纷纷请购收藏。这尊庆祝新中国成立 60 周年的"宗旨瓷"《为人民服务》，不仅代表了中国白·陈仁海团队的赤诚之心，更表达了中国瓷都德化人民对党、对祖国、对伟人无限热爱之情。

荣誉：国宾专供瓷

作品：《展翅辉煌》

背景：为海峡西岸经济区创作

简介：作品温润细腻，精致秀巧。瓷雕上海涛汹涌，苍鹰展翅搏击，动静相兼、潇洒流畅、构思新颖、工艺精湛。它既是饱含象征意义的宣传品，又是高品位的收藏品，也是个人、团体文化交流及馈赠的上佳礼品。

荣誉：福建省博物院收藏

中国白·陈仁海《展翅辉煌》

作品：《非常圆满》

背景：为"天宫一号"与"神舟八号"成功对接创作

简介：2011 年 11 月 3 日，中国"神舟八号"与"天宫一号"交汇对接成功，将使中国在轨组建大型空间站的计划得以实现。

斗茶瓷壶《非常圆满》，以圆润流畅的曲线，象征"神舟八号"飞船

中国白·陈仁海《非常圆满》

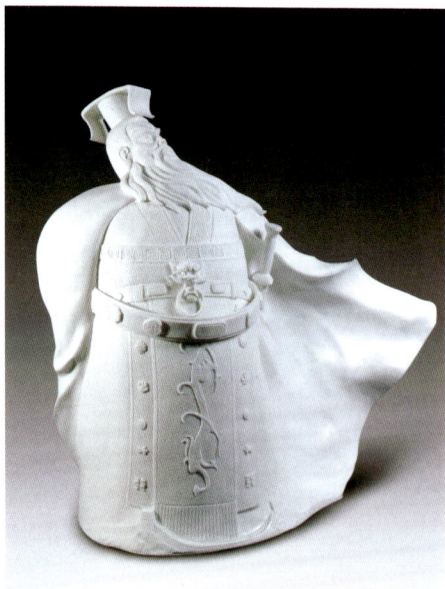

中国白·陈仁海《一统江山》

与"天宫一号"目标飞行器围绕地球运行优美的圆形轨迹。在半圆形壶把手上，一处凸起的部分是壶嘴，这一巧妙的设计又如同航天器在轨运行。洁白的瓷壶上，实现刚性连接的航天器彩色图案格外醒目。这些匠心独具的设计元素组合，营造出航天器太空对接的特殊环境和优美雄姿。

荣誉：国宾专供瓷

作品：《一统江山》

背景：为纪念秦始皇统一六国而创作

简介：秦始皇横扫六国，统一华夏，统一文字，统一度量衡，在中国历史上建立丰功伟业。瓷雕塑造的秦始皇形象气势豪迈，霸气十足，神韵突出，人物形象惟妙惟肖。

荣誉：国家领导人收藏

作品：《和谐平安》

背景：为"十二五"中国铁路建设创作

简介：作品为龙凤对瓶、寓意和谐平安；在"十二五"规划中，中国铁路建设将实现新的跨越发展，惠泽56个民族。瓶身造型由京剧《红灯记》中的红灯衍化而来，意为中国铁路由火车到动车"龙行天下"的巨大变化；瓶身为中国白浮雕，由风驰电掣的动车穿越福建省最具代表性的历史古迹及山水名胜组成，表达福建人民对铁路惠民的感激、崇敬之情；瓶身镂空的部分则为大写意的铁路枢纽网，而以金雕手法创作四通八达的铁路网，象征着铁路所到之处遍地生金，人民生活富裕幸福。

荣誉：福建省委省政府赠送铁道部收藏，世界第一尊大型中国白镂空瓷雕龙凤瓶

中国白·陈仁海《和谐平安》

作品：《人民领袖》

背景：为毛主席诞辰120周年创作

简介：中国白·陈仁海团

中国白·陈仁海《人民领袖》

队怀着深厚的情感，集多年的思索，以娴熟的瓷雕艺术，完美地刻画出一代人民领袖——毛泽东的伟人风采，表现了伟人的丰功伟绩，观之让人肃然起敬。

荣誉：国宾专供瓷

作品：《忠心谢谢》系列

背景：为新中国成立 70 周年创作

简介：中国白·陈仁海团队秉承瓷艺报国之志，倾心创作《忠心谢谢》系列，为新中国成立 70 周年献礼。作品以非凡的手工技艺展现，既有独到而令人向往的中华文化内涵，又有新颖的时尚匠心元素。

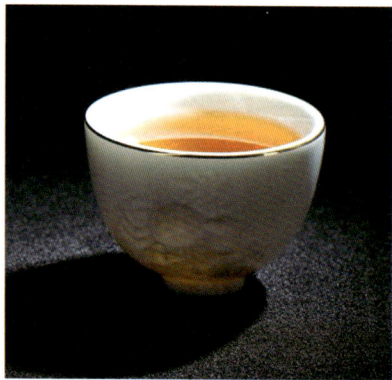

中国白·陈仁海《忠心谢谢》

作品：《丝海弦韵》

背景：为"海上丝绸之路"创作

简介：《丝海弦韵》是仁海大师为纪念"海上丝绸之路"而精心设计制作的艺术品，宋元兴盛的"海上丝绸之路"主要外销商品之一是瓷器，故也称为"海上丝瓷之路"。瓷雕底部海浪汹涌，和平使者——飞天女反弹着琵琶，弹奏着中外友谊的乐章，乘风破浪驶向远方，传播着中国白的文化艺术。作品形象生动，栩栩如生。因此，荣获英国国际发明博览会最高荣誉奖——金皇冠奖，被选为国家礼品赠送俄罗斯总统普京。

荣誉：赠送俄罗斯总统普京收藏

中国白·陈仁海《丝海弦韵》

作品：《足球出线》

背景：为中国足球冲出亚洲创作

简介：我们出线了！凭借着于根伟的进球，国足 1—0 击败阿曼，提前晋级 2002 年世界杯，这是国足唯一一次打进世界杯。

荣誉：教练米卢收藏

中国白·陈仁海《足球出线》

作品：《磨杵成针》

背景：为香港福建中学创作

简介：传说李白小时不爱学习，很贪玩。一天，他逃学到小溪边，看见一位老婆婆手里拿着根铁杵（铁棍），在一块大石头上磨。李白问："你磨铁杵做什么？"老婆婆回答："我给女儿磨一根绣花针。"李白又问："这么粗的铁杵，什么时候才能磨成绣花针呢？"老婆婆说："只要功夫深，铁杵磨成针。"李白听后很有感触，从此刻苦用功读书，终于成为留名千古的大诗人。中国白·陈仁海团队以这个故事为原型创作，激励香港福建中学的全体师生爱国爱港，砥砺成才。

荣誉：香港教育司收藏

中国白·陈仁海《磨杵成针》

作品：《惠女风情》

背景：为古老又开放的八闽文化而作

简介：瓷雕上的惠安女辛勤地劳作着，充满青春的活力。手挥铁锤和凿子，雕琢出辉煌海西；衣角随风飘起，象征海峡西岸经济区的发展风正气顺、人和业兴；东西塔、刺桐花象征着八闽文化的古老与开放；鸽子象

中国白·陈仁海《惠女风情》

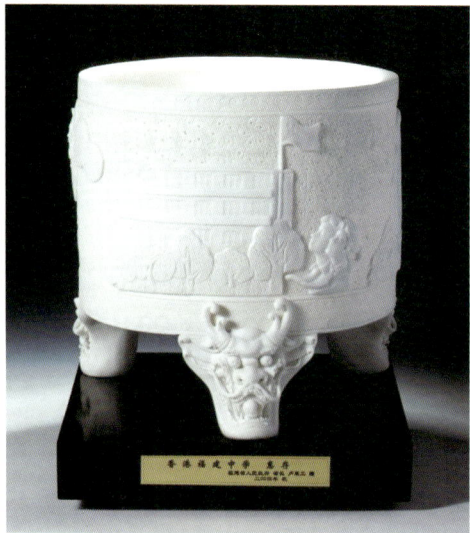

中国白·陈仁海《勤奋向上》

征社会和平、和谐。

作品体现了福建特色和福建精神，即"爱国爱乡、海纳百川、乐善好施、敢拼会赢"，也包含着为建设和谐幸福的祖国提供强大的精神动力。

荣誉：国宾专供瓷

作品：《勤奋向上》

背景：为香港福建中学创作

简介：《勤奋向上》为笔筒形状，刻有"神舟五号"花纹，意为"托起明天的太阳"，象征香港福建中学的园丁们为培养祖国的下一代，托起明天的太阳，积极向上、辛勤耕耘、辛勤浇灌，传道授业解惑，必将取得丰硕的成果，培育出面向现代化、面向世界、面向未来的优秀人才。

荣誉：香港福建中学收藏

作品：《闻鸡起舞》

背景：为香港福建中学创作

简介：《晋书·祖逖传》记

述：传说东晋时期将领祖逖他年轻时就很有抱负，每次和好友刘琨谈论时局，总是慷慨激昂，满怀义愤，为了报效国家，他们在半夜一听到鸡鸣，就披衣起床，拔剑练武，刻苦锻炼。《闻鸡起舞》以这个故事为原型创作，塑造一个正在读书的孩子，象征着知识来自勤奋。以此勉励香港福建中学的同学们勤奋学习、刻苦钻研，长大后建设香港、报效祖国。

荣誉：香港福建中学莫家骥收藏

中国白·陈仁海《闻鸡起舞》

作品：《马到成功》

背景：为 2009 年两岸直航创作

简介：作品《马到成功》为一匹腾空飞跃的骏马，它的后腿蹬在金门的土地上，迎奔涌的海浪，乘着蓝天祥云，跃向万里长城，象征着海峡两岸周末包机、大陆居民赴台旅游在两岸人民共同努力下，终于

中国白·陈仁海《马到成功》

中国白·陈仁海《金猴献福》

"马到成功"。作品其一浑身雪白、纤尘不染、温润典雅，是中国白的经典之作。其二为中国红作品，浑身红色，釉色均匀饱满，沉稳内敛，亮丽华贵，宛然是一匹活生生的汗血宝马。

荣誉：赠送台湾礼品

作品：《金猴献福》

背景：为猴年创作

简介：长幼相依的5只猴子，似一家老少相聚，亲昵嬉戏，如看到流行歌曲《吉祥颂》的美术版

荣誉：上海市政府收藏　第四届中国工艺美术大师精品展金奖

作品：《扬帆五洲》

背景：为人民海军建军60周年创作

简介：2009年4月23日，是中国人民海军建军60周年华诞，一场中国海军历史上最大规模的海上阅兵在青岛举行，国家领导人亲临检阅。为纪念这一重大历史背景，中国白·陈仁海团队耗时一年，《扬帆五洲》珍藏纪念瓷终于震撼出炉。作品以象征中国形象的"龙"为基本造型，寓意"龙的国度"自强不息；又借喻"禹用应龙"，沟通江海，江河浩荡。三桅希望风帆薄如蝉翼，以海军旗语为特定表达元素，象征人民海军扬帆五洲，共建世界和谐海洋。

荣誉：国宾专供瓷

中国白·陈仁海《扬帆五洲》

作品：《马可·波罗芭蕾舞剧》系列组雕

背景：为中俄友谊创作

简介：中国白·陈仁海团队的经典之作，采用陈仁海独家秘制的原生态中国白陈泥，经 1300 多度高温烧成，集艺术、鉴藏、收藏价值于一身。

作品以芭蕾舞为基本造型，给人以一种美妙的联想。天鹅是善良和平、勇敢坚强、志向高远的象征。女舞者曲折的身段魅力十足，动作轻柔缓和，优美动人。作品通体洁白如雪，温润似玉，体现了天鹅出世的高洁情怀。

无论是俄罗斯的文化艺术还是中国的文化艺术都是相通的，它们都是人类精神文明的体现，不仅陶冶了情操，升华了品格，也是人类的精神财富，我们真诚地希望真爱和美像阳光般地洒满整个世界。

荣誉：国家领导人赠送普京的国礼和赠送欧盟的国礼。

中国白·陈仁海《马可·波罗芭蕾舞剧》系列组雕（一）

中国白·陈仁海《马可·波罗芭蕾舞剧》系列组雕（二）

中国白·陈仁海《马可·波罗芭蕾舞剧》系列组雕（三）

中国白·陈仁海《马可·波罗芭蕾舞剧》系列组雕（四）

中国白·陈仁海《马可·波罗芭蕾舞剧》系列组雕（五）

中国白·陈仁海《马可·波罗芭蕾舞剧》系列组雕（六）

羽衣蹁跹

中国白·陈仁海《马可·波罗芭蕾舞剧》系列组雕（七）

中国白·陈仁海《马可·波罗芭蕾舞剧》系列组雕（八）

歌鸾舞燕

中国白·陈仁海《马可·波罗芭蕾舞剧》系列组雕（九）

中国白·陈仁海《马可·波罗芭蕾舞剧》系列组雕（十）

中国白·陈仁海《马可·波罗芭蕾舞剧》系列组雕（十一）

中国白·陈仁海《马可·波罗芭蕾舞剧》系列组雕（十二）

作品:《五福临门》

背景:为中美友谊创作

简介:"平安如意、五福临门"是最高的人生理念追求。《五福临门》大胆巧妙地将精美娴熟的手工捏雕与烧成难度极高的中国红嵌为一体,发挥得淋漓尽致,上半部为中国白瓷雕,象征节节高升的竹子上雕满寓意富贵高雅的牡丹花盛开绽放,洁白无瑕的白玉兰含苞待放。寓意五福的五只蝴蝶栩栩如生,蝶翼薄如纸,触角细如丝,惟妙惟肖,让人见之感叹不已。下半部是为中国红瓷雕的瓷如意,象征吉祥如意。

荣誉:赠送美国总统奥巴马的国礼

中国白·陈仁海《五福临门》

作品：《三峡迎风》

背景：为长江三峡截流成功创作

简介：举世瞩目的三峡大坝是世界第一大坝，是中华民族的一座丰碑。中国白·陈仁海团队以一件典雅的中国白向世人展示这一浩大工程，抓住"夔门天下雄"的新旧摩崖石刻，上下位置对比，记录三峡大坝蓄水 135 米，高峡出平湖，活生生的三峡神女迎风而出……

荣誉：三峡工程纪念瓷

中国白·陈仁海《三峡迎风》

作品：《欢天喜地》

背景：为中共十六大创作

简介：《欢天喜地》以海峡两岸特有的南音为题材，展现五位"飞天"演唱南音的场面。每位"飞天"既可为单件，又可连成一整体。"飞天"反弹琵琶的翩翩舞姿，正是中国人民在中国共产党的领导下，迈进新时代、讴歌新生活的艺术写照。

荣誉：国家博物馆收藏

中国白·陈仁海《欢天喜地》

作品：《天使礼赞》

背景：为 2003 年抗击非典创作

简介：2003 年 5 月 12 日，这是一个特殊的国际护士节，历经磨难的中华民族又一次面临严峻考验。在这场没有硝烟的战斗中，白衣天使义无反顾地在"前线"与"非典"顽强拼搏。中国白·陈仁海团队在"后方"以高度的热忱创作了这件中国白——"非典"纪念瓷，艺术地讴歌白衣战士爱国主义、集体主义、无私奉献的民族精神。

荣誉：首都博物馆收藏

中国白·陈仁海《天使礼赞》

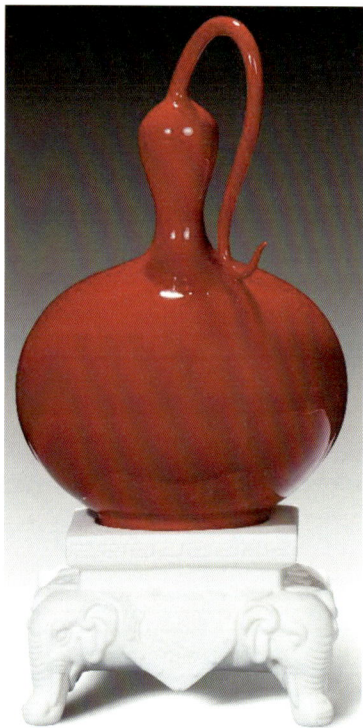

中国白·陈仁海《吉祥福禄》

作品：《吉祥福禄》

背景：为女排创作

简介：前国家女排教练陈忠和收藏"吉祥福禄"第008号，经中国白网站发布后，引起了巨大轰动，各地藏友纷纷来电预订，社会各界将目光投向了中国红《吉祥福禄》，拥有和陈忠和收藏《吉祥福禄》一模一样的中国红专利瓷，已远远超出一般收藏品的意义和价值，其巨大的升值空间不言而喻。

荣誉：前国家女排教练陈忠和收藏《吉祥福禄》第008号

中国白·陈仁海《天圆地方》

作品：《天圆地方》

背景：为全国人大成立50周年创作

简介：作品基座是中国白。由4只我国古代的瑞兽撑起一个四方的座面，瑞兽是法律的象征。作品主体是"中国红"。圆形花瓶，圆的嘴，圆的颈，色彩无比鲜艳的大红。象征富贵吉祥的花瓶放在象征法律的基座上，红白交相辉映。为纪念全国人大成立50周年，意义非凡。

荣誉：国宾专供瓷

作品：《爱拼敢赢》

背景：为福建晋江精神创作

简介：《爱拼敢赢》是最早流行于闽南地区，反映闽南人拼搏精神的一首歌曲，更是福建人民勤劳打拼、艰苦创业的真实写照。早在宋元时代，勤劳朴实、敢想敢干的福建人民就已下海拼搏，东渡扶桑，西闯非洲、欧美，开辟南洋，开创了海上丝瓷之路，在异国他乡开商埠、建码头，创建庞大的商业帝国，涌现出一批又一批富可敌国的闽商。改革开放 30 年来，福建人民以敢为天下先的爱拼才会赢的精神，立于改革开放的前沿，从来料加工起步，发展到自创品牌的工业强省。为讴歌福建人民敢拼敢赢的创业精神，2008 奥林匹克美术大会最佳创意作品奖获得者中国白·陈仁海团队以这首流行于海内外的歌曲为基础，创作了中国白瓷雕《爱拼敢赢》。

《爱拼敢赢》塑造笑口常开、心广体胖的人物形象。其右手扶着轮舵，左手高举并跷起大拇指，立于船舱，驾船乘风破浪，勇往直前，象征敢于争创天下第一的晋江精神。作

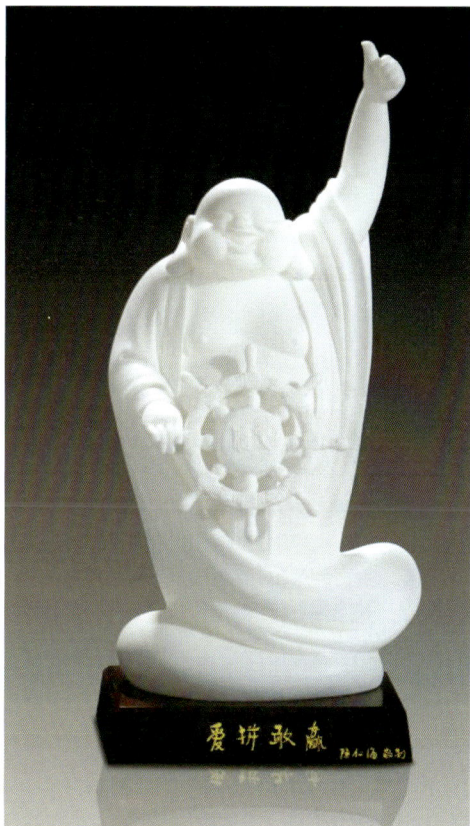

中国白·陈仁海《爱拼敢赢》

品瓷质温润洁白，细腻如玉。人物形象诙谐、风趣，人见人爱。艺术结构简练，线条飘逸流畅，艺术性强。作品有专利、版权、商标等知识产权保护，限量发行，增值空间大，是励志和鉴赏收藏的上佳艺术作品。

荣誉：国宾专供瓷

作品：《同心同德》

中国白·陈仁海《同心同德》

背景：为第六届全国农民运动会创作

简介：作品顶部是第六届农运会吉祥物"同同"，他站立于盛开的莲花上，手持火炬欢迎来自全国各地的运动员和八方贵宾。中部嵌以"中国红"雕制的闽台缘博物馆外形。下方是方形的城雕。城雕表面巨龙腾飞，正面雕有开元寺、妙音鸟，两侧有老君岩雕像、南音及农运会火炬的浮雕，背面是海上女神妈祖圣像及扬帆起航的船队；城雕底部是中国印"天圆地方，中华一统"。

荣誉：国家领导人收藏

作品：《节节高升》

背景：为白鹭精神创作

简介：《节节高升》以白鹭、春笋为主体，白鹭昂首向上，一路高歌，竹笋一节比一节高，寓意生活、仕途如雨后春笋，一路连升。

荣誉：国家领导人收藏

作品：《和谐团圆》

背景：为海峡两岸首次中秋包机双向直航即将通航而创作

简介：在 2006 年中秋佳节即将来临、海峡两岸首次中秋包机双向直航即将通航之际，陈仁海成功烧制了《和谐团圆》。大碗通体洁白温润，冰清玉洁，似碧天秋月，象征着祖国五十六个民族和睦相处，九九归一。内壁祥云缥缈，碗壁上九龙飞舞，寓意九州同心盼团圆；外壁荷浪起伏，莲花盛开，牡丹绽放。碗足部分两

中国白·陈仁海《节节高升》

中国白·陈仁海《和谐团圆》

双巨手紧紧握在一起，憨态可掬的国宝熊猫——"团团"与"圆圆"在嬉戏，表现两岸人民期盼早日统一。

口径 50 厘米以上的大碗，德化千年制瓷史上还没人做过，陈仁海勇为天下先。"和谐团圆"大碗体形大，烧成难度极大。

荣誉：闽台第一碗

作品：《牧牛御心》

背景：为纪念牛年创作

简介：中国古代就有"地辟于丑"的说法，牛是辟地之物，所以丑属牛。佛教认为"牧牛"是修心的重要境界。

御心学是一门驾驭自心自身、治理自心自身的学问。病由心生，过由心生，错由心生。心无烦恼，百病不侵，健康得长寿，人心无邪，社会和谐，世间共安宁。为何世人一样生、百样死？是人出世之后，生百样心，为百样事，出百样错，百样烦恼，致百样病。人世间一切丑恶现象及各种疾病，皆是人们不能用正确的思维驾驭自心所造成。治心要自治，自己如何治？御心学为人们展示了全新的治心学说，人们应该像牧牛一样，时时不忘制心、息妄。只要人们躬行实践，自己

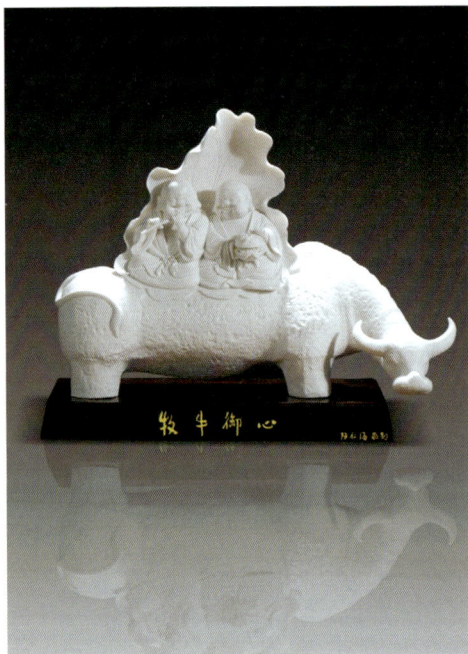

中国白·陈仁海《牧牛御心》

享受了健康长寿的快乐，也为创建和谐社会奉献了力量。

荣誉：国宾专供瓷

作品：《财富牛鼎》

背景：为纪念牛年创作

简介：鼎被视为国之重器，被赋予显赫、尊贵、盛大的意义。牛被视为大地之德的代表。周易说：乾为地，坤为牛。孔颖达解释说，坤象地，任重而顺，故为牛也。牛和鼎的组合最早见于西周早期的青铜器牛鼎。

中国白·陈仁海《财富牛鼎》

作品《财富牛鼎》通体纯洁如玉，圆腹立耳，修饰中国从古至今各式钱币图案，双耳之间饰略带卡通式的牛头，现代韵味十足。鼎的三足寓意构成至尊的名誉、地位和财富，表达了厚德载物的和谐理念。

荣誉：国宾专供瓷

作品：《日出东方》

背景：为第16届亚运会创作

简介：《日出东方》这款多功能长寿养生奢瓷，既可泡制如虫草、人参等各种营养品，又可泡制各种茶，还能让酒更好喝更醇香，其独特功效深受亚组委有关官员高度赞赏。

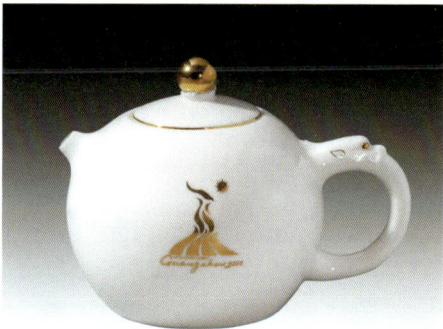

中国白·陈仁海《日出东方》

中国白·陈仁海《滴水穿石》

中国白·陈仁海《山海交响》

荣誉：国宾专供瓷

作品：《滴水穿石》

背景：为中共十八大创作

简介：当你端详这把斗茶壶，你会看到上面有仁海大师的亲笔题字"滴水穿石"；当你观察这把斗茶壶，你可以观察到它茶盖上的滴水涟漪；当你提起这把斗茶壶，你会觉得举轻若重却又轻轻松松。

荣誉：国宾专供瓷

作品：《山海交响》

背景：为中共十八大创作

简介：这是一把造型奇特的斗茶壶——呈三面形，有三只腿，稳稳当当，端坐在茶几上。这是一把构思奇特的斗茶壶——腿有图案，壶面题字："山海交响"，明快、隽永、闪光！

看啊！三都澳，泉州湾、鼓浪屿——碧波汹涌，正托出一轮冉冉上升的朝阳！看啊！太姥山、武夷山、戴云山——奇峰攒拥，充溢着无限生机和激情昂扬！

斗茶壶的提手——是一副钢琴支架；斗茶壶的盖子——是"9"与"8"的配搭。

荣誉：国宾专供瓷

作品：《稳操胜券》

背景：为深圳证券交易所成立 20 周年创作

简介：拓荒牛，吃苦耐劳、肯干实干，不空谈、重行动，是改革开放中创业者的象征。拓荒牛精神是中华民族应具有的精神。拓荒牛粗犷雄伟，重心向前，坚韧不拔，是刚毅和力量的象征，是事业成功、吉祥和幸福的守护神。

荣誉：国宾专供瓷

中国白·陈仁海《稳操胜券》

作品：《雀之灵》

中国白·陈仁海《雀之灵》

背景：为中法友谊创作

简介：绚丽的灯光，灵动的孔雀，优美的舞姿，造就了一场让人叹为观止的舞蹈——"雀之灵"。

这件作品是名副其实的网红作品，拍摄这件作品的视频点赞量达百万！作品完美地还原了著名舞蹈家杨丽萍在 2012 年央视春晚上的表演节目——"雀之灵"的经典动作。孔雀是吉祥的珍禽，是圣洁的象征。"孔雀公主"杨丽萍用柔嫩的腰肢、灵活的手指、轻盈的双脚，舞出神秘的境界。作品通体洁白如雪、温润似玉，远看仿佛是一只高贵优雅的孔雀，具有赏心悦目的造型美和韵律感。

荣誉：赠送法国总统马克龙的国礼

作品：《天地人和》

中国白·陈仁海《天地人和》

背景：为联合国教科文组织总干事伊琳娜·博科娃创作

简介：中国自古以来倡导天人合一，崇尚人与自然和谐相处。作品一改传统造型，释放老子的双手，把人物刻画得活灵活现，并赋予其灵魂。人工技艺与传统窑变技术的完美融合，形成了天地人和谐一体的艺术意境。作品集中体现了中国白·陈仁海团队对人与自然和谐相处的深刻领悟、独特思维和精湛的烧制工艺。

荣誉：中国美术馆收藏，是赠送联合国教科文组织总干事伊琳娜·博科娃的国礼

中国白·陈仁海《万世师表》

作品：《万世师表》

背景：为纪念孔子创作

简介：2005 年初春，陈仁海拜访恩师启功先生时，启功先生对他说："你出身教师世家，应该为我们的大圣人孔子创作一款瓷雕像。"陈仁海欣然应允。启功先生特意嘱咐他去孔庙看一看，用心寻找创作灵感。

经过近 3 个月的反复思考推敲，一款新的孔子瓷雕塑像送到了启功先生的面前，启功先生大加赞许。塑像孔子双手合于胸前，慈祥端庄，目视远方，身体左侧有一把佩剑，人体结构与佩饰完美融合。作品以简朴概况的手法展示了孔子的人文主义情怀，充满了生命的光辉。

荣誉：启功先生收藏

作品：《气挟风雷》

背景：为纪念关羽创作

简介：《气挟风雷》是关圣帝君的陶瓷雕像。为中国白·陈仁海力作之一。

关圣帝君，原名关云长，字羽。是三国时期蜀国五虎上将之首，与刘备、张飞桃园三结义，俗称"关公"。关公自幼秉承家学，喜读《春秋》，培养出一股忠义之气，加上他容貌伟岸，英武过人，民间奉之为保护神和财神。历代帝王都对其敕封，明朝封其为关圣帝君。

中国白·陈仁海《气挟风雷》

中国白瓷雕《气挟风雷》所塑造的关公，高大威猛，身穿盔甲，手执大刀；斗篷张扬，浓眉倒竖，威武迫人；凤眼凝眸，美髯飘逸，从容自若，尤为传神，令人见之肃然起敬。家有大厦者、大企业主，必求作镇宅之神，以壮观瞻。

荣誉：香港收藏家徐展堂收藏

作品：《越来越旺》

背景：为世界投资大师罗杰斯创作

简介：神牛，即圣水牛（Bubalus mephistophele），在中国可以追溯到距今 8000 年左右新石器时代早期的跨湖文化，世界各国又称其为"原

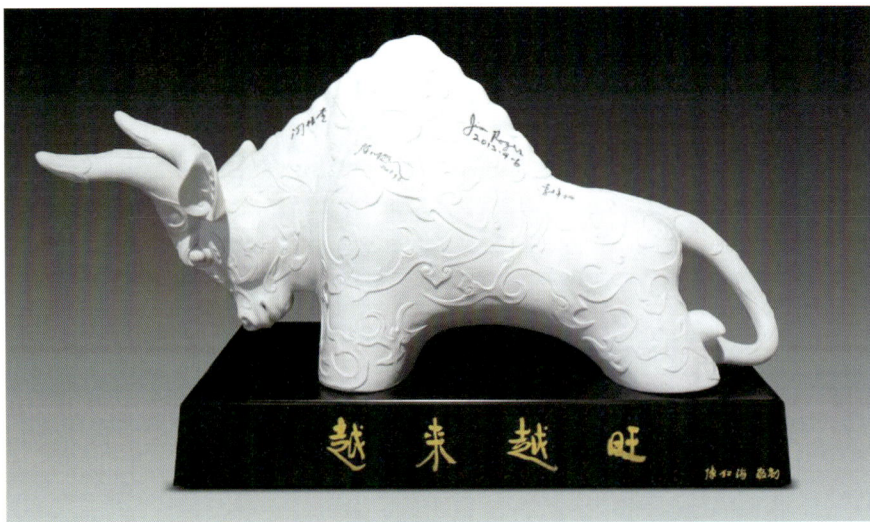

中国白·陈仁海《越来越旺》

牛"，被人类寓意"传奇神物"，是力量与兴旺发达的化身，深受世界各国人民的推崇和喜爱。

悠久经典的历史元素，赋予中国白·陈仁海团队以灵感，历经两年，运用现代写意画手法，以自然流畅的线条、精湛的技艺，塑造了神牛叱咤风云的形象，诞生了中国白珍品《越来越旺》。

中国白·陈仁海团队选用日渐枯竭又陈积数十年的中国白上等瓷泥为原料。把中国白温润、明净、精巧、秀雅的特点表现得淋漓尽致。用手轻轻触摸，犹如婴儿的皮肤，细腻而富有弹性感，并给人以浑厚劲健、力冲星斗之感，具有"奔放而雅正，形似而神具"的至高艺术境界，是献给艺术界一份传世经典的贵重大礼。

该作品是将似玉如脂的中国白与高超手工技艺的完美结合，尽显"牛"精神。罗杰斯看了直说"牛！牛！！牛！！！"

荣誉：国宾专供瓷

作品：《虎卧凤阁》

背景：为虎年创作

简介：将生肖瓷纪念价值、艺术价值与高科技实用价值完美统一。以栩栩如生的凤凰与可爱的财虎相融合，创造出一款新的神奇酒器珍品。作品富丽堂皇，明快悦目，匠心独运，为古今未见雷同者，堪称国宝。

将酒倒入，在几分钟之内，能在不改变酒精度的情况下对酒中的甲醇、乙醇等物质进行分解处理，迅速剔除酒中的有害杂质，使原本冲烈辛辣、强烈刺激的酒变得口感绵甜、滑顺，且饮用后不会产生上头、口干等现象，从而减少其对人体的伤害。

荣誉：国宾专供瓷

中国白·陈仁海《虎卧凤阁》

中国白·陈仁海《玉壶光转》

作品:《玉壶光转》

背景:为兔年创作

简介:作品从南宋词人辛弃疾《青玉案·元夕》词中悟出灵感,以奋进奔跑的玉兔为造型,赋予壶灵动与深厚的吉庆文化内涵,代表了当代陶瓷生肖专利瓷的至高水准。

荣誉:国宾专供瓷

作品:《玉兔东升》

背景:为兔年创作

简介:《玉兔东升》作品,取传统京剧《贵妃醉酒》中"海岛冰轮初转腾"唱词意境,由圆月、兔爷、如意、牡丹、水仙、巳蛇组成,寓意花好月圆、吉祥幸福、辈辈富足。

荣誉:兔年生肖专利瓷

中国白·陈仁海《玉兔东升》

作品:《梅竹闹春》

背景:为鸡年创作

简介:采用手工捏塑镂空高超技艺,尽显精雕细琢之美。新的一天开始了。雄壮的公鸡，温柔的母鸡，可爱的小鸡，一起张开歌喉，用不同的频率，唱出悦耳和谐的晨曲。鸡旁，梅旁，是一个镂空的大花瓶。朵朵相连的梅花构成了瓶身，节节长高的新竹构成瓶颈，寓意新春伊始，春意盎然，辞旧迎新，吉祥如意，运气高升。

荣誉：国宾专供瓷

作品：《金猪》系列

背景：为猪年创作

中国白·陈仁海《梅竹闹春》

中国白·陈仁海《金猪》系列

简介："中国红"是由中国书法家协会原主席启功亲自命名并题名的，其红色饱和度最高，釉面光泽度、纯净度最好，且釉色和造型交相辉映。

《福禄寿囍》"金猪"系列，有《金猪鸿福》《金猪厚禄》《金猪献寿》《珠联璧合》《福猪送财》等，连起来就是"福禄寿囍财"五件套。

2007年是五行中的"金年"，又是十二生肖中的"猪"年，就构成了金猪年。金猪年60年一遇，被民间认为是吉利年。猪年喜事多，朋友结婚、生子、寿诞、高升、就业、搬新家、建新厂、开新店……喜庆之时，送什么礼最能表达美好的祝福？《福禄寿囍》内涵丰富，品位高雅，身价不凡，且功能齐全、用途广泛。

荣誉：国宾专供瓷

作品：《和谐一家》

背景：中国白·陈仁海为您量身定做的传世孤品

简介：中国白·陈仁海团队开创性地将生肖文化融入和谐文化之中，

中国白·陈仁海《和谐一家》

创造了中国白"中国红""和谐一家"生肖个性化全家福系列收藏瓷雕。将生肖这一炎黄子孙的生命守护神，从精神层面物化成可看可摸的物质形态，从中国传统的石刻造像、民间剪纸与当代动漫等造型艺术中，捕捉生肖造型的神韵，提炼成一种充满艺术魅力的中国白十二生肖肖像图式，将十二生肖肖像与精心设计制作的"中国红"瓷身完美结合，并对收藏者的生肖进行个性化

中国白·陈仁海《和谐一家》

制作，从而形成"唯一"的只属于自己的特殊纪念瓷雕。《和谐一家》系列生肖纪念瓷，有寓意夫妻恩爱的新婚、银婚、金婚结婚纪念瓷《和和美美》；有寓意家庭幸福美满的《圆圆满满》；有寓意夫妻相亲相爱的《白头偕老》等等。

荣誉：高端私人定制瓷

作品：《白衣执甲》

背景：为 2020 年抗击新冠肺炎疫情创作

简介：2020 年，在"新冠病毒"爆发的期间，在抗击新冠肺炎疫情人民战争、总体战、阻击战的每一天，上海世博会 5.6 亿镇馆之宝《世博和鼎》的作者中国白·陈仁海团队被医护人员白衣执甲、逆行出征、负重前行的事迹感动着，创作激情也随之涌动。

中国白·陈仁海《白衣执甲》

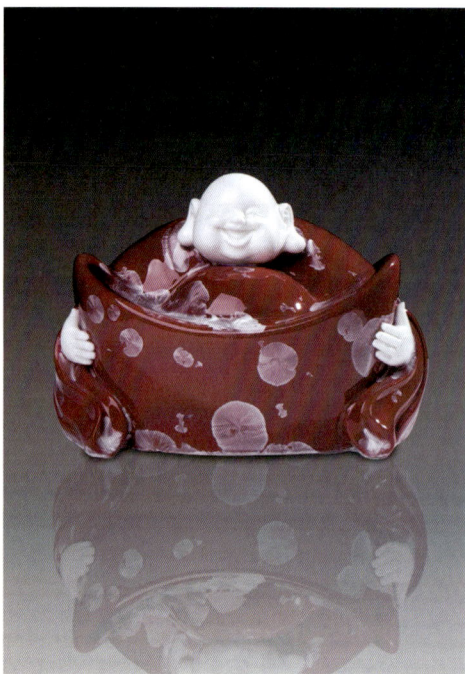

中国白·陈仁海《开怀大笑》

抗"疫"期间，白衣天使再次化身为"白衣战士"。白色防护服，是他们"最靓的战袍"。一道道"白色之光"驱散了疫情的阴霾，让守望相助的真情成为抗击疫情中坚不可摧的力量。

荣誉：抗击新冠肺炎疫情纪念瓷

中国白·陈仁海:《开怀大笑》

荣誉：国宾专供瓷

中国白·陈仁海:《福德正神》(土地爷)

荣誉:国宾专供瓷

《福德正神》

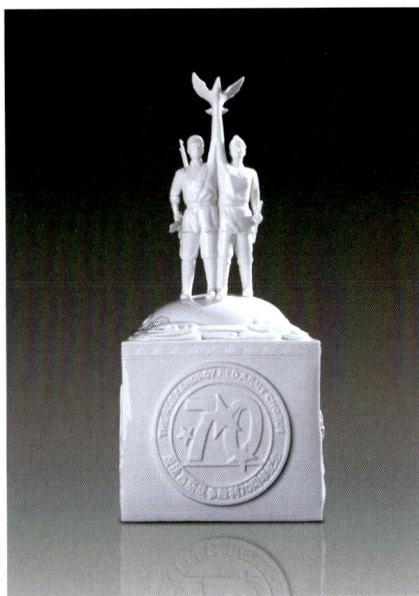

《和平万岁》

中国白·陈仁海:《和平万岁》

荣誉:国宾专供瓷

中国白·陈仁海:《满腹经纶》

荣誉:国宾专供瓷

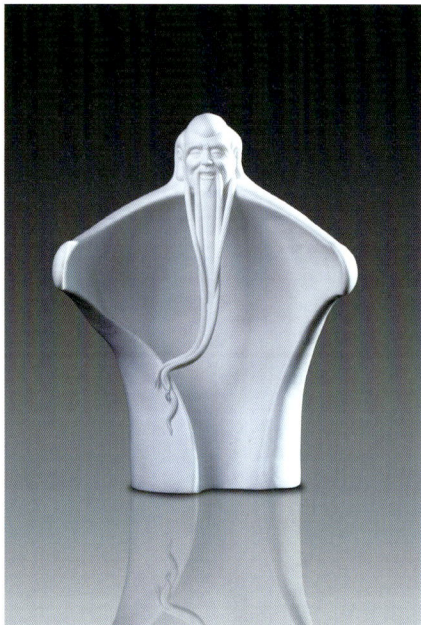

《满腹经纶》

《法海无边》

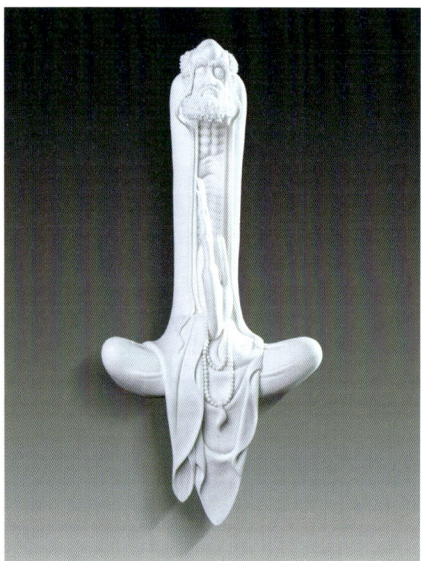

《修禅悟道》

中国白·陈仁海:《法海无边》

荣誉:国宾专供瓷

中国白·陈仁海:《修禅悟道》

荣誉:国宾专供瓷

八、元首杯

(一) 第一版元首杯

2009 年，在中国白·陈仁海团队长寿瓷系列作品中具有里程碑意义的第一版元首杯——《和谐世界》元首杯创作成功。元首杯的诞生，凝聚了中国白·陈仁海多年来对日用陶瓷创作感悟的心血，是陶瓷艺术创作的一个新的飞跃。元首杯从样式、构想、成型到出炉，中国白·陈仁海团队孜孜追求，数易其稿。

巍巍华夏，礼仪之邦，酒助武魂，茶养文韬。元首杯所显现的人文精神，是升华凝聚中华民族本质之中崇尚和平、热爱自然、感悟天地、锻造品格的崇高情操。功夫不负有心人。元首杯成为庆祝新中国六十华诞纪念杯，作为赠送 170 多个国家元首的礼品。元首杯深受各国元首钟爱，许

中国白·陈仁海：《和谐世界》元首杯

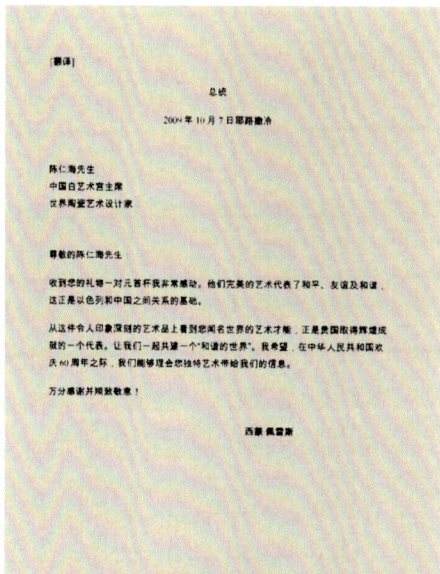

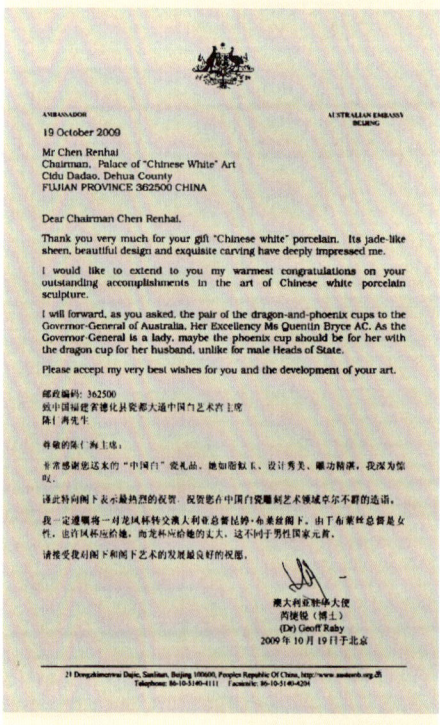

多国家的总统或驻华大使向中国白·陈仁海致函和回赠礼物，盛赞元首杯。

以色列总统西蒙·佩雷斯在信中称赞《和谐世界》元首杯和作者陈仁海时说："收到您的礼物一对元首杯我非常感动。它们完美的艺术代表了和平、友谊及和谐，这正是以色列和中国之间关系的基础。从这件令人印象深刻的艺术品上看到您闻名世界的艺术才能，正是贵国取得辉煌成就的一个代表。让我们一起共建一个'和谐的世界'。我希望，在中华人民共和国欢庆六十周年之际，我们能够理解您独特艺术带给我们的信息。"

澳大利亚驻华大使芮捷锐博士在致陈仁海的信中说："非常感谢您送来的'中国白'瓷礼品，她如脂似玉、设计秀美、雕工精湛，我深为惊叹……我一定遵嘱将一对龙凤杯转交澳大利亚总督昆婷·布莱丝阁下。由于布莱丝总督是女性，也许凤杯应给她，而龙杯应给她的丈

西班牙国王胡安·卡洛斯一世通过西班牙
驻中国大使致中国白陈仁海团队的感谢信

乌兹别克斯坦卡里莫夫总统通过乌兹别克斯坦共和国驻中国大使
致中国白陈仁海团队的感谢信，并赠送给中国白陈仁海团队纪念品

乌兹别克斯坦卡里莫夫总统赠送给中国白陈
仁海团队纪念品的感谢信

乌兹别克斯坦卡里莫夫总统赠送给中国白陈
仁海团队纪念品的感谢信

科威特国王萨巴赫四世通过科威特驻
中国大使致中国白陈仁海团队的感谢信

白俄罗斯总统卢卡申科通过白俄罗斯
驻华大使致中国白陈仁海团队的感谢信

希腊总统卡罗洛斯·帕普利亚斯通过希腊
驻中国大使致中国白陈仁海团队的感谢信

瑞典国王卡尔十六世古斯塔夫通过瑞典
驻中国大使致中国白陈仁海团队的感谢信

荷兰女王通过荷兰驻华中国大使
致中国白陈仁海团队的感谢信

葡萄牙总统卡瓦科·席尔瓦通过葡萄
牙驻中国大使致中国白陈仁海团队的感谢信

《和谐世界》元首杯交接仪式（一）

《和谐世界》元首杯交接仪式（二）

夫。这不同于男性国家元首。"

2010 年 1 月 29 日，在北京人民大会堂北京厅举行了"和谐世界"元首杯交接仪式。这是人民大会堂管理局根据政治任务的需要，选定"和谐世界"元首杯作为人民大会堂党和国家政务活动用瓷。

中国白元首杯将思想性、艺术性、功能性完美融合，集好看、实用、养生、收藏于一体，是名副其实的品质之杯、艺术之杯、身份之杯、长寿之杯、传世之杯。

1.品质之杯

元首杯将艺术与科技完美融合，首次攻克通体满釉工艺，该杯选用世界上最为昂贵、最为健康、最为稀少的原生态的中国白陈泥制成。一般的德化白瓷原料每吨 2000—5000 元，上等的可以达到每吨 2—3 万元，而元首杯选择的原生态中国白陈泥，每吨达 10—12 万元。从瓷泥的混沌到通体如脂

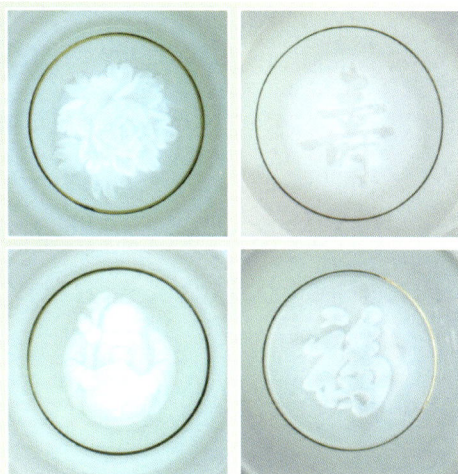

元首杯杯底图案

似玉，于 1310℃ 火中涅槃重生后，比骨质瓷更硬，比硬质瓷更透，比白玉更纯润，成为"白色的金子"。

元首杯适应了人们高品质、高质量生活的需求，将人们朝夕相伴的水杯打造得实用、完美，既呵护健康，又彰显品位和生活时尚。中国白元首杯，瓷杯中之绝品，它将伴随您一起，品位大千世界最动容最感怀的美好时光。

2.艺术之杯

中国白元首杯，以仁海大师独家秘制中国白瓷泥为胎体，结合"和谐世界"之非凡创想，以非凡的手工技艺展现作品"厚重、古拙、大气、精致"，既有独到而令人向往的中华文化内涵，又有新颖的时尚创意元素。

仁海大师首创"纯手工双层镶接阴阳精雕"专利技法，在杯底内外精雕"和""福"字书法和"牡丹""寿星"图案，在杯托瓷盘双面精雕天下第一"寿"字和天下第一"福"字。作品在光的映照下，莹明温润，如脂似玉，双面之阴阳精雕图案竟互不影响，观赏杯中的"寿星"却找不到另一面的"福"字，观赏杯底的"福"字，却找不到另一面的寿星"；观赏

杯中的"牡丹"却找不到另一面的"和"字，观赏杯底的"和"字，却找不到另一面的"牡丹"，观赏碟中的"寿"字却找不到另一面的"福"字，观赏碟底的"福"字，却找不到另一面的"寿"字，仿佛游戏迷藏，妙趣横生。不可思议的是，当阁下用手指轻抚"和"字或"福"字，内底的牡丹或寿桃即灿若胭脂，楚楚动人，反复把玩，定会爱不释手，心旷神怡。

元首杯工艺考究，24K 纯金镶制，专利打造"玉璧底"，制作工艺与烧制难度极大，成品率不足 3%，元首杯传承经典极致技艺的顶级风华，是中国白史上的一大盛事。

3. 身份之杯

中国白元首杯，作为新中国成立 60 周年赠送给世界与中国建交的国家元首的国礼，是名副其实的"元首杯"，深受各国元首和各国驻华大使的赞誉。元首杯品质上乘，彰显荣耀和品位。此杯由龙杯和凤杯组成，"龙杯"以"玉龙"为把，龙"贵为天子"；"凤杯"以"凤凰"为把，寓意"母仪天下"。中国素有"龙凤呈祥""龙凤和鸣"之说，世界不同性别的元首，同用"元首杯"，共同倡导和践行人际之和、家国之和、人类之和、天人之和，和实生物、相成相济，恩泽万民，共创和谐世界。与元首同用此杯，意味着阁下拥有同样的至尊与荣耀。

4. 长寿之杯

中国白元首杯，严格遵循当今世界最先进的长寿理念，科学地整合了人类长寿所需求的尊严、自由、修身、养性及长期饮用健康好水的基本

中国白《元首杯》

要素，尤其是对影响健康长寿诸多因素中的水，提供了最佳的优化条件。明朝李时珍在《本草纲目》中，把水列为各篇之首，他对水的"保健""疗效"作用极为重视。李时珍认为，"药补不如食补、食补不如水补"。现代人逐渐忽略和淡忘了水对人具有的保健、疗效作用。科学研究证明，水与衰老、寿命、免疫、代谢息息相关。

元首杯具有健康原生态、活化水质、高溶氧、抗菌、激活小分子团水、抗衰老、高能量、阻垢易洁等功能。长期享用元首杯饮水，能改善人体的健康状况，是当代健康养生的"长寿之杯"。

元首杯的可贵之处，是将科技与艺术完美融合。从材质、技艺、功能等方面审视，中国白元首杯具有五绝：材艺纯美，瓷润如玉，底透双字，活化水质，科技养生。中国白元首杯不但白、透、润、纯、硬等理化指标创历史纪录，而且胎釉无铅无镉，是真正的环保和绿色艺术品。国家权威机构对元首杯作了如下检测认证：

·自洁抗菌：经中国建筑材料工业环境检测中心和广东省微生分析检测中心检测，"和谐世界"元首杯对金黄色葡萄球菌和大肠杆菌的抗菌率可达96%以上，具有明显的自洁功能。

·活化水：经中国建筑材料工业环境检测中心检测，普通水的半峰宽为115.37HZ，而"和谐世界"元首杯内的自来水半峰宽为88.6HZ，具有较好的活化水功能。

·溶出元素检测：经国家无机盐产品质量监督检验中心和福建省日用陶瓷产品质量监督检验中心检测，"和谐世界"元首杯可溶出钙、镁、钾、铁和锌离子。

·放射性检测：经国家建筑材料工业建材放射性监督检验测试中心检测，"和谐世界"元首杯多功能健康陶瓷材料符合要求，无放射性，使用不受限制。

5.传世之杯

元首杯，新中国60华诞第一礼赠送各国元首，主题重大，在这一特殊历史时刻，见证和传播当代最伟大的"和谐世界"理念，具有重大的历史价值；

元首杯，寓意深远，弘扬了中华陶瓷文明，融合了中华"德"文化与"和"文化；

元首杯，艺术与材质合璧，书与画相得，以仁海大师独家秘制中国白与专利技艺打造；

元首杯，采用最佳的远红外线转换材料、负离子晶石等20多种对人体有益的矿物质元素以及"中国白原生态陈泥"，经1310℃高温煅烧而成，首次攻克通体满釉工艺，实现了阻垢易洁的新功能，享用元首杯，符合世界卫生组织专家所提出的健康功能水的条件，具有重大的健康价值。

元首杯，是中国顶级奢瓷中的里程碑，是世界顶级奢瓷的新典范，是不可多得的传世珍品！在国际上，元首杯收藏早已是热门收藏话题，作为时尚标签以及身份的象征，备受社会名流、商界巨子和文人名士的青睐，其收藏价值、升值潜力不可估量！

为纪念中国共产党成立90周年、纪念辛亥革命100周年，中国白·陈仁海团队演绎"元首杯"新篇章，推出以孙中山"天下为公"和毛泽东"为人民服务"宗旨凝聚而成的"双为杯"。

"为民杯"以中国共产党全心全意为人民服务的宗旨为魂，以伟人毛泽东"为人民服务"题词为主题，艺术地表达了立党之本。"为公杯"以中华民族传统美德"天下为公"为创新理念，以民主革命先行者孙中山"天下为公"题词为艺术精髓，凝聚了海峡两岸期盼天下为公、和平统一的美好愿望。"双为杯"是中华民族道德文化孕育的精神财富。

中国白·陈仁海：《双为杯》

（二）第二版元首杯

2010 年 4 月，第二版元首杯——《世博元首杯》烧制成功。上海世博会组委会确定该元首杯作为上海世博会联合国馆、中国馆、福建馆贵宾厅用瓷。世博会文博专家一致认为，它"好看、好用，又是负离子发生器"，

中国白·陈仁海：《世博元首杯》

是上海世博会高科技功能"样板创新纪念瓷"。

（三）第三版元首杯

《金砖元首杯》（一）

2017年，第三版元首杯——《金砖元首杯》成功出炉。它与中国白·陈仁海团队的其他一百多件作品一起被选为厦门金砖国礼用瓷和国宴用瓷。

金砖元首杯的杯底，采用阴阳双面镶雕的专利技术，国色天香的牡丹栩栩如生。杯底透光时，用手指按住花蕊，这朵牡丹则变成红牡丹，粉嫩可爱、妙趣横生；若用手机拍摄时，这朵牡丹花就变成绿牡丹；空杯时，是一朵白牡丹；加入水后，却是一朵黑牡丹。这种独具特色的釉下彩金线写意手法妙趣横生，独具神韵。

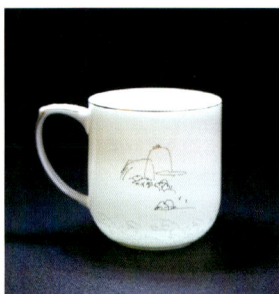

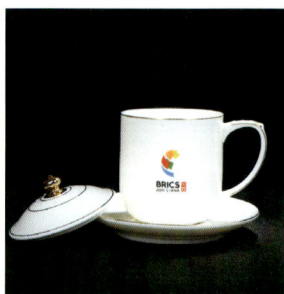

《金砖元首杯》（二）

（四）第四版元首杯

2021年，第四版元首杯——《百年领航杯》成功烧制并向全球发行，它是中国白·陈仁海应邀为中国的两个一百年所创作的《行稳致远》系列作品。作品力求体现习近平以人民为中心、人民至上的价值理念。突出人民是天，人民是地，人民是山，人民是海的人民观。

从造型上看，《百年领航杯》的盖纽做成平顶，寓意平静致远；杯盖上浮雕九朵祥云

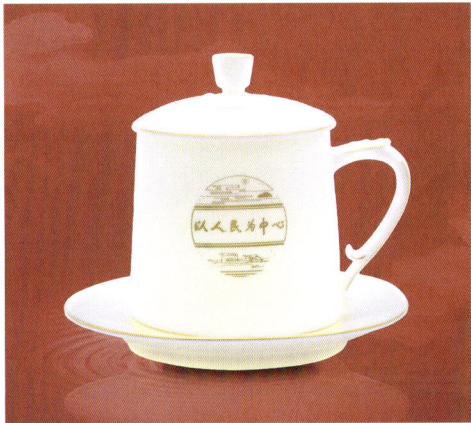

中国白·陈仁海：《百年领航杯》

和五个珠点，寓意中国共产党成立 100 年来领导人民打天下坐江山，全心全意为人民谋幸福；杯身设计江山锦绣图、写意红船以及"以人民为中心"书法，描绘了中国共产党领导下的脱贫攻坚、乡村振兴工作所带来的

《百年领航杯》全球首发式

山乡巨变，体现全国各族人民与共和国同呼吸共命运，中国共产党与人民心连心，江山就是人民，人民就是江山，复兴伟业前景无比光明；杯把雕有镶金玉龙，寓意中华儿女是龙的传人，自强不息，傲立世界民族之林；杯底加大，更加稳健厚重，体现国运永祚，江山永固；杯底有 14 朵浪花浮雕，代表 14 亿中国人民在以习近平同志为核心的党中央领导下，在实现中华民族伟大复兴中国梦的道路上，乘风破浪、奋勇前行；底碟有 19 朵浪花浮雕，寓意党的十九大以来，中华人民共和国在中国特色社会主义新时代气象万千、欣欣向荣！

2022 年，第五版元首杯——江山元首杯成功烧制并向全球发行，它是中国白陈仁海团队受"踔厉奋发、勇毅前行"的昂扬精神所鼓舞，通过精心设计创作而成的又一精品力作。

从造型上看，《江山元首杯》圆形金边，龙形把手，方圆有致、气骨雄壮，寓意中华儿女携手共同奋进，努力实现中华民族伟大复兴的中国梦；杯身 20 根红色光芒线相互联系，围绕着一颗红色五角星，寓意全国人民万众一心、一心向党，奋进之光照耀中华大地、照亮未来之路，全国

人民齐心向十四五规划伟大目标前进。

2022 年，是党的二十大召开之年，也是党和国家事业发展进程中十分重要的一年。作为国家辉煌发展历程见证者的中国白陈仁海团队，将第五版元首杯命名为《江山元首杯》，一是与第四版元首杯《领航元首杯》"党全心全意为人民服务"的创作理念一脉相承，共同寓意"人民就是江山，江山就是人民"；二是寓意"国家统一、民族复兴的历史车轮滚滚向前，祖国完全统一一定要实现，也一定能够实现！"

中央党校赵长茂教授一行见证第五版元首杯全球首发式

如今，中国白·元首杯系列作品已发展成为独树一帜的艺术、养生、实用、收藏佳品，其中包括：

以商界为特色的财源杯；以金融为特色的理财杯。

以企业为特色的品牌杯；以巨子为特色的兴业杯。

以名家为特色的名人杯；以名星为特色的星光杯。

以体坛为特色的冠军杯；以高考为特色的状元杯。

以市徽为图案的名城杯；以胜景为图案的圣地杯。

以校徽为图案的名校杯；以徽标为图案的庆典杯。

以八一为图案的军魂杯；以铁锚为图案的海魂杯。

以飞机为图案的凌云杯；以盾牌为图案的金盾杯。

以儒学为理念的仁者杯；以易经为理念的太极杯。

以武术为理念的修身杯；以禅茶为理念的养心杯。

以孝道为理念的福寿杯；以尊师为理念的师礼杯。

以新婚为理念的双囍杯；以贺岁为理念的生肖杯。

……

中国白·元首杯系列作品，点化出各行各业的个性特色，创造千姿百态的贺礼精华。既是寄托着期盼中华民族跻身世界前列宏愿的高雅礼品，又是体现高尚精神境界的实用艺术品。

中国白·陈仁海:《江山元首杯》

科学与创新能够改变人们的生活。中国白·元首杯系列作品，作为新的技术与艺术相结合的奢侈品，既是追求唯美的选择过程，也是创造舒适的愉悦过程。能够让人们在享受健康、精致生活的同时，还保持一份优雅与尊贵。

九、故宫博物院收藏的白瓷精品——缘山知佛

中国白之恋，戴云山之旅。登上戴云山主峰，极目远眺，九仙山的佛光，红光圈在外，紫光环在内，光环中的神佛显灵；戴云山的处处佛骨，一花一世界，一草一天堂，净化了一切豪言壮语；戴云山瀑布的霓虹霞雾涤荡了心中所有尘垢。"天下无山高戴云"，站在神奇的戴云山上，从远处看，像一个攥握的巨拳，直抵蓝天；从稍近一点看，又像一朵盛开的巨大的莲花，当地有戴云山是"莲花形"之说。缘山知佛，德化先民在五行之中，选择土与火煅造出了神奇的中国白三十三观世音菩萨，正应了"怎得山因佛得山个个峰峦成佛骨，那知佛缘山知佛声声梵语皆山名"——明代大学士张瑞图的对联。人雕三十三观音，地造三十三卧佛！惊叹为天下第一奇观！

中国的瓷雕，佛教题材的作品数量众多，而且也有不少精品力作。就中国白而言，以明代何朝宗大师"渡海观音"为标志，形成了德化以佛教瓷雕为特色的传统。陈仁海说，任何艺术家都有创作的自由，但这种自由必须服从艺术作品的社会价值，佛教题材作品应该既具有艺术价值，又体现"和谐由心"的社会价值。陈仁海的佛教题材

中国白礼盒

作品师古而不复古，既高度体现佛教倡导的和谐境界，又赋予作品以时代风貌。

作为人类伟大的精神信仰与寄托之一，佛教一直在追求世界和谐之

《缘山知佛》（一）

《缘山知佛》（二）

《缘山知佛》（二）

《缘山知佛》（四）

《缘山知佛》（五）

《缘山知佛》（六）

《缘山知佛》（七）

《缘山知佛》（八）

中国白博物馆远眺群山（一）

中国白博物馆远眺群山（二）

《和谐由心》陈仁海作品的佛道文化精粹

道。佛教之道，绵绵不绝，究其根底，在明心见性、自净其意。心为诸法之本源，若人人修心正心，扩展胸怀，放大心量，熄灭贪、嗔、痴，由个体而家庭而社区而国家而天下，则心净国土净，心安众生安，心平天下平，这也是佛教之积极性所在。陈仁海的佛教题材作品，正是在这一最高境界上达成了和谐。

中国白·陈仁海：《千手观音》

荣誉：国家领导人赠送普京总统的国礼

《千手观音》瓷雕，历经数月烧制成功。观音高 88 厘米，宽 42 厘米。作品选用 20 年中国白陈泥作材料，从整个造型设计到作品成型和烧制的

《千手观音》

过程，在陈仁海的主持下，先后有数十位专家参与联合攻关，几十次的通力灵感碰撞，三次经 1310℃ 高温熔烧而成，可谓"千锤百炼"。故宫博物院研究馆员叶佩兰称赞它"天工造化，中华瑰宝"，是价值连城的永世珍宝。灯光下观音施与主人笑意，美不胜收，堪称世界一绝。

中国白·陈仁海：《慈航普渡》

荣誉：美国最富有的石油大亨蒂姆·海丁顿（Tim Headington）收藏。

《慈航普渡》作品高 55 厘米，宽 39 厘米，造型独特，意境祥和。观

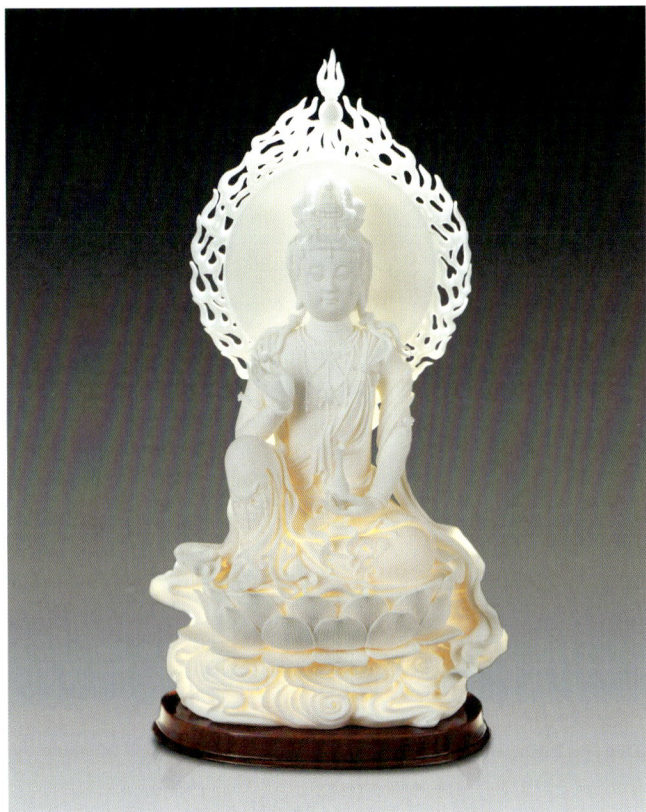

《慈航普渡》

音容貌美丽慈祥，鼻翼翕张若息，左手持宝瓶，右手上扬施珠，结跏趺坐在盛开的莲花上，莲花下面是朵朵祥云，作品气势恢宏，美不胜收。整件作品采用镂、雕、贴、刻、印多种复杂工艺，是一件难得的艺术珍品。

　　陈仁海的和谐主题系列作品，品种多样，设计精巧，风格多样，主题鲜明，洋洋大观，可以说件件都让人爱不释手，给人以艺术的感染和情操的陶冶。

中国白·陈仁海:《观音头像》

荣誉:国宾专供瓷

《观音头像》

中国白·陈仁海:《净心至道》

荣誉:国宾专供瓷

《净心至道》

中国白·陈仁海：《三洲感应》

荣誉：第二届世界佛教论坛贵宾用瓷

《三洲感应》

中国白·陈仁海：《居高怀远》

荣誉：专家估价 1.8 亿的天下瓷王

《居高怀远》

中国白·陈仁海:《涌泉胜缘》

荣誉:赠送法国总统希拉克收藏

《涌泉胜缘》

中国白·陈仁海:《圆满如意》

荣誉:中国佛教协会赠送星云大师的礼品

《圆满如意》

中国白·陈仁海:《送子观音》

荣誉: 国宾专供瓷

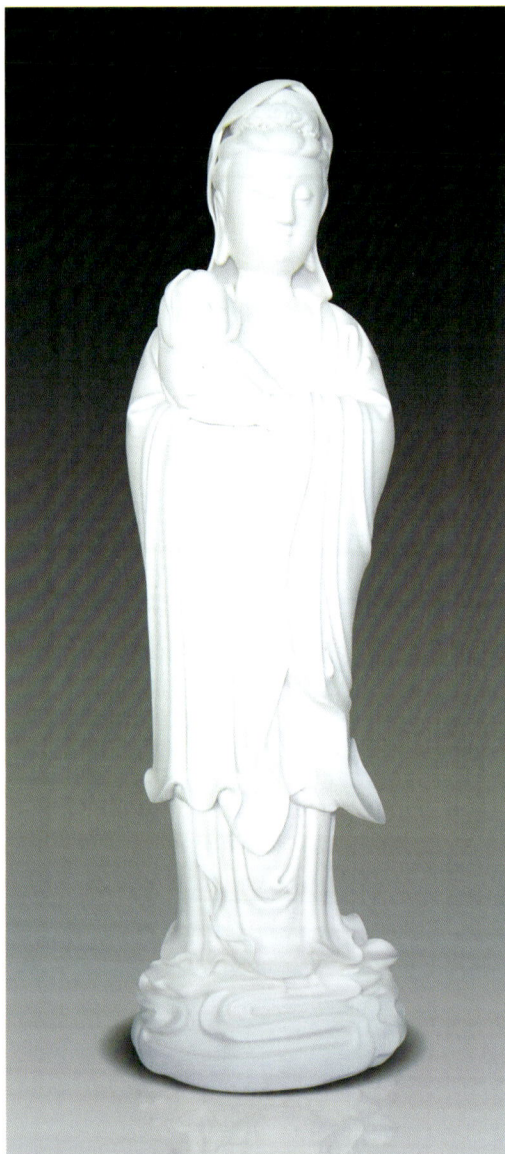

《送子观音》

中国白·陈仁海：《华严三圣》

荣誉：国宾专供瓷

《华严三圣》

中国白·陈仁海：《滴水观音》

荣誉：故宫 80 周年纪念瓷

《滴水观音》

中国白·陈仁海：《法海慈航》

荣誉：赠送印度总统帕蒂尔的国礼

《法海慈航》

中国白·陈仁海:《普贤菩萨》(生肖属龙蛇守护神)

荣誉:国宾专供瓷

《普贤菩萨》

中国白·陈仁海：《不动尊菩萨》（生肖属鸡守护神）

荣誉：国宾专供瓷

《不动尊菩萨》

中国白·陈仁海：《千手观音菩萨》（生肖属鼠守护神）

荣誉：国宾专供瓷

《千手观音菩萨》

中国白·陈仁海：《大势至菩萨》（生肖属马守护神）

荣誉：国宾专供瓷

《大势至菩萨》

中国白·陈仁海：《阿弥陀佛》（生肖属狗猪守护神）

荣誉：国宾专供瓷

《阿弥陀佛》

中国白·陈仁海：《文殊菩萨》（生肖属兔守护神）

荣誉：国宾专供瓷

《文殊菩萨》

中国白·陈仁海：《大日如来菩萨》（生肖属羊猴守护神）

荣誉：国宾专供瓷

《大日如来菩萨》

中国白·陈仁海:《虚空藏菩萨》(生肖属牛虎保护神)

荣誉:国宾专供瓷

《虚空藏菩萨》

中国白·陈仁海:《送子观音》(二孩)

荣誉:国宾专供瓷

《送子观音》

中国白·陈仁海:《持经观音》

荣誉:国宾专供瓷

《持经观音》

中国白·陈仁海：《如意观音》

荣誉：国宾专供瓷

《如意观音》

中国白·陈仁海:《普慈观音》

荣誉:国宾专供瓷

《普慈观音》

中国白·陈仁海:《水月观音》

荣誉:国宾专供瓷

《水月观音》

附　录

一、题词

吴为山，全国政协常委，中国美术馆馆长，中国美术家协会副主席

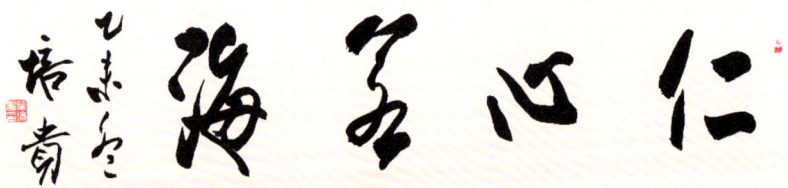

叶培贵，中国书法家协会副主席

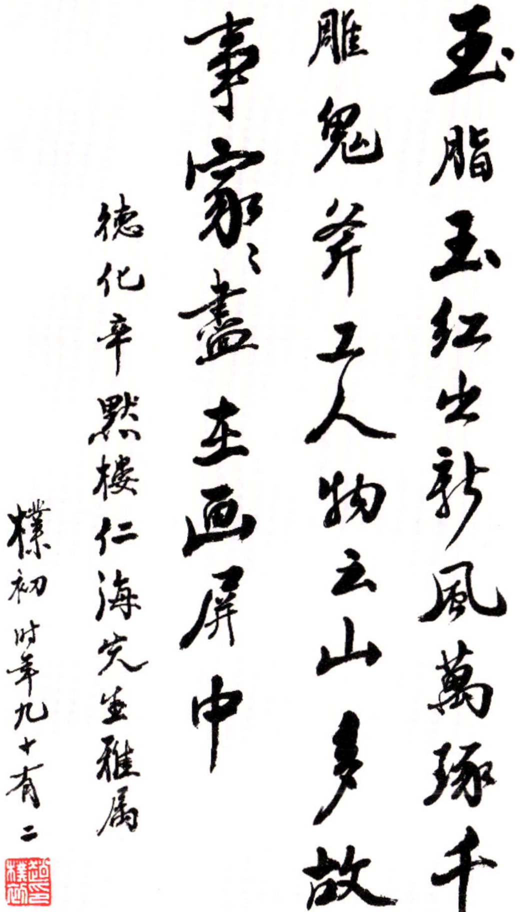

玉脂玉红出新风万琢千
雕鬼斧工人物立山多故
事家尽在画屏中

德化辛黙楼仁海先生雅属

朴初时年九十有二

赵朴初，全国政协原副主席，中国佛教协会原会长，著名书法家、社会活动家

德化中国白

绝艺陈仁海

阎振堂题

阎振堂，国家文物局原副局长，中国收藏家协会原会长

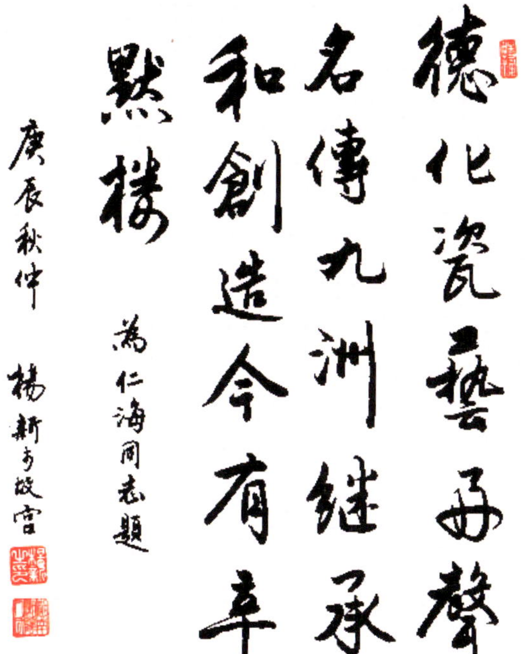

德化瓷艺再声

名传九洲继承

和创造今有年

黙楼 为仁海同志题

庚辰秋仲 杨新于故宫

杨新，故宫博物院原副院长，著名文物鉴定专家

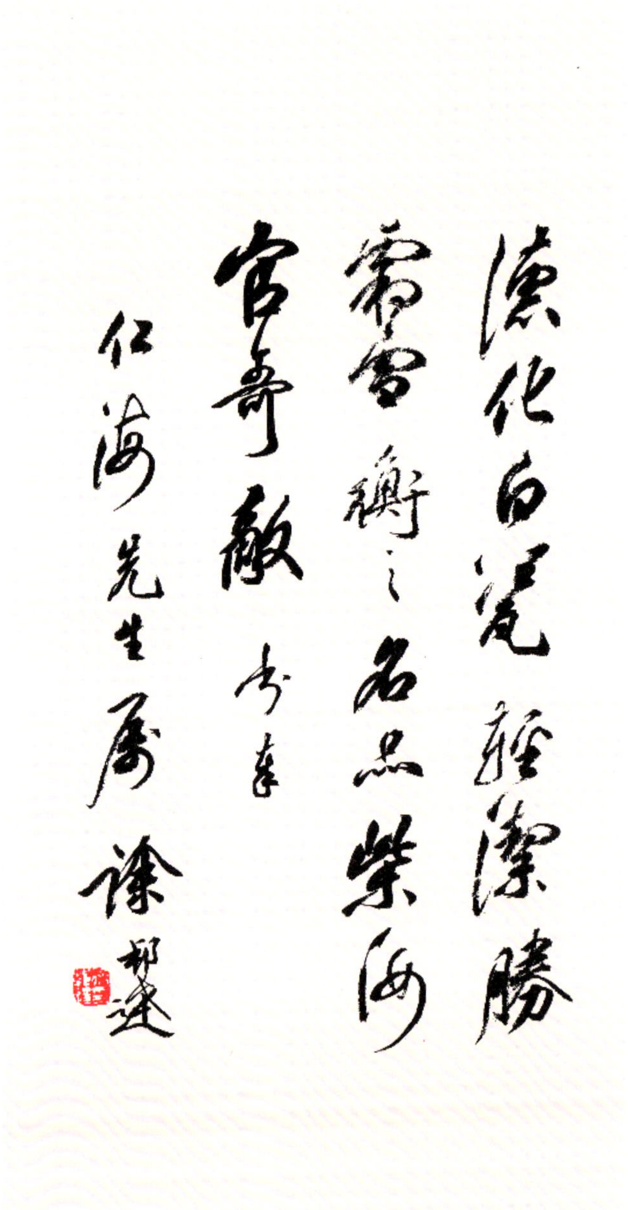

德化白瓷　轻洁深胜

需索衡之　名品紫泥

官哥敲　辛未

仁海先生属　徐邦达

徐邦达，故宫博物院研究员，国家文物鉴定委员会委员，著名书画鉴定家

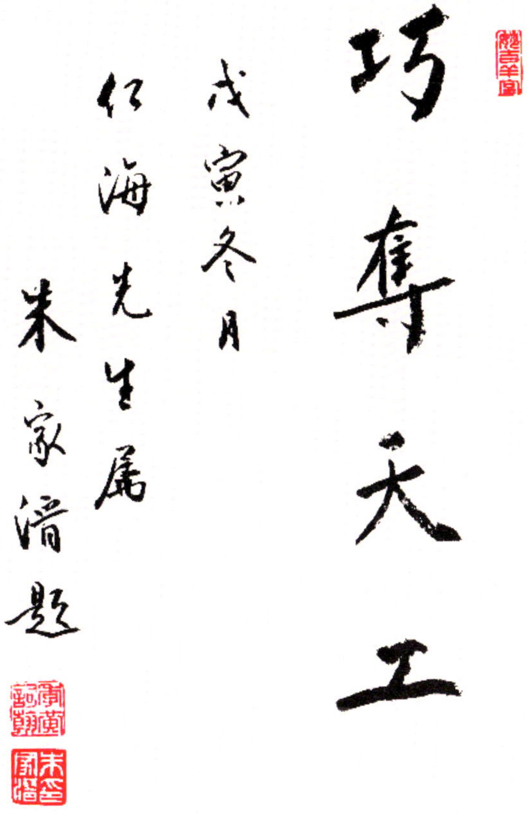

巧夺天工

戊寅冬月

仁海先生属

朱家溍题

朱家溍，北京故宫博物院研究员，国家文物鉴定委员会委员，著名清史专家

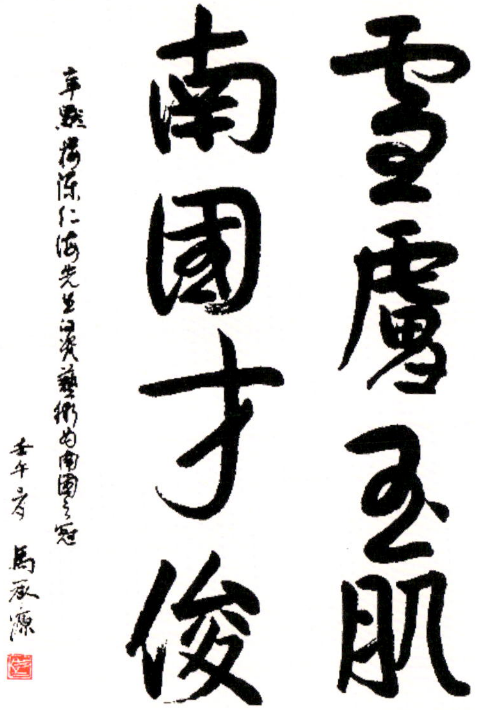

雪膚玉肌
南國才俊

辛巳題揚陳仁海先生白瓷藝術為南國之冠

壬午年 馬承源

马承源，上海博物馆原馆长，中华世纪坛名誉馆长

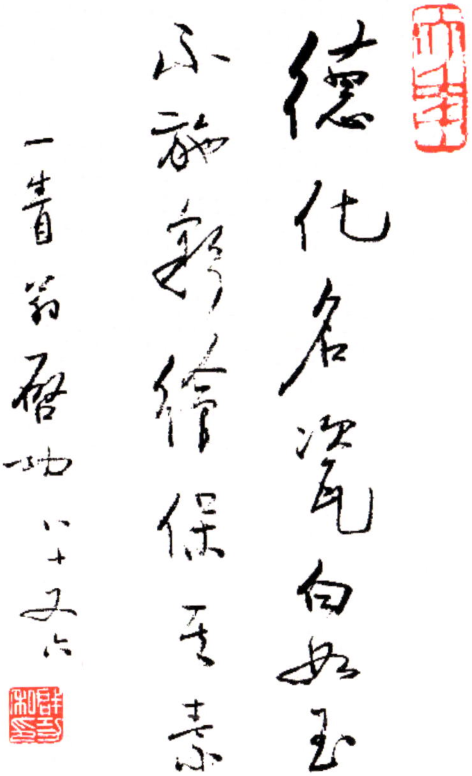

德化名瓷白如玉

不施彩绘保天素

一首为 启功 八十又六

启功，中央文史研究馆原馆长，国家文物鉴定委员会原主任委员，中国书法家协会名誉主席

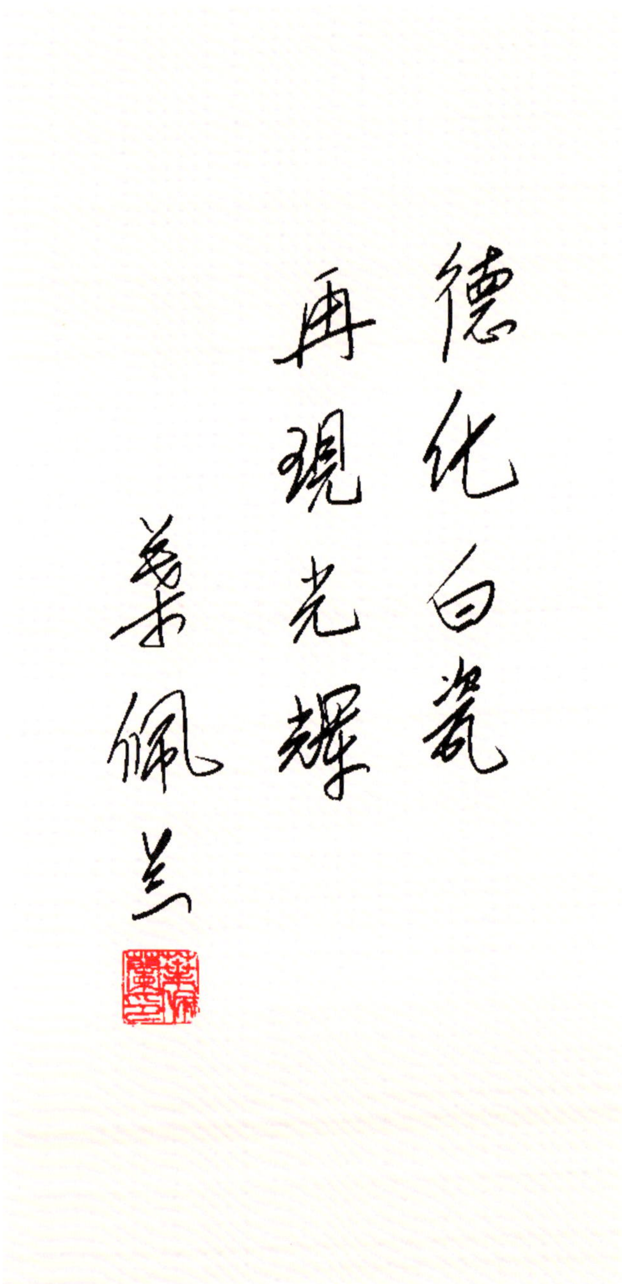

德化白瓷
再现光辉

叶佩兰

叶佩兰，故宫博物院研究馆员

土亦成金
人為物寶

陳仁海先生瓷藝展誌慶

饒澤仁作書賀 壬年八十楊仁愷盛京

杨仁恺，辽宁省博物馆名誉馆长，书画鉴定家，美术史家

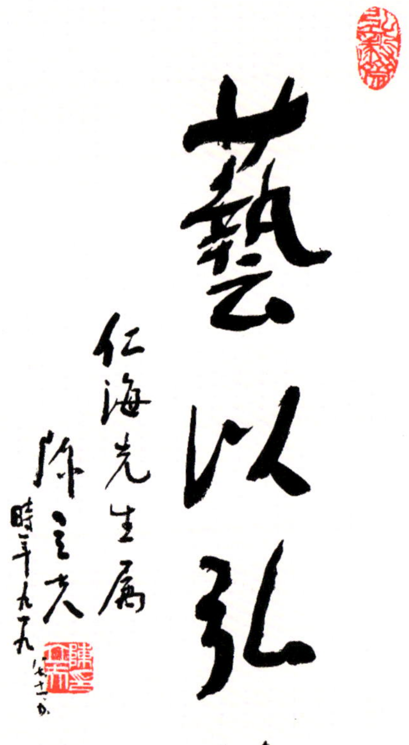

藝以弘德

仁海先生屬

陳立夫

時年九九

陈立夫，中国国民党政治家，曾任国民党秘书长，国民政府教育部长、立法院副院长

德化辛黙樓
陶瓷藝術

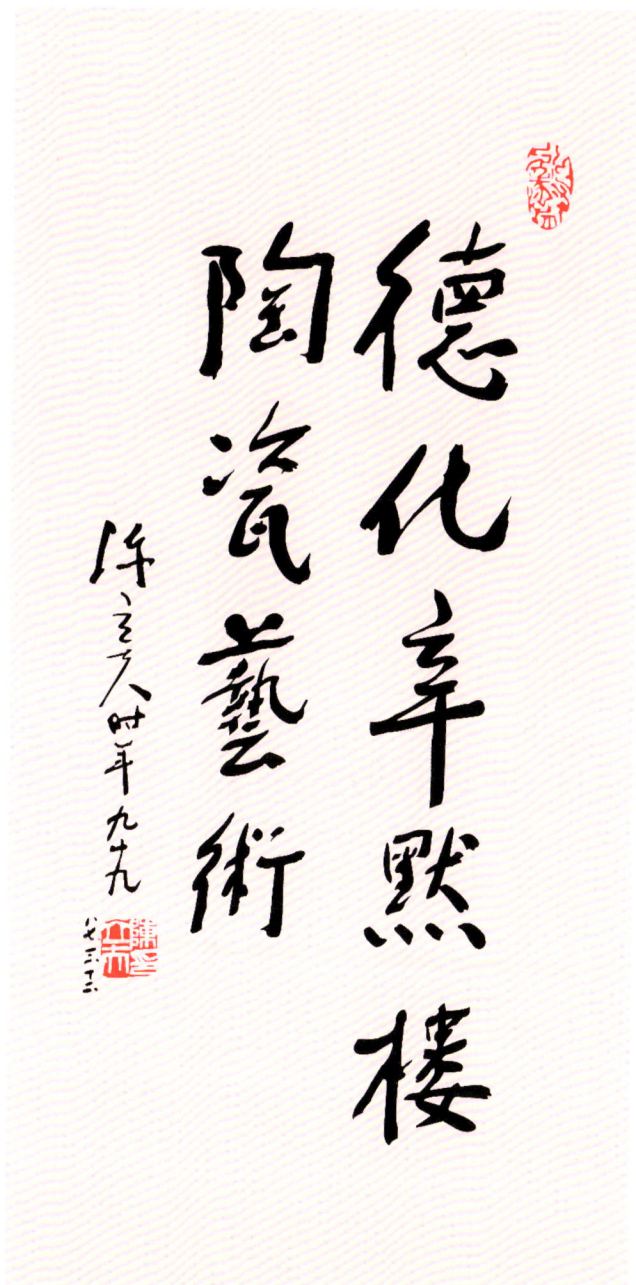

陈立夫，中国国民党政治家，曾任国民党秘书长、国民政府教育部长、立法院副院长

艺精法藝

仁海大师

李红光

李红光，中国工艺美术协会原副理事长

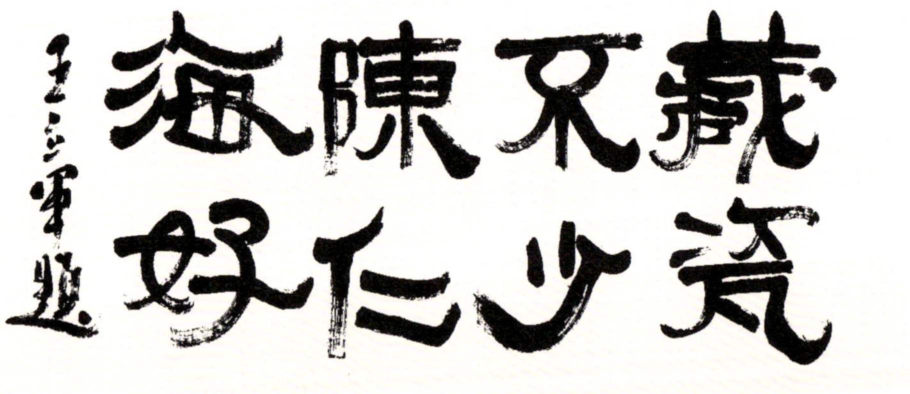

载不陈海
瓷少仁好

王立军，原文化部中国艺术品评估委员会副主任、央视《艺术品投资》《鉴宝》栏目专家组成员、专家鉴定组组长

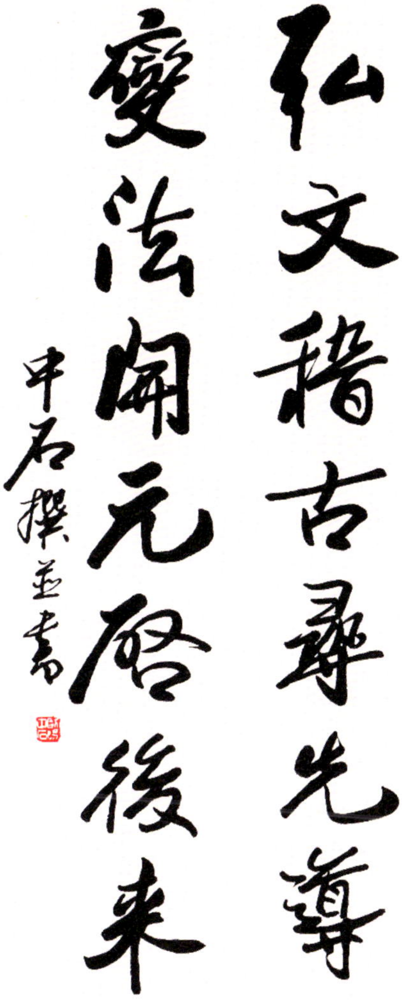

弘文稽古寻先导

变法开元启后来

中石撰并书

欧阳中石，中国书法家协会原副主席

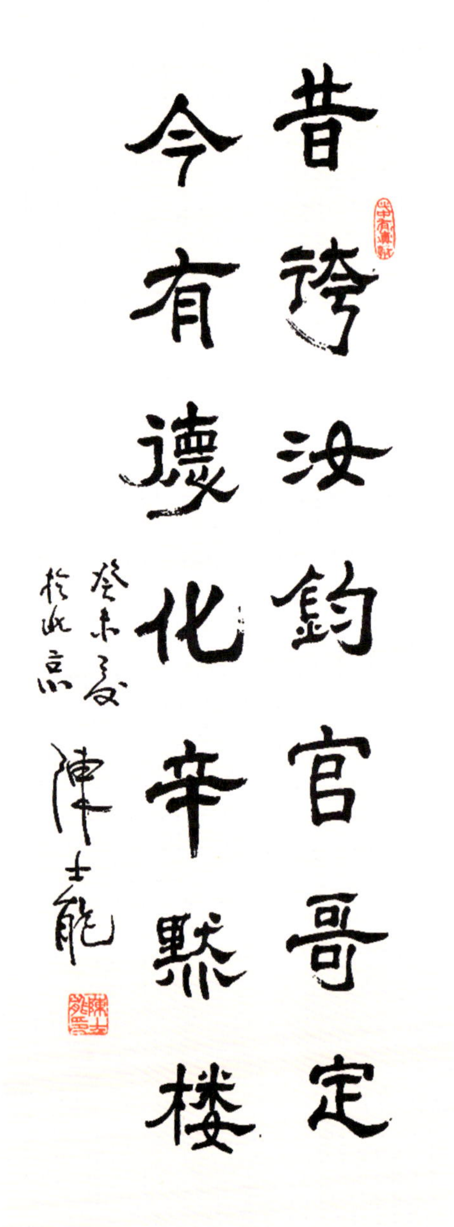

昔夸汝钧官哥定
今有德化牟黔楼

癸未夏
于此京
陈士能

陈士能，中国轻工业联合会名誉会长

不断
追求
日新
又新

陈仁海句

己丑春日
扵辛熙楼
杨自鹏

杨自鹏，中国轻工业联合会原副会长

二、语选

"本泉州府德化县……称白瓷，颇滋润。但体极厚，间有薄者，惟佛像殊佳。"

——清代兰浦《景德镇陶瓷录》

"宋末，荷兰人从福建（主要应指泉州）贩运瓷器至欧洲，价值每与黄金相等，且有供不应求之势。"

——冯和法《中国瓷业之现状及其状况》

"德化窑的瓷雕，在明代小型工艺雕塑中，已算得上是上上佳品。何朝宗流派的瓷雕白衣观音，作为中国瓷雕艺术的代表作品，将永远为我们的祖国与民族争光。"

——叶尚青主编，洪惠镇著《中国美术名作欣赏》

"以冰清玉洁的本色，焕发出鲜明浓重的个性特征，犹如异军突起，独领风骚，这种玉器质感的胎釉意韵，通过非凡的造型设计，获得充分展现，产生浪漫的诱惑力。"

——叶文程

"德化作为中国陶瓷文化的重要发祥地，以精湛的制瓷工艺久负盛名，尤其以形、色、质独具高雅品位的'中国白'流芳百世，成为世界陶瓷艺术的瑰宝，在海上丝绸之路的陶瓷贸易和文化交流中彰显出夺目的光彩。德化以振兴陶瓷文化、坚持传承创新为使命，深入研究传统，引进学术资源，打造交流平台，并努力推动产业升级，形成了陶瓷产业和陶瓷文化迈向高质量发展的态势，致力于以'中国白'为代表的德化陶瓷在新时代展现新的风采和活力，在传统文化的创造性转化和创新性发展上取得更大的丰收，让德化陶瓷的千年窑火进一步焕发光彩、光耀世界。"

——范迪安

"现藏于北京故宫博物院的明代德化何朝宗达摩立像，他的作品所达到的艺术水平，直到今天仍是个难以逾越的高峰。"

——雷志民《中国一绝》

"德化县是中国最有活力、最有潜力的陶瓷产区！"

——白明

"并知刺桐城附近有一别城，名称迪云州（Tiunguy），制造碗及瓷器，既多且美。除此港外，他港皆不制此物。"

——张星琅译《马可·波罗游记》

"其窑之特别为白瓷，昔日法人称之为'不兰克帝支那'（BlancdeChine 即'中国白'之谓），乃中国瓷器之上品也。与其他之东方各瓷，迥然不同。瓷质滑腻如乳白，宛如象牙。釉水莹厚，与瓷体密贴，光色如绢，若软瓷之面泽然。"

——波西耳著，戴岳译《中国美术》

"对白高丽式时代的（德化）白瓷，如果以客观而公正的高度给予评价的话，可说是比白玉更为美观华丽。甚至胜于白玉，可称为中国古今独一无二的优秀作品。"

——上田恭辅《中国古陶瓷研究的手引》

"单看'中国白'瓷本身的内在美就足够了，而不必进一步看它的声望。依靠它的特色，'中国白'在瓷器当中是出类拔萃的，而且往往是无可比拟的。"

——唐纳利

"明朝何朝宗的瓷雕观音可与意大利米兰的断臂维纳斯相媲美"。

——约翰·盖尔

"德化窑白瓷在世界陶瓷中占了特殊的地位，欧洲陶瓷专家要人仿作而不可能，他们称它为'世界上最精良的瓷器'，日本富商、富豪、瓷器收藏家们不惜重金争购，足见其精致，魅力逼人。"

——维之《可夸的德化窑》

"中国白之所以这样吸引人，原因之一正在于产量的广泛，可以毫不夸张地说，德化陶工不仅善于创造神圣庄严的作品，也精于制作怪诞而又有趣的作品。几乎没有别的瓷器不但可以创造这么丰富的种类，而且也由于众多无可比拟的造型而引发种种不同的反应和激情……对今天的我们来说，动物和外国人的形象所具有的吸引力在于德化陶工纯粹的突然爆发的想象力。他们好像设法要把动物最顽皮而诙谐的灵气注入这些产品之中。"

——马坎特

　　"中国白的材质、中国白的瓷雕技艺、中国白的创新，都令人叹为观止。我发现元首杯很有趣，我打算离开之前带几套，送给巴菲特、比尔·盖茨和其他好朋友，作为这次中国行的礼物。"

——罗杰斯

　　"我非常荣幸，能把储燕出品的燕窝与陈仁海这件几近完美的艺术品放在一起。"

——李源

和谐瓷——世界顶级奢瓷新典范

陈士能

有识之士都知道，中国瓷坛有个陈仁海，这个扛起中国白大旗的人，一直坚持做一件事，就是让福建的中国白成为国际一流品牌。

德化白瓷 600 年前就被欧洲皇家所珍爱，成为地位和财富的象征，被尊称为中国白。在世人眼里，瓷器早已是中国文化的象征。近代以来，中国白也曾因一味仿古缺乏原创与工艺而黯然失色，并一度陷入发展瓶颈。面对如此困境，陈仁海坚持不懈努力，特别是被选为上海世博会福建馆镇馆之宝以来，中国白公司时常接到电话，买"仁海"就是买升值，对方指定要购买陈仁海作品。收藏者不远万里到中国白艺术宫看作品，在全球瓷艺界再次掀起收藏中国白的热潮。

身处三维创造空间的中国白瓷雕艺术，不仅从材料、创意、造型、工艺、烧制与环境空间乃至其所耗时力、完成工序等，都比绘画的条件要求高得多。中国高端陶瓷的发展面临两座大山，一座是中国古代官窑瓷和"7501"毛主席用瓷，一座是世界著名奢侈品牌——欧洲众多的皇家瓷厂。陈仁海研究十年攀登两座高峰：一是系统研究中国陶瓷的传统，中国官窑文化的内涵与特质，官窑的管理体系；二是考察研究世界名牌瓷器的现代设计与制造工艺，全面了解世界陶瓷的发展状态。"中国白·陈仁海"在二者基础上，苦练基本功，十年磨一剑，厚积薄发，最终实现跨越。

陈仁海出身于十五代教育世家，自幼在文化艺术熏陶下成长，耕耘于中国书法艺术，并热衷于字画和陶瓷收藏。但是，瓷都德化赋予他新的艺术灵感，德化的中国白材质给予他新的领域，陈仁海全身心投入中国白艺术的研究和文化传播。他的中国白艺术创作在多年的探索与历练中逐渐成熟，只生产限时限量作品，针对市场提供少量定制服务，打响了"中国白·陈仁海"顶级陶瓷品牌。

中国白艺术宫主席、德化陶瓷学院客座教授、被誉为当代"中国白创新之父"的陈仁海，是 2008 北京奥运会美术大会唯一最佳创意作品奖获得者，是推动中国白全面走向世界的第一人，是中央电视台《财富故事会》和福建电视台《八闽之子》专题介绍的陶瓷艺术家。他秉承非物质文化遗产之"传统烧制技艺"，狠抓文化创意、工艺创新和科技创新，第一个创立了"和谐瓷"理论体系及"中国白·和谐瓷"。他提出"艺术的核心价值是创意，创意的灵魂是创新"的创造理念，他的作品不仅"有感而发"而且是"有思而发"，反映出关注历史、社会、自然和现实的情怀。他既科学地吸收外来艺术的优长，又从中国的历史文化和艺术传统中寻找精神价值，走"创造具有时代文化特色"的艺术之路。

许多研究陈仁海的人发现：陈仁海除了具备陶瓷艺术家的魅力和灵气之外，还有一种强烈的爱国爱乡情感和特有的公益精神，他的这种情感和精神呼唤出一种理想的社会文化景象。"中国白·陈仁海"已成为海西文化创意产业的代表，让海西品牌饮誉世界，为正在崛起的海峡西岸八闽大地增添了一项世界级的耀眼桂冠，成为我们中华民族的骄傲。

"中国白·陈仁海"坚持以仁为魂、以质为基、以和为领、以文为脉的创作理念。以温润、明净、精巧、秀雅的风格，亮相国际舞台，大放异彩，是迄今唯一入选中央电视台寻宝十大宝物，唯一被北京故宫博物院、台北"故宫"博物院、南京博物院作为国宝破例收藏的现代瓷，成为中国引以为豪的国宝，成为馈赠外国元首的外交国礼，成为上海世博会福建馆镇馆之宝，并已成为全球收藏家彰显非凡品位和财富的传世珍宝。正如香港著名收藏家徐展堂先生有感而发的："藏瓷不少，陈仁海最好！"

（本文摘自《中国白·陈仁海瓷雕艺术鉴藏》，冯乃华、李毅民主编，

中州古籍出版社 2012 年 2 月版)

（陈士能，全国人大常务委员会委员，中国轻工业联合会会长）

陈仁海瓷雕艺术的成就

张守智

　　当代中国有一批出类拔萃的陶瓷艺术家，他们引领着中国陶瓷艺术的发展，形成了强劲的发展势头。陈仁海就是他们当中的一位杰出代表。

　　在与 2008 年第 29 届北京奥运会同时举办的奥林匹克运动会美术大会上，陈仁海荣获唯一的最佳创意奖，这不仅是陈仁海个人的荣耀，也是中国陶瓷界的殊荣。

　　中国陶瓷曾经有着无比辉煌的历史。中国成熟的瓷器发展 1000 年后，世界还处于陶器社会。在相当一段历史时期中，中国瓷器一直以超强的产业规模、高度发展的科学技术、鬼斧神工的传统技艺、精美绝伦的产品质量，影响着东西方人的生活方式和审美取向。中国瓷器产业的发展规模远远早于欧洲的工业革命，并影响了当时全世界瓷器产业的发展，这在历史上是一个奇迹，足以让每个中国人感到自豪。今日在全世界艺术品拍卖会上拍出一个又一个瓷器天价的所谓"明清官窑瓷"，不过是当年供应皇家的日用瓷而已。

　　但是由于种种原因，近百年来，中国瓷器生产一直停滞不前，传统工艺没有得到有效保护，设计观念落后，中国瓷器产业始终在低层次徘徊。但正是在这段时期内，世界瓷器产业发生了急剧变化：从传统手工业向机械化、规模化发展。在这个基础上，瓷器设计得到了长足发展，涌现出一大批出色的闻名世界的设计家，从而培育出不少著名的世界瓷器品牌，这些著名的瓷器品牌基本分割了世界陶瓷的高端市场。

在中国陶瓷界，陈仁海一直以思想性强、懂陶瓷设计，又有市场意识而知名，这一点，在当代中国瓷器在材质和制作方面丝毫不逊色外国产品，但在设计上严重滞后的严峻现实面前，尤其难能可贵。

一部中国陶瓷艺术史证明，建立在独特思想性之上的陶瓷艺术才具有独特的历史价值；具有独特历史价值的艺术品才具有收藏价值和可增值性。陈仁海经过20余年的摸索，矢志不渝地追求其作品的思想性，创造性地创立了中国白和谐瓷理论体系，并在这一理论指导下，创作了一大批思想性、艺术性、观赏性极强，艺术风格独特，且没有重复的作品。他的中国白系列瓷雕，制作精美，成色漂亮，光泽含蓄，质感如玉。玉一样的质感是美好的，中国人把玉比作人格，这是中国优秀文化的理念。陈仁海的和谐系列瓷雕作品看了有舒爽的感觉，切合了当代人们以精神享受为最高美学标准的收藏理念，因此具有广阔的收藏投资空间。他的作品20世纪90年代初期普通规格作品在数千元以内，90年代末在数万元以内，而现在已攀升至数十万元以上。

北京奥运会后，陈仁海又毅然进军实用艺术生活瓷领域，立志将中国白打造成国际一流品牌——世界最顶级的奢瓷。

现在世界上70%的日用瓷是由中国生产的，全世界三分之二的人用的是中国瓷器。从数量上来说，我们国家确实是一个陶瓷大国。但是，与此形成鲜明对照的是：世界上的高级百货公司和商场，基本上见不到中国品牌的瓷器。一些外国品牌的瓷器，实际上是由中国制造的，但是，一旦挂上他们的品牌，立刻身价暴涨。中国陶瓷企业普遍安于为外国公司"打工"，不愿花钱打造中国自己的日用瓷品牌，所以在国际市场上始终卖不到一个好价钱。

我看了陈仁海的瓷雕艺术创作主题的中国白艺术与养生高科技结合的实用生活瓷，感觉很好，他给中国的日用瓷器争了脸，为中国瓷器在国际主流瓷器市场确立了一个高端形象，必将跻身于世界顶尖瓷器品牌行列。

陈仁海的瓷雕艺术实践说明，只要潜心研究，与时俱进，创作者就必然会产生出思想的飞跃，生产出在功能和结构上有所突破的新创意和新成就，而这种理论上的创新，正是新中国陶瓷工艺发展的本体动力。

（本文摘自《中国白·陈仁海瓷雕艺术鉴藏》，冯乃华、李毅民主编，中州古籍出版社 2012 年 2 月版）

（张守智，清华大学美术学院陶瓷艺术系教授，中国陶瓷工业协会顾问，历届中国陶瓷创作设计评比评委，中国陶瓷艺术大师评委，中国工艺美术大师评委，中国工艺美术馆艺术委员会委员，著名陶瓷艺术设计家。文化部文化市场发展中心评估委员会委员。）

谈陈仁海的中国白瓷雕

耿宝昌

自白瓷在中国瓷艺百花园崭露头角后，烧制白瓷的名窑层出不穷：唐、五代有河北内丘的邢窑、曲阳的定窑，河南的巩县窑、鹤壁窑、密县窑、登封窑、郏县窑、荥阳窑、安阳窑，陕西的耀州窑，安徽的萧窑，山西的浑源窑、平定窑、交城窑；宋代有定窑、介休窑、景德镇窑、白舍窑（南丰窑）、彭县窑；元代有景德镇枢府官窑（即"卵白釉瓷"）；明、清有景德镇窑、德化窑（中国白）；近代有醴陵窑（与景德镇窑、德化窑并称天下三大白瓷名窑）等。其中邢窑为见诸著录的中国最早的白瓷名窑，定窑为最负盛名的白瓷名窑，德化窑为质量最上乘的白瓷名窑。明代德化窑被欧洲人公认为是中国白瓷的代表，质感非常细腻，纯白的色泽最能自然地流露出高贵，在灯光直接照射下，细薄的中国白透出部分的光线，其透明感和雪白的表面如同最完美的女性肌肤一样，令人一见倾心。如今，德化辛默楼仁海大师独辟其中国白瓷雕，时代性最强，品位最高，最为名贵，最具代表，最具学术性。

作为有着与国家同呼吸、与人民共命运优良传统的中国艺术家，从某种意义来说，陈仁海的成功就意味着不停地把"不可能"征服成"可能"，再把"可能"变成"现实"。陈仁海先生通过征服泥土和矿石来征服他的中国白世界。21世纪始，中国社会的政治、经济、文化格局都发生了很大的变化，在这样的大背景下思索"艺术是为了什么"意义重大。我们的传统艺术如何在新世纪有所前进，艺术家的艺术思想、艺术灵魂如何升华，像现在这种各方面思想高度统一的历史时刻，以时间雕刻的作品艺术效果也许会更好一些，具有很强的真实性，是艺术家此刻真情的流露。这种艺术上的冲动，使此刻的艺术已经不仅仅是艺术本身，它作为社会生活的一块砖瓦，已经融化于其中，这是符合艺术发展潮流的。因艺术家所具备的代表性、艺术性而赢得了社会各界的普遍好评。

有人惊叹说：21世纪最后一个暴富行业就是文化产业了，而在文化产业中，独具纯洁高雅魅力的中国白瓷雕，将是最有发展前景的领域之一。自1997年香港回归以来，中国的经济形势，可谓"风景这边独好"，每年以8%的平均速度增长。经济的增长，人民生活水平的提高，使得老百姓的生活追求从物质享受开始转向精神享受，所以这就为我国的收藏提供了一个潜在的大市场。

文化市场的消费，古玩占了相当份额。因此，这几年全国的旧货市场、古玩摊如雨后春笋般冒出来，也就势在必行。我一直在北京故宫工作，接触了几十年的文物，看得多了，也有定势的思维方式，因此向古玩爱好者提个醒，全国各大城市目前设立文物市场，有价值的旧货很难觅，等级高的几乎很少，充斥市场的多是没多大文物、观赏、经济价值的

"旧货"。在这种情况下，我们何必全挤在这独木桥上，应该去看看"现玩"市场上的藏品。陈仁海的中国白在全国瓷雕行家中一枝独秀，目前在中国瓷雕创作方面，已成为领军人物。陈仁海创作的每一件中国白瓷雕精品，其价格均是一路飙升，以《大江东去》和《世纪富翁》为例，这两件作品刚上市的价格是 3000 多元，但现在是 22000 元一件。被台北"故宫"收藏的《鹤鹿同春》，据介绍有德国朋友开价到 820000 元，却有价无货，一直烧不出来。据介绍，2002 年推出的《涌泉胜缘》预定价为 28000 元，升至 32000 元、35000 元，如今已是 69000 元一件。庆十六大纪念瓷雕《欢天喜地》一面世，立即受到关注，限量 16 套，每套预订发行价 160000 元，如今已涨到 310000 元。

中国白·陈仁海：《鹤鹿同春》

荣誉：台北故宫博物院收藏

《鹤鹿同春》

陈仁海的中国白缘何受到欢迎？主要有三个因素：第一因素是陈仁海的文化艺术水准和艺术成就。他的中国白瓷雕屡屡获得全国工艺美术创作金奖，取得 100 多项国家外观设计专利和版权登记证书，被北京故宫、台北故宫、南京博物院出具永久收藏证书（到目前为止，全国除了陈仁海的中国白外还未见后来者）。而陈仁海的中国白仅以几千元到几万元的低价入市，给收藏者带来了相当大的增值空间。第二因素是独家的市场因素。收藏有自主知识产权保护的艺术品，特别是名家精品已成为一种投资热点。在北京拍卖会上的中国白申奥瓷《同一首歌》爆出280000元高价，上海申博纪念瓷《盛世清音》以125000元被拍走，在香港拍卖会上的建国50周年纪念瓷《闽龙出海》被一位年轻人以192000元竞拍成功，就足以说明有眼光的投资者，看准了收藏的潜力。第三因素是其作品本身，绝版限量、申请专利、登记版权，作品后面盖有注册商标和仁海大师的印款。其件件精品默默传递着大师的情感，表达着优雅的口味。

　　从收藏中国白的人群分析：首先是一批具有高等学历、有稳定收入、有较高收藏意识的知识分子；其次是国家公务员、企事业单位的管理人员和企业老板；三是一批离退休人员；四是少数工薪阶层；五是部分新加入收藏行列的青年人；六是各地以收集、交易中国白为目的的经营者。这六种收藏人收藏中国白的目的各不相同。前五种人以集藏鉴赏、消遣自娱、陶冶情操为目的，当然也有收藏家拿出自己集藏的其他藏品易藏为主、以藏养藏。其中不乏个别财力充足的人，投资陈仁海的中国白，好似买股票、房地产，为了以后能增值。而第六种人主要以盈利为目的，部分人已发家致富。

中国白·陈仁海:《世纪富翁》

荣誉：蛇年纪念瓷
世界华人艺术展金奖
《同一首歌》《开拓辉煌》《上海赢了》《涌泉胜缘》《妈祖赐福》《紫归牡怀》《世纪富翁》《盛世清音》《爱心和平》《松鹤延年》《葫芦献瑞》《中国赢了》《足球出

《世纪富翁》

线》《四喜如意》《天风海涛》《谁主沉浮》《丹凤还巢》《点亮世界》《追忆梦想》《和谐境界》《千手观音》《奥运和鼎》《携手共荣》《时和岁丰》《幸福美满》等，这些瓷雕基本上是以时代风尚、地方特色和传统人物为主要表现内容，"熔"在他的中国白作品中，这使得人们在玩的过程中，除了瓷器的本身工艺水平外，又蕴涵了一层丰富的文化含量，且使作品有"灵魂"所系。

中国白·陈仁海:《爱心和平》

荣誉:国宾专供瓷

《爱心和平》

中国白·陈仁海:《幸福美满》

荣誉:国宾专供瓷

中国白·陈仁海:《松鹤延年》

荣誉:钓鱼台国宾馆收藏

在今日中国全面建设小康社会中,爱好古玩、赏玩的"玩家",在有价值的古董难觅之时,应把眼光投向高质量、颇有升值空间的"现玩"。再过若干甲子,这些宝物将来传到子孙辈的手上,就成了地地道道的文物。他的每款纪念题材作品,形成了鲜明的"中国白·陈仁海"瓷雕文化,就是与别人的瓷的明显区别,也是他的成功之处。从"中国白·陈仁海"瓷雕市场行情来看,让我们看到了现代中国陶瓷艺术发展的新希望。

(本文摘自《美术报》2003年9月13日)

(耿宝昌,北京故宫博物院研究员,国家文物鉴定委员会副主任委员,中国古陶瓷学会会长)

《幸福美满》

《松鹤延年》

"陈仁海"缘何走俏藏市

史树青

我作为客座教授到美国芝加哥大学讲课。课堂里的学生突然发问："你们中国的瓷器为什么到现在为止一成不变？你们的瓷器来美国展览，为什么每次看都一样？你们始终是仿古，仿造你们前辈的东西，你们为什么不去创造？"

我无言以对，剥离掉古代的辉煌、四大发明的荣耀，中国的现代陶瓷艺术几乎就是一段尴尬的沉默。江西景德镇、湖南醴陵、福建德化等遍地都是技艺高深却毫无创意的工匠和面孔陈旧过时的瓷器。瓷器的魂是创新，创新首先是思维的创新，如果后继有人只是单体的复制与克隆，那么手法技艺的模式化难以适应时代的变化和消费心理的潮流。

任何艺术都是要随着时代前进的，中国白也不例外。福建德化辛默楼这一品牌，尤以陈仁海中国白"中国红"瓷雕收藏品最为名贵，文化含量也最高。陈仁海之所以能如此突出，一方面源于他传统文化基础坚实，另一方面是他的思想开放，能及时地吸取并消化时代文化思潮的精华，转而化生出新的符合时代要求的艺术杰作。而这后一点，恰恰并不是人人都能做得到的。

史树青教授

中国白·陈仁海：《金鼠聚财》（中国红）　鼠年北京奥运纪念瓷

《金鼠聚财》

　　陈仁海的"中国白"完全采用手工创作，纯白的色泽极具韵味，在灯光照射下，件件作品亭亭玉立，通体散发着瓷器中清润纯净的光芒，那种纯净甚至让人禁不住肃然起敬。这几年，辛默楼中国白瓷雕有不少精品流入海外，尤其是欧美、日本人不惜重金购之。在台湾和祖国大陆也出现收藏家和投资商竞相收藏他的系列精品的现象。

中国白·陈仁海：《和和美美》

　　背景：国宾专供瓷

　　1997 年 10 月，全国限量 1997 件的香港回归纪念中国白瓷雕"紫归牡怀"第 1997 号被原中国历史博物馆收藏。该作品在 1 年内脱销，且至今仍有人觅此瓷。该瓷价格一路攀升，从最初预订价每件 480 元，上升至

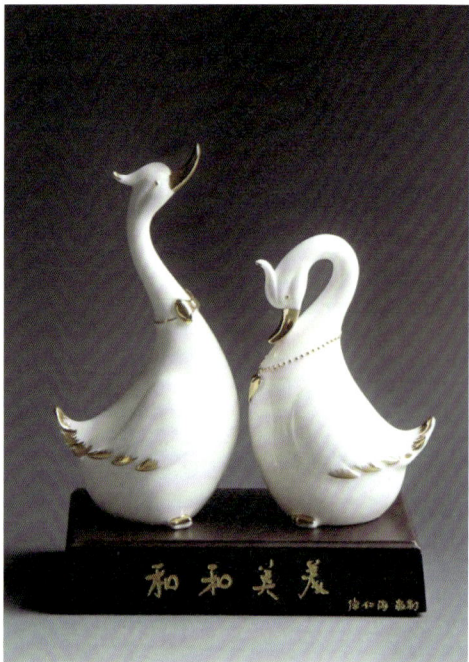

《和和美美》

目前的 4600 元，6 年翻了近 10 倍。2000 年初起陈仁海推出的"十二生肖"系列，全国限量 2000 件的两件龙年纪念瓷《龙腾盛世》《妈祖赐福》预订价均为每件 500 元，《龙腾盛世》现已升至每件 4200 元，《妈祖赐福》第 2000 号被原中国历史博物馆收藏，价格已涨到每件 7600 元。2000 年 8 月份推出的《世纪吉马》（祖国西部大开发纪念瓷）限量 10 件，配诗一首，第 1 号被南京博物院收藏，预订时 6.8 万元，到春节即涨至 9.6 万元，目前已涨至每件 19 万元。上海申博成功纪念瓷《盛世清音》全国限量 16 件，第 1 号被中国轻工业联合会选赠上海市人民政府，预订时每件 2 万元，5 个月后即涨到 6.88 万元，最近又被拍卖行拍到 13.5 万元。

中国白·陈仁海：《子来福到》

背景：鼠年北京奥运纪念瓷

辛默楼中国白瓷雕缘何走俏收藏市场？笔者以为主要有如下因素：

一是独到的文化内涵和历史底蕴

陈仁海的每一件中国白瓷雕不仅仅停留在制瓷的工艺水准上，而且还富有丰富的文化内涵，把它作为一种文化去推广，使之能够让后人传世欣赏。《母亲，我回来了》是其中最具典型性的一件作品，陈仁海在成功解决了德化大平面瓷难成型、难烧成的难题后，巧妙地将澳门回归祖国，"一国两制"平稳过渡，赋诗并自刻在作品背后，顿使一件普通的瓷雕有了历史底蕴和丰富的文化内涵，因此破例被北京故宫博物院永久收藏。据说这是北京故宫首次收藏现代瓷雕珍品，所以说被台北"故宫"以及英国、日本的博物馆收藏也在情理之中。"题材纪念"瓷

《子来福到》

是陈仁海主打收藏品市场的一个拳头产品。每次重大的国内和国际事件都值得世人纪念，而陈仁海每次都能适时抓住这些重大事件，把它们一一载入瓷中，并严格限量制作，这是辛默楼中国白瓷雕走红的首要原因。

二是民族情感因素

近现代史上的许多历史事件影响了几代人，而这几代人是历史的见证者，自然对那些历史造物有着不可割舍的感情。还有一个原因，就是作品符合大众的审美情趣。观中国白，不难发现有个共同点，即精致典雅、形神兼备、亲切平和、朴实生动。这种严谨求美的创作态度源于作者对祖国、对人民的无限热爱，其《闽海梦痕》《经典诗意》《丝绸之路》等系列作品就是明证。正是因为这种特殊的创作情感，促使陈仁海的创作得到飞跃性的发展。

　　三是良好的环境和市场因素

　　随着中国加入世贸组织、改革开放进一步深入，人们的生活水平不断提高，许多有眼光的人把目光移到这些特殊的瓷雕作品身上。这些作品目前市场价位还很低，正是收藏的好时机，相信随着时间的推移将会越来越紧俏。国内众多博物馆如北京故宫博物院、台北"故宫"博物院、南京博物院、国家博物馆（原中国历史博物馆）和日本、新加坡、加拿大、美国、法国、英国等国内外许多国家级藏馆、商人、收藏家早就悄悄地介入到被收藏界看好的辛默楼中国白瓷雕收藏的行列。

　　近年来，国内一些有超前眼光的博物馆也着手在收集其作品。国内、国外的藏家、藏馆、藏商的介入，已悄悄地形成了一支中国白瓷雕的收藏大军，其未来必将使辛默楼供货紧缺，市场日渐走红，增值潜力巨大。

　　（本文摘自《泉州晚报》2003 年 10 月 21 日）

　　（史树青，国家文物鉴定委员会副主任，国家博物馆研究员，著名文物鉴定专家）

藏瓷不少　陈仁海最好

徐展堂

　　陶瓷是中华民族的文化瑰宝，是收藏家的主要收藏对象之一。我收藏的国内外陶瓷艺术品不少，反复比较、推敲，总觉得福建德化中国白艺术宫主席、高级工艺美术师陈仁海先生的精品最好。

　　因为，从历史的眼光来看，艺术收藏的本质意义在于它对一个时代、一个国家、一个民族的精神产品的尊重、认可和传承，是对人类历史文明的保存和积淀。如果具有这样一个精神的高度，我们的艺术收藏就不会显得急功近利和雾里看花了；如果明确了这样一个思路的话，那些最能代表当代人的思想走向和精神诉求的艺术，那些最能代表当代艺术思潮走向的艺术，那些最能受到公众关注的艺术，将是我们要锁定的收藏目标。中国白·陈仁海就是这一目标。

　　一个好的收藏家，千万不能仅以作品为收藏的终点，而要通过收藏，悟出艺术的时代精神和同时期的思想发展脉络。这时候，陈仁海的中国白作为物，甚至都可以说在你的

陈仁海与徐展堂

收藏里变得无所谓了，因为你已经拥有了最重要的——那就是艺术的思想和精神。

　　我们喜欢、热爱陈仁海的中国白艺术，推崇陈仁海，是因为他的作品不仅仅在瓷上，在他的思想里，他的艺术创新就是他的精神力量。艺术家有所创造才是最伟大的，是推进社会发展进步的真正力量。就当代瓷坛而言，在思想性有突破性贡献的瓷雕大师才是我们作为收藏家所真正要挖掘的类型，这样才能推动整个艺术创作的前进、发展。现在艺术界大多数人不着眼于创新发展，老强调传统，甚至可以说是到了跪在古人面前站不起来的程度，意义何在？我不明白。

　　艺术的进步需要有犀利的发展观，是谁在进步，是谁在发展。我认为

斐然驰艺海

默尔铸华章

陈仁海自题

明代何朝宗对中国白艺术的贡献是巨大的，他给瓷雕的发展开拓了一条开阔的大道，影响中国乃至世界瓷坛，这就是艺术的生命力，他是真正创新的。到了现在，有了陶瓷艺术家陈仁海，我认为他在中国白瓷雕的创新、在不同的思想精神层面上打开新的思路，塑造了诚信的品牌。每一件中国白具有沉淀的时代烙印和深刻的审美文化，这种"物化的历史"成为一种文化载体。文化创意新，设计美，工艺精，与时俱进，内涵极为丰富，可以启示后人。对于传统要用最大的功夫打进去，更重要的是要用最大的勇气打出来，我认为陈仁海都具备。

从收藏市场的发展规律来看，主流消费群体，一般也经历从"量的满足"到"质的满足"再到"感性的满足"这样一个发展过程。真正拥有国际竞争力，就必须把原创性的设计，包括"创造性的模仿"作为企业未来的核心竞争力来培养。陈仁海坚持设计是为客户提供有价值的服务理念，使他的作品大大提高了收藏价值。

陈仁海的中国白在艺术市场中站稳脚跟已属不易，而能够为收藏者提供巨大的利润空间则更为艰难。但他做到了。以前都是海外人士购藏中国白，现在中国的收藏家开始介入，而且出手不凡。我们知道收藏有可持续性发展的创新，这才是艺术的常青树，是艺术的学术生命。所以我认为：藏瓷不少，还是陈仁海最好。

（本文摘自《中国白·陈仁海瓷雕艺术鉴藏》，冯乃华、李毅民主编，中州古籍出版社 2012 年 2 月版）

（徐展堂，香港实业家，全国政协常委，大收藏家）

陈仁海与各界朋友在辛默楼合影

后记　心中永远的中国白

经过几年的努力，《中国德化白瓷》一书由人民出版社出版，我心中充满了无比的喜悦，更充满了无限的感慨。

2012 年，中州古籍出版社出版了《中国白·陈仁海瓷雕艺术鉴藏》一书，受到业内外广泛的好评，对宣传推广德化中国白产生了积极的影响，留下了当下中国白新辉煌的历史记忆。一晃十多年过去了，德化先后获评"中国瓷都""世界瓷都"，中国白的知名度和美誉度越来越好，人们对中国白的喜爱与日俱增，从感性认知向理性认知的需求也日益强烈。同时，将中国白作为国礼赠送收藏和加盟运营的有关单位、博物馆、艺术品经纪机构以及众多藏家、中国白爱好者，也需要有一本便于传习、研究、宣传、推介中国白的工具书。

我本非擅长写作之人，但与中国白泥与火的艺术打交道 30 多年，"半人半我半自在，半醉半醒半神仙"。本书的写作从 2017 年完成金砖国家领导人厦门会晤国会用瓷、国宴用瓷、国礼用瓷烧制后开始，断断续续用了五年多的时间。这期间，中国白收藏机构、藏家、朋友给予我很多的鼓励，福建省民营企业商会曹德旺顾问、曹晖会长，省陶瓷协会陈建新会长，省工艺美术学会黄宝庆会长，福建省收藏家协会周野、丁建南会长，收藏家陈茂春先生、蒋丽霞女士、陈茂安先生、吴江先生、徐平先生、王晓滨女士、郭铁山先生、董明先生、刘成专先生、吴奕彬先生、叶德陆先生以及德化县陶瓷办、德化陶瓷大师联盟的诸位大师给予我无私的帮助。人民出版社领导以及福建省、泉州市、德化县各级领导对《中国德化白瓷》一书，给予了大力的支持和悉心的指导。在此，我一并表示衷心的感谢！

中国白，是世界的中国白。此书为了让世界更好了解中国白，从中国白的历史渊源、艺术实践、经验总结等方面作了一次系统性梳理，凝聚了德化瓷古代、近现代和当代陶瓷工匠和大师的智慧和心血，我向他们致以最崇高的敬意！同时，此书也是我带领"中国白·陈仁海"团队30多年艺术实践的感悟和总结，借助"一带一路"东风，中国白再出发。

中国白是中国人科学和诗意的表达，是纯粹之中的万有，它既关乎于材质和技艺，更关乎于对中华文明的认知和运用。我与中国白的结缘，正是得益于国学圣贤的教诲和中华文化的熏陶。

20世纪80年代，我在福建省永春和平师范学校读书，有幸结识了香港《书谱》杂志社社长、大书法家梁披云先生。梁老祖籍是永春人，他不仅为学校建设捐资，还以自己的切身经历教导学生不唯老、不唯上、不唯书，只唯实，但不能自以为是。梁老得知我有书法美术之长很是高兴，给予我悉心的指导和鼓励，我还冒昧地告诉梁老，很想拜启功先生为师。有一次，梁老从北京回来见到我，高兴地说：这次在京与启功先生谈国学教育时，我向他提起你。启功先生说，德化白瓷是中国的国宝，自何朝宗后，鲜有享誉世界的瓷雕大师了，德化白瓷要振兴，光有工匠还不够，必须得培养一批有文化有思想的艺术家。梁老还把启功先生家的地址和电话留给我，吩咐我有事随时可以联系。启功先生的学问、书艺与人品，世所景仰。启功先生的建议，既寄托了对德化白瓷复兴的殷殷期盼，对我个人而言，无疑是人生的一个重大指引。

我从师范学校毕业，分配到德化的乡村小学教书，然后调到县文联从事艺术创作，出于对德化瓷雕的向往，我常常利用业余时间尝试着进行瓷雕的创作和烧制，竟小有收获。我冒昧地给启功先生打电话，汇报我创作烧制的情况，谈了把中国白事业作为我一生追求的想法，恳请先生指点。启功先生听了十分高兴，他说，德化有悠久的陶瓷文化传统，只要你对它由衷的热爱，并把这份热爱变成强烈的自信和执着的追求，就一定能成功。先生的指导，坚定了我走上中国白传承创新之路。

1993年，我创办了德化辛默楼陶瓷研究所。以"辛默"二字取名，寓意"辛然驰艺海，默尔铸华章"，意在表达我立志含辛茹苦、默默耕耘。住在台湾，时年99岁高龄的、我的老宗长陈立夫先生得知后，欣然为我题写了"辛默楼"匾额，赠予"艺以弘德"题词，表达了前辈对后辈的殷切期望，令我没齿难忘。

记得研究所烧制出第一批佛教题材作品后，我非常兴奋，带上几件作品，去北京师范大学拜见启功先生。先生将我做的观音瓷雕像拿在手中，细细地抚摸端详着，对我说，德化瓷以单纯的雕塑美和质地美取胜，美如脂玉，质感强，具有极高的艺术价值。临别时，先生还叮嘱我，德化瓷要在传承中创新，题材应丰富多彩，要贴近生活，反映时代，多创作出与时俱进、有艺术生命力的作品。

往后的岁月里，每当我遇到创作上的难题向先生请教，先生都耐心的释疑解惑，使我受益终生。先生晚年仍挂念德化白瓷的发展，86岁高龄时还书写了"德化名瓷白如玉，不施彩绘保其素"的题字，勉励我们一定要守住德化白瓷的根和本，那就是中国白。

启功先生对德化白瓷的厚爱是多方面的，其中还有一件事我至今记忆犹新，那就是我与赵朴初先生的结缘。我是在启功先生引荐下，得以拜见赵朴初先生并当面聆听他的教诲的。

1999年3月初，我赴京参加一个展览，特地去拜访启功先生，请教当下佛教题材瓷雕的创作问题。启功先生说，赵朴老是当代最权威的佛学大师，深得佛学精妙，你可当面请教。先生的话让我受宠若惊。经先生安排，第二天上午，我如约来到北京六部口南小栓胡同一号朴老的住处，工作人员把我引进院内东侧朴老的书房，我看到朴老已在书房门口向我打着招呼，我赶紧上前问候朴老，并说明来意。朴老慈祥地说："启先生已经告诉我了，你疑则思问，很好！"

朴老的书房不大，陈设也很简朴。我将自己创作的《欢喜就好》弥勒佛像瓷雕送给朴老，请他指教。这尊作品的人物形象设计得诙谐、风趣，弥勒佛一手指天，一手托珠，寓意天地人和。朴老看了开心地笑着说："这个形象我喜欢，这就是我提倡的'人间佛教'的样子。"

落座后，朴老接着对我说，佛教是文化，中国佛教文化具有全面性、丰富性和广泛性的特点，博大精深，可以净化人心，可以培养信众知恩报恩、慈悲济世、无我利他的人生观。德化瓷有优良的传统，可以试试按照"人间佛教"的思想理念进行艺术创作，推进佛教瓷雕文化的继承与发展。朴老的话，为我打开了适应时代需求的佛瓷创作新境界，用以指导我后来的佛瓷题材创新，果然意义不凡。

当时朴老已92岁高龄，我不敢占用朴老更多的时间，向朴老提出告辞。这时，朴老从沙发上站起来，从书架上取出一本《佛教常识答问》给了我："这本书也许对你瓷雕创作有些帮助。"我双手接过书，十分感动，随口提出请朴老签个名的请求。朴老看着我，慈祥地说："你来一趟不容易，还是给你写幅字吧，也表达我对德化窑的希望。"

朴老在书桌上研墨铺宣，略沉思一会儿，挥毫书写了"玉脂玉红出新风，万琢千雕鬼斧工，人物云山多故事，家家尽在画屏中"的题字赠我。真令我喜出望外！朴老是著名书法家，朴老的字是字字万金。朴老的题字更是对德化窑艺术家的厚望。

如今，梁披云先生、陈立夫先生、启功先生、赵朴初先生均已化为清风明月，幽思长存。他们对我的谆谆教诲，犹言在耳，我藏于心、厚于德、诚于信、敏于行。他们是我心中永远的中国白！

在《中国德化白瓷》成书之际，我还难忘几十年来一直在关心帮助我的老师、长者、文博大家、同事、朋友和亲人，他们就像中国白一样，纯洁、朴素、臻美！我要向他们表达深深的感谢！

同时，要特别感谢三十年来历任德化县主要领导对本书出版所给予的关心支持！在本书的写作和编辑过程中，我的挚友也是老师冯乃华先生倾注了大量的心血和精力，赵培杰老师、冯乃华老师、吴乃光老师、李冀平老师的认真、严谨和学识令我感动与敬佩；人民出版社孙兴民先生给予了精心指导并进行了认真、细致的编辑工作，"中国白·陈仁海"团队做了大量编辑整理工作。我在此一并表以谢忱！

世界瓷都，大德敦化。古代海上丝绸之路起点城市持续外销的中国白、刺桐缎、刺桐茶，在中国对外贸易繁盛期的海外贸易中成就了刺桐港。穿越千年时空，因中国白而生，因中国白而兴的我们正乘着"一带一路"的东风，吹响新号角，踏上"让世界分享中国白"的新征程，再创新辉煌。

由于我的水平局限，不足之处，敬请专家、读者提出宝贵意见，我将不胜感激！

在本书写作即将成稿之际，迎来了一振奋人心的好消息：2021 年 7 月 26 日，在福州举行的第 44 届世界遗产大会决定，"泉州：宋元中国的世界海洋商贸中心"列入《世界遗产名录》。泉州再次令世界瞩目，再次实证了古代中国与世界各国文明交流互鉴的辉煌历史和传统信念，向国际社会展现了中华民族开阔的视野、博大的胸襟、卓越的智慧和自强不息、勇于开拓的精神追求。"泉州：宋元中国的世界海洋商贸中心"文化遗产项目的遗产，整体由 22 处代表性古迹遗址及其关联环境构成，分布在自海港经江口平原并一直延伸到腹地山区的广阔空间内，完整体现了宋元时期泉州富有特色的海外贸易体系与多元社会结构，其中，德化窑址赫然在列，中国白以其鲜活的文化音符惊艳世界！

我的儿子陈其涛先生也是我的论道朋友，亦积极投身到传承发展中国白文化的事业中来。这既是他自孩童时代早就养成的爱好，也是他对中国白应该承担的一份责任。"多方面创新，把精美的瓷器做出来、摆出来，还要传出去"，这是我们德化制瓷人的初心和使命！

用中国白讲好中国故事，我们一直在路上。

2023 年 2 月于中国白博物馆

参考文献

[1] 中国硅酸盐学会：《中国陶瓷史》，文物出版社 1982 年版。

[2] 德化县志编纂委员会：《德化县志》，新华出版社 1992 年版。

[3] 冯先铭：《中国陶瓷》，上海古籍出版社 2001 年版。

[4] 德化县地方志编纂委员会：《德化陶瓷志》，方志出版社 2004 年版。

[5] 张云洪：《陶瓷工艺技术》，化学工业出版社 2007 年版。

[6] 王铁成、刘玉庭：《装饰雕塑》，中国纺织出版社 2005 年版。

[7] 葛兆光：《中国思想史》，复旦大学出版社 2000 年版。

[8] 范瑞华：《中国佛教美术源流》，国际文化出版社 1996 年版。

[9] 李福顺：《中国美术史》(上、下卷)，辽宁美术出版社 2000 年版。

[10] 彭吉象：《艺术学概论》，北京大学出版社 1994 年版。

[11] 何人可：《工业设计史》，北京理工大学出版社 2000 年版。

[12] 张岱年：《中国文史百科》，浙江人民出版社 1998 年版。

[13] 王子云：《中国雕塑史》(上、下)，人民美术出版社 1988 年版。

[14] 爱德华·卢西斯－密斯著、朱淳译：《世界工艺史》，浙江美术学院出版社 1993 年版。

[15] 冯乃华、李毅民：《中国白·陈仁海——瓷雕艺术鉴赏》，中州古籍出版社 2012 年版。

[16] (明)阳思谦：《万历泉州府志》(卷三：舆地志)。

[17] 陈建中、陈丽华、陈丽芳:《中国德化瓷史》,上海交通大学出版社 2011 年版。

[18] 黄春淮、郑金勤:《中国白——德化白瓷鉴赏》,福建美术出版社 2005 年版。

[19] 王冠英:《德化陶瓷研究论文集》。

[20] 郭其南:《瓷都群星——德化瓷坛古今百家》,华艺出版社 2000 年版。

[21] 郭志刚:《德化窑》,福建科学技术出版社 2014 年版。

[22] 叶文程、林忠干、陈建忠:《德化窑瓷》,江西美术出版社 2001 年版。

[23] 叶文程、徐本章:《德化瓷史与德化窑》,香港华星出版社 1993 年版。

[24] P.J. 唐纳利:《中国白——福建德化瓷》,福建美术出版社 2006 年版。

[25] 刘幼铮:《中国德化白瓷研究》,科学出版社 2007 年版。

[26] 陈明良:《德化窑古瓷珍品鉴赏》,福建美术出版社 2005 年版。

[27] 陈建中、陈丽华:《德化窑明代》,岭南美术出版社 2003 年版。

[28] 林仁川:《明末清初私人海上贸易》,华东师范大学出版社 1987 年版。

[29] 沈福伟:《中西文化交流史》,上海人民出版社 1987 年版。

[30] 林仁川:《福建对外贸易与海关史》,鹭江出版社 1991 年版。

[31] 庄景辉:《泉州港考古与海外交通史》,中华书局 2006 年版。

[32] 廖伏树:《陶瓷文化研究——以德化陶瓷为例》,吉林美术出版社 2021 年版。

策划编辑：孙兴民

责任编辑：孙兴民　孙　逸　罗　玄

封面设计：徐　晖　中国白公司设计团队

责任校对：张　彦

图书在版编目（CIP）数据

中国德化白瓷 / 陈仁海　著 . — 北京：人民出版社，2023.6

ISBN 978－7－01－024623－9

I.①中…　Ⅱ.①陈…　Ⅲ.①白瓷（考古）-鉴赏-德化县　Ⅳ.① K876.34

中国版本图书馆 CIP 数据核字（2022）第 038562 号

中国德化白瓷

ZHONGGUO DEHUA BAICI

陈仁海　著

人民出版社 出版发行

（100706　北京市东城区隆福寺街 99 号）

厦门金百汇印刷有限公司印刷　新华书店经销

2023 年 6 月第 1 版　2023 年 6 月北京第 1 次印刷

开本：710 毫米 ×1000 毫米 1/16　印张：30.75　插页：1

字数：390 千字

ISBN 978－7－01－024623－9　定价：198.00 元

邮购地址 100706　北京市东城区隆福寺街 99 号

人民东方图书销售中心　电话（010）65250042　65289539